十三經注疏彙校

尚書注疏彙校

八

杜澤遜 主編

中華書局

尚書註疏卷第十七　漢孔氏傳　唐孔穎達疏

皇明朝列大夫國子監祭酒臣田一儁

奉訓大夫司經局洗馬管司業事臣盛訥等奉

勑重校刊

蔡仲之命第十九

周書

蔡叔既沒。傳以罪放而卒。王命蔡仲踐諸侯位。傳成王也。父卒命子。罪不相及。作蔡仲之命。傳冊書命之。

蔡仲之命傳蔡。國名。仲字。因以名篇。疏蔡叔至之命○正義曰。蔡叔與管叔流言於國。謗毀周公。周公囚之子蔡郭鄰。至死不赦。蔡叔既沒。成王命蔡叔之子蔡仲。踐諸侯之位。封爲國君。以策書命之。史敘其事。故作蔡仲之命。○傳成王至相及○正義曰。編書以世先後爲次。此篇在成王書內。知王命蔡仲。是成王命之也。蔡叔之沒。不知何年。其命蔡仲。未必初卒卽命。以其繼父命子。故繫之蔡叔之後也。蔡叔有罪而命蔡仲者。父卒命子。罪不相及也。昭二十年左傳曰。父子兄弟。罪不相及。其言罪不相及。謂蔡仲不坐父爾。若父有大罪。罪當絕滅。正可別封他國。不得仍取蔡名。以蔡叔爲始祖也。蔡叔身尚不死。明其罪輕。不立管叔爲後者。蓋罪重無子。或有而不賢故也。

惟周公位冢宰。正百工。傳百官總已以聽冢宰。謂武王崩時。羣叔流言。乃致辟管叔于商。囚蔡叔于郭鄰。以車七乘。傳致法。謂誅殺。囚謂制其出入。郭鄰。中國之外地名。從車七乘言少。管蔡。國名。○辟。婢亦反。徐扶亦反。乘。繩證反。從。才用反。降霍叔于庶人三年不齒。傳罪輕故退爲庶人。三年之後。乃齒錄封爲霍侯。子孫爲晉所滅。蔡仲克庸祗德周公以爲卿士。傳蔡仲能用敬德。稱其賢也。明王之法。誅父用子。言至公。周公圻內諸侯。二卿治事。○圻。巨依反。下同。叔卒乃命諸王邦之蔡。傳叔之所封圻內之蔡。仲之所封。淮汝之間。圻內之蔡名已滅。故取其名以名新國。欲其戒之。疏惟周至之蔡。○正義曰。惟周公於武王崩後。其位爲冢宰之卿。正百官之治。攝王政治天下。於時管蔡霍等羣叔流言於國。謗毀周公。乃以王命致法。殺管叔於商。就殷都殺之。囚蔡叔遷之於郭鄰之地。惟與之從車七乘。降黜霍叔於庶人。若今除名爲民。三年之內。不得與兄弟年齒相次。蔡叔之子蔡仲能用敬德。周公爲畿內諸侯。得立二卿。以蔡仲爲己之卿士。周公善其爲人。及蔡叔既卒。乃將蔡仲命之於王。國之於蔡爲諸侯也。○傳致法至國名。○正義曰。周禮有掌囚之官。鄭云。囚。拘也。主拘繫。當刑殺者拘繫之。是爲制其出入。不得輒行。郭鄰。中國之外地名。蓋相傳爲然。不知在何方。舜典云。流宥五刑。謂流之遠地。任其自生。此則徙之郭鄰。而又囚之。管蔡世家云。封叔鮮於管。封叔度於蔡。是管蔡爲國名。杜預云。管在滎陽京縣東北。○傳罪輕至所滅。○正義曰。言羣叔流言。則霍叔亦流言也。而知其罪輕者。以其不死不遷。直降黜而已。明其罪輕也。霍叔不監殷民。周公惟伐管蔡。不言伐霍叔。於時霍叔蓋在京邑。聞管蔡之語。流傳其言。謂其實然。不與朝廷同心。故退之。世

萬曆十五年刊

家云。武王已克商。平天下。封功臣昆弟。封叔處於霍。則武王已封之矣。後黜爲庶人。奪其爵禄。三年之後。乃更爵禄。蓋復其舊封。封爲霍侯。春秋閔元年。晉侯滅霍。旣子孫得爲國君。爲晉所滅。知三年之後復得封也。世家惟云封霍。不聞其爵。傳言霍侯。或當有所據而知之。○傳蔡仲至治事。○正義曰。周禮冢宰以八則治都鄙。馬融云。距王城四百里至五百里謂之都鄙。鄙。邊邑也。以封王之子弟在畿内者。冢宰又云。乃施則于都鄙而建其長。立其兩。馬鄭皆云。立卿兩人。是畿内諸侯立二卿。定四年左傳說此事云。周公舉之以爲己卿士。是爲周公圻内之卿士也。世家云。周公舉胡以爲魯卿士。魯國治。於是周公言於成王。復封之於蔡。案魯世家云。成王封周公於魯。周公不就封。留佑成王。則周公身不就封。安得使胡爲卿士。馬遷說之謬爾。○傳叔之至戒之。○正義曰。仲之所封。淮汝之間。左傳有文。叔之所封。圻内之蔡。其事不知所出也。世家云。蔡叔居上蔡。宋仲子云。胡徙居新蔡。杜預云。武王封叔度於汝南上蔡。至平侯徙新蔡。

昭侯徙居九江下蔡。檢其地。上蔡新蔡。皆屬汝南郡。
去京師太遠。叔若封於上蔡。不得在圻内也。孔言叔
封圻内。或當有以知之。但圻内蔡地不知所在爾。**王若曰小子胡。**(傳)言小子。
明當受教訓。胡。仲名。順其事而告之。**惟爾率德改行。**
克慎厥猷。(傳)言汝循祖之德。改父之行。能慎其道。歎
其賢。**肆予命爾侯于東土。往卽乃封。敬哉。**(傳)以汝率
德改行之故。故我命汝爲諸侯於東土。往就汝所封
之國。當修已以敬哉。**爾尚蓋前人之愆。惟忠惟孝。**(傳)
汝當庶幾修德。掩蓋前人之過。子能蓋父。所以爲惟
忠惟孝。**爾乃邁迹自身。克勤無怠。以垂憲乃後。**(傳)汝

乃行善迹。用汝身。使可蹤跡而法循之。能勤無解怠以垂法子孫。世世稱頌。乃當我意。率乃祖文王之彝訓。無若爾考之違王命。傳言當循文武之常教。以父違命爲世戒。皇天無親。惟德是輔。民心無常。惟惠之懷。傳天之於人。無有親疏。惟有德者則輔佑之。民心於上。無有常主。惟愛己者則歸之。爲善不同。同歸于治。爲惡不同。同歸于亂。傳言人爲善爲惡。各有百端未必正同。而治亂所歸不殊。宜慎其微。○治。直吏反。爾其戒哉。慎厥初。惟厥終。終以不困。不惟厥終。終以困窮。

萬曆十五年刊

傳 汝其戒治亂之機哉。作事云爲，必愼其初，念其終，則終用不困窮。

懋乃攸績，睦乃四鄰，以蕃王室，以和兄弟。傳 勉汝所立之功，親汝四鄰之國，以蕃屏王室，以和協同姓之邦，諸侯之道。○懋音茂。蕃方元反，注同。

康濟小民。傳 汝爲政，當安小民之居，成小民之業。

率自中，無作聰明亂舊章。傳 循用大中之道，無敢爲小聰明作異辯，以變亂舊典文章。

詳乃視聽，罔以側言改厥度，則予一人汝嘉。傳 詳審汝視聽，非禮義勿視聽，無以邪巧之言易其常度，必斷之以義，則我一人善汝矣。○度如字。

主同。斷。丁亂反。王曰。嗚呼。小子胡。汝往哉。無荒棄朕命。（傳）歎而勑之。欲其念戒。小子胡汝往之國哉。無廢棄我命。欲其終身奉行。後世遵則。

（疏）侯于東土。○正義曰。此使之爲諸侯於東土爾。不知何爵也。世家云。蔡仲卒。子蔡伯荒立。卒。子宮侯立。自此以下。遂皆稱侯。則蔡仲初封即爲侯也。蔡伯荒者。自稱其字。伯非爵也。○（傳）汝當至惟孝。○正義曰。忠施於君。孝施於父。子能蓋父。惟得爲孝。而亦得爲忠者。父以不忠獲罪。若能改父之行。蓋父之愆。是爲忠臣也。

成王東伐淮夷。遂踐奄。（傳）成王即政。淮夷奄國又叛。王親征之。遂滅奄而徙之。以其數反覆。○踐。似淺反。馬司。大傳云藉也。數。色角反。覆。芳服反。

作成王政。（傳）爲平淮夷徙奄之政令。亡。○政。

如字。馬本作正云正。【疏】成王東至王政○正義曰。周公攝政之初。奄與淮夷從管蔡作亂。周公征而定之。成王即政之初。淮夷與奄又叛。成王親往征之。成王東伐淮夷。遂踐滅奄國。以其數叛。徙奄民作誥命之辭。言平淮夷徙奄之政令。史敘其事。作成王政之篇。成。訓平也。言平此叛逆之民。以爲王者政令。故以成王政爲篇名。○傳成王至反覆○正義曰。洛誥之篇。言周公歸政成王。多士已下。皆是成王即政初事。編篇以先後爲次。此篇在成王書內。知是成王即政。淮夷奄國又叛。王親征之。又案洛誥。成王即政。始封伯禽。伯禽既爲魯侯。乃居曲阜。費誓稱魯侯伯禽宅曲阜。淮夷徐戎並興。魯侯征之作費誓。彼言淮夷並興。即此伐淮夷。王伐淮夷。魯伐徐戎。是同時伐。明是成王即政之年復重叛也。鄭玄謂此伐淮夷與踐奄。是攝政三年伐管蔡時事。其編篇於此。即云未聞。費誓之篇。言淮夷之叛。則是重叛明矣。多方之篇。責殷臣云。我惟時其戰要囚之。至於再。至於三。若武王伐紂之後。惟攝政三年之一叛。正可至於再爾。安得至於三乎。故知是成王卽政又叛也。鄭玄讀踐爲翦。翦滅也。孔不破字。蓋以踐其國。卽是踐滅之事。故孔以踐爲滅也。下篇序云。成王旣踐奄。將遷其君。是滅其奄而徙之。以其數反覆故也。

成王旣踐奄。將遷其君於蒲姑。傳 已滅奄。而徙其君及人臣之惡者於蒲姑。蒲姑齊地。近中國。教化之。○蒲。如字。徐又扶各反。馬本作薄。近。附近之近。

周公告召公。作將蒲姑。傳 言將徙奄新立之君於蒲姑。告召公使作冊書告令之。亡。

疏 成王旣至作蒲姑。○正義曰。成王旣踐滅奄國。將遷其君於蒲姑之地。周公告召公。使作冊書。言將遷奄君於蒲姑之地。史敘其事。作將蒲姑之篇。○傳已滅至化之。○正義曰。昭二十年左傳晏子云。古人居此地者。有蒲姑氏。杜預云。樂安博昌縣北有蒲姑城。是蒲姑爲齊地也。周公遷殷頑民於成周。近京師教化之。知今遷奄君臣於蒲姑。爲近中國教化之。必如此言。則奄去中國遠於蒲姑。杜預云。奄闕不知所在。鄭云。奄蓋在淮夷之地。亦未能詳。成王先伐淮夷。遂滅奄。奄似遠於淮夷也。○傳言將至之亡○正義曰。禮。天子不滅國。諸侯有罪。則殺其君而擇立次賢者。故知所徙者言將徙奄新立之君於蒲姑也。上言周公告召公。其篇既亡。不知告以何事。孔以意卜之。告召公使爲此策書告令之。不能知其必然否也。

多方第二十

周書

成王歸自奄。傳伐奄歸。在宗周誥庶邦。傳誥以禍福。作多方。

多方傳衆方。天下諸侯。

惟五月丁亥王來自奄至于宗周。傳周公歸政之明年。淮夷奄又叛。魯征淮夷作費誓。王親征奄滅其國。五月還至鎬京。○費音祕。

疏 成王至多方○正義曰。成王歸自伐奄。在於宗周鎬京。諸侯以王征還。皆來朝集。周公稱王命以禍福咸告天下諸侯國。史敘其事。作多方。○傳衆方天下諸侯○正義曰。自武王伐紂。及成王即政。新封建者甚少。天下諸侯。多是殷之舊國。其心未服周家。由是奄君重叛。今因滅奄新歸。故告天下諸侯以興亡之戒。欲令其無二心也。誥雖普告天下。意在殷之舊國。篇末亦告殷之多士。獨言諸侯者。舉其尊者。以其篇主告殷之諸侯故也。○傳周公至鎬京○正義曰。以洛誥語歸政之事。多士之篇次之。多士是歸政明年之事。故知此篇亦歸政明年之事。事猶不明。故取費誓爲證。以成王政之序。言成王東伐淮夷。費誓之篇。言淮夷徐戎並興。俱言淮夷。明是一事。故言魯征淮夷作費誓。王親征奄滅其國。以明二者爲一時之事也。上序言成王伐淮夷。而此傳言魯征淮夷者。當時淮夷徐戎並起爲亂。魯與二國相近。發意欲並征二國。故以二國誓衆。但成王恐魯不能獨平二國。故復親往征之。所以成王政之序與費誓之經並言淮夷。爲此故也。傳言五月還至鎬京。明此宗周即鎬京也。禮記祭統衛孔悝之鼎銘云。即宫於宗周。彼宗周謂洛邑也。是洛邑亦名宗周。知此是鎬京者。成王以周公歸政之時。暫至洛邑。還歸處西都。鎬京是王常居。知至于宗周至鎬京也。且此與周官同時事也。周官序云。還歸在豐。經云。歸于宗周。豐鎬相近。即此宗周是鎬京也。

周公曰。王若曰。猷告爾四國多方。傳 周公以王命順大道。告四方。稱周公。以別王自告。○別。彼列反。

惟爾殷侯尹民。我惟大降爾命。爾罔不知。傳 殷之諸侯正民者。我大降汝命。謂誅紂也。言天下無不知紂暴虐以取亡。疏周公至不知○正義曰。周公以成王之意。告衆方之諸侯曰。我王順大道以告汝四方之國。多方諸侯。惟爾殷之諸侯正民者。我武王大下。汝天下民命。誅殺虐紂。汝諸侯天下之民。無有不知紂以暴虐取亡。欲令其思念之。○傳周公至自告○正義曰。成王新始即政。周公留而輔之。周公以王命告令諸侯。所告實非王言。故加周公曰於王若曰之上。以明周公宣成王之意也。猷。道也。周公以王命順大道告四方也。既言四國。又言多方。見四方國多也。不直言王曰。稱周公。以別王自告也。王肅云。周公攝政。稱成王命以告。及還政稱王曰。嫌自成王辭。故加周公以明之。然多士之篇。王若曰之上。不加周公曰者。以彼上句云。周公初于新邑洛用告。知是周公故也。○傳殷之至取亡○正義曰。諸侯爲民之主。民所取正。故謂之正民。民以君爲命。死生在君。天下之命。在於一人紂。言我大黜下汝之民命。正謂武王誅紂也。言天下無不知紂以暴虐取亡。欲使思念之。令其心弃殷

萬曆十五年刊　書疏卷之十二

而慕周也。洪惟圖天之命，弗永寅念于祀。惟帝降格于夏。傳 大惟爲王謀天之命，不長敬念于祭祀，謂夏桀。惟天下至戒於夏以譴告之，謂災異。○譴，弃淺反。有夏誕厥逸，不肯感言于民。傳 有夏桀不畏天戒，而大其逸豫，不肯憂言於民，無憂民之言。乃大淫昏，不克終日勸于帝之迪。傳 言桀乃大爲過昏之行，不能終日勸於天之道。○迪，徒歷反，馬本作攸。云所也。行，下孟反。乃爾攸聞。傳 言桀之惡，乃汝所聞。疏 洪惟至攸聞。○正義曰：以諸侯心未服周，故舉夏殷爲戒。此章皆說桀亡湯興之事。言夏桀大惟居天子之位，謀上天之命，而不能長敬念于祭祀。惟天下至戒於夏桀，謂下災異譴告之。與其見災而懼。改修政德。而有夏桀不畏天命。乃大其逸豫。不肯憂言於民。惟乃自樂其身。無憂民之言。夏桀乃復大大爲淫昏之行。不能終竟一日勉於天之道。言不能一日行天道也。桀之此惡。乃是汝之所聞。言不虛也。○傳大惟至災異。○正義曰。上天之命。去惡與善。凡爲民主。皆當謀之。恐天捨己而去。常須敬念祭祀。天所譴告。謂下災異。天不言。故下災異以譴告責人主。冀自修政也。

厥圖帝之命。不克開于民之麗。傳桀其謀天之命。不能開於民所施政教。麗。施也。言昏昧。○麗，力馳反。

乃大降罰崇亂有夏。因甲于内亂。傳桀乃大下罰於民。重亂有夏。言殘虐。外不憂民。内不勤德。因甲於二亂之内。言昏甚。○重，直用反。又直龍反。

不克靈承于旅。罔丕惟進之恭。洪舒于民。傳言桀不能善奉於人衆。無大惟進恭德。而大舒惰於治民。

亦惟有夏之民叨懫日欽劓割夏邑。

【傳】桀洪舒於民。故亦惟有夏之民。貪叨忿懫而逆命。於是桀日尊敬其能劓割夏邑者。謂殘賊臣。○懫，勑二反。劓，魚器反。

【疏】厥圖至夏邑○正義曰。又言桀惡。桀其謀天之命。不能開發於民。民之所施政教。正謂不能開發善政以施於民。桀乃大下罪罰於民。重亂有夏之國。外不憂民。內不勤德。因復甲於二者之內。爲亂之行。桀不能以善道奉承於衆民。無大惟進之恭德。而大舒惰於民。言桀不能進行恭德。而舒惰於治民。桀既舒惰於民。故亦惟有夏之民貪饕忿懫而違逆桀命。於是桀日日尊敬殘賊之臣。能劓割夏邑者任用之。使威服下民也。○傳桀乃至昏甚○正義曰。釋詁云。崇重也。桀既爲惡政。無以悛改。乃復大下罪罰於民。重亂有夏之國。

言其殘虐大也。夾聲近甲。古人甲與夾通。用夾於二事之内而爲亂行。故傳以二事充之。外不憂民。内不勤德。桀身夾於二亂之内。言其昏闇甚也。鄭王皆以甲爲狎。王云。狎習災異於内外爲禍亂。鄭云。習爲鳥獸之行於内爲淫亂。與孔異也。○傳言桀至治民。○正義曰。民當奉主。而責桀不能善奉於民衆者。君之奉民。謂設美政於民也。以善奉民。當敬以循之。不敢懈惰。桀乃無大惟進於恭德。而大舒緩懈惰於治民。令民益困而政益亂也。○傳桀洪至賊臣○正義曰。禮記云。言悖而出。亦悖而入。桀既不憂於民。故民亦違逆桀命。爲貪饕忿懫之行。文十八年左傳云。縉雲氏有不才子。貪於飲食。冒於貨賄。天下之民謂之饕餮。説者皆言貪財爲饕。貪食爲餮。饕餮即叨也。叨餮謂貪財貪食也。忿懫言忿怒違理也。民既如此。桀無如之何。惟日日尊敬其能劓割夏邑者。謂性能殘賊者任用之。

天惟時求民主。乃大降顯休命于成湯。傳天惟是桀惡。故更求民主以代之。大下明美之命於成湯。使王天下。**刑殄有夏。惟天不畀純。**傳 命湯刑絶有夏。惟天不與桀。亦已大。○畀。必二反。**乃惟以爾多方之義民不克永于多享。**傳 天所以不與桀。以其乃惟用汝多方之義民爲臣。而不能長久多享國故。**惟夏之恭多士。大不克明保享于民。**傳 惟桀之所謂恭人衆士。大不能明安享于民。言亂主所任。任同已者。**乃胥惟虐于民。至于百爲。大不克開。**傳 桀之衆士。乃相與惟暴虐於民。至于百端所爲。言虐非一。大不能開民以善言。與桀合志。疏 天惟至克開○正義曰。天惟桀惡之故。更求民主以代。天乃大下明美之命於成湯。使之代桀王天下。乃命湯施刑罰絶有夏。惟天不與夏桀。亦已大矣。天所不與之者。乃惟此桀用汝多方之義民爲臣。而不能長久於多享國故也。義民實賢人也。夏桀不用。惟夏桀之所謂恭人衆士者。大不能用明道安存享於衆民。乃相與惟行暴虐於民。至于百端所爲。言虐無所不作。大不能開民以善。其臣與桀同惡。夏家所以滅亡也。○傳惟桀至已者○正義曰。惟桀之所謂恭人衆士。實非恭人。亂主所好。用同已者。以其同已謂之爲恭人。實非善人。故不能明享於民。杜預訓享爲受。受國者。謂受而有之。此言不能安享於民。謂不能安存享受於民衆也。

乃惟成湯克以爾多方簡代夏作民主。傳乃惟成湯能用汝衆方之賢。大代夏政。爲天下民主。**慎厥麗。乃勸厥民刑用勸。**傳湯慎其施政於民。民乃勸善。其人雖刑亦用勸善。言政刑清。以至于帝乙，罔不明德慎罰，亦克用勸。傳言自湯至于帝乙，皆能成其王道，畏慎輔相。無不明有德，慎去刑罰，亦能用勸善。○相，息亮反。去，羌呂反。要囚殄戮多罪，亦克用勸；開釋無辜，亦克用勸。傳帝乙已上，安察囚情，絕戮衆罪，亦能用勸善。開放無罪之人，必無枉縱，亦能用勸善。○要，一遥反，又一妙反。注同。殄，亭遍反。上，時掌反。今至于爾辟，弗克以爾多方享天之命。傳今至于汝君，謂紂不能用汝衆方享天之命，故誅滅之。○辟，必亦反。疏乃惟至之命。○正義曰：桀殘虐於民，乃惟成湯能用汝衆方之賢人，大代夏桀，作天下民主。愼其所施政教於民。民乃勸勉爲善。其民雖被刑殺。亦用勸勉爲善。非徒湯聖。後世亦賢。自湯至于帝乙。皆能成其王道。無不顯用有德。畏愼刑罰。亦能用勸勉爲善。要察囚情。絶戮衆罪。亦能用勸勉爲善。開放無罪。亦能用勸勉爲善。今至於汝君紂。反先王之道。不能用汝多方之民。享有上天之命。由此故被誅滅。汝等宜當知之。不當更令如啟也。○傳乃惟至民主○正義曰。大代夏者。言天位之重。湯能代之。謂之大代夏也。王肅云。以大道代夏爲民主。○傳湯愼至刑清○正義曰。愼厥麗者。總謂施政教爾。但下句言刑用勸。勸用刑。則厥麗之言有賞。賞謂賞用勸也。但所施政教。其事既多。非徒刑賞而已。舉事得中。民皆勸也。政無失。刑無濫。民以是勸善。言政刑清。○傳帝乙至勸善○正義曰。將欲斷罪。必受其要辭。察其虛實。故言要囚也。殄戮多罪。罪者不濫。開釋無罪者。不枉殺人。不縱有罪。亦是政刑清。故能用勸善也。

嗚呼。王若曰。誥告爾多方。非天庸釋有夏。傳歎而順其事以告汝衆方。非天用釋棄桀。桀縱惡自棄。故誅放。非天庸釋有殷。乃惟爾辟以爾多方大淫圖天之命。屑有辭。傳 非天用棄有殷。乃惟汝君紂。用汝衆方大爲過惡者。共謀天之命。惡事盡有辭說。布在天下。故見誅滅也。疏 嗚呼至有辭○正義曰。周公先自歎而復稱王命云。王順其事而言曰。以言告人謂之誥。我告汝衆方諸侯。非天用廢有夏。夏桀縱惡自棄也。非天用廢有殷。殷紂縱惡自棄也。又指說紂惡。乃惟汝君殷紂。用汝衆方之民。大爲過惡者。共此惡人。謀天之命。其惡事盡有辭說。布在天下。以此故見誅滅。乃惟有夏圖厥政。不集于享。天降時喪。有邦間之。傳 更說桀也。言桀謀其政。不成于享。故天下是喪亡以禍之。使天下有國聖人代之。言有冏。明皇天無親。佑有德。○閒。閒廁之閒。【疏】乃惟至閒之。○正義曰。更說桀亡之由。乃惟有夏桀謀其政。不能成於享國。所謀皆是惡事。故天下是喪亡以禍之。使有國聖人來代之。言皇天無親。惟佑有德。故以聖君代闇主也。湯是夏之諸侯。故云有國。

乃惟爾商後王逸厥逸。【傳】後王紂逸豫其過逸。言縱恣無度。**圖厥政不蠲烝天惟降時喪。**【傳】紂謀其政。不絜進于善。故天惟下其喪亡。謂誅滅。○蠲。吉玄反。馬云。明也。一音圭。烝。絶句。之承反。馬云。升也。**惟聖罔念作狂。惟狂克念作聖。**【傳】惟聖人無念於善。則爲狂人。惟狂人能念於善。則爲聖人。言桀紂非實狂愚。以不念善故滅亡。**天惟五年須暇之子孫。誕作民主。罔可念聽。**

[傳]天以湯故。五年須暇湯之子孫。冀其改悔。而紂大爲民主。肆行無道。事無可念。言無可聽。武王服喪三年。還師二年。[疏]乃惟至念聽 ○正義曰。更說紂亡之由。乃惟汝商之後王紂。逸豫其過。縱恣無度。紂謀其爲政。不能絜進於善。惟行惡事。天惟下是喪亡以禍之。惟聖人無念於善。則爲狂人。惟狂人能念於善。則爲聖人。紂雖狂愚。冀其念善也。計紂爲惡。早應誅滅。天惟以成湯之故。故積五年須待閑暇湯之子孫。縱緩多年。冀其改悔。而紂大爲民主。肆行無道。事無可念。言無可聽。由是天始改意。故誅滅之。○[傳]惟聖至滅亡 ○正義曰。聖者上智之名。狂者下愚之稱。孔子曰。惟上智與下愚不移。是聖必不可爲狂。狂必不能爲聖。此事決矣。而此言惟聖人無念於善則爲狂人。惟狂人能念於善則爲聖人者。方言

天須暇於紂。冀其改悔。謂有此理爾。不言此事是實也。謂之爲聖。寧肯無念於善。已名爲狂。豈能念善。中人念與不念。其實少有所移。欲見念善有益。故舉狂聖極善惡者言之。○傳天以至二年。○正義曰。湯是創業聖王。理當祚胤長遠。計紂未死五年之前。已合喪滅。但紂是湯之子孫。天以湯聖人之故。故五年須待開暇湯之子孫。冀其改悔能念善道。而紂大爲民主。肆行無道。所爲皆惡事。無可念者。言皆惡言。無可聽者。由是天始滅之。五年者。以武王討紂。初立卽應伐之。故從武王初立之年。數至伐紂爲五年。文王受命九年而崩。其年武王嗣立。服喪三年。未得征伐。十一年服闋。乃觀兵於孟津。十三年方始殺紂。從九年至十三年。是五年也。然服喪三年。還師二年。乃事理宜然。而云以湯故須暇之者。以殷紂惡盈。久合誅滅。逢文王崩。未暇行師。兼之示弱。凡經五載。聖人因言之以爲法教爾。其實非天不知紂狂。望其後改悔。亦非曲念湯德。延此歲年也。

天惟求爾多方。大動以威。開厥顧天。傳天惟求汝衆方之賢者。大動紂以威。開其能顧天可以代者。**惟爾多方罔堪顧之。惟我周王靈承于旅。**傳 惟汝衆方之中。無堪顧天之道者。惟我周王善奉於衆。言以仁政得人心。**克堪用德惟典神天。**傳 言周文武能堪用德。惟可以主神天之祀。任天王。○任。音壬。**天惟式教我用休簡畀殷命尹爾多方。**傳 天以我用德之故。惟用教我用美道代殷。大與我殷之王命。以正汝衆方之諸侯。疏 天惟至多方 ○正義曰。天以紂惡之故。將選人代之。惟求賢人於汝衆方。大動紂以威。謂誅去紂也。開其有德能顧天之者欲以伐紂。惟汝衆方之君。悉皆無德。無堪使天顧之。惟我周王善奉於衆。能以仁政得人心。文武能堪用德。惟可以主神天之祀。任作天子也。天惟以我用德之故。故教我使用美道。大與我殷王之命。命我代殷爲王。正汝衆方諸侯。言天授我以此位也。○傳天惟至代者○正義曰。天惟求汝衆方之賢。言欲選賢以爲天子也。大動紂以威。謂誅殺紂也。天意復開其能顧天可以代者。欲使代之。顧謂迴視。有聖德者。天迴視之。詩所謂乃眷西顧。此惟與宅。與彼顧同。言天顧文王而與之居。即此意也。但謂天顧此人。人亦顧天。此云開厥顧天。謂人顧天也。下云罔堪顧之。謂天顧人也。言多方人皆無德。不堪使天顧之。傳以顧事通於彼。故皆以天言之。○傳天以至諸侯○正義曰。周以能行美道。乃得天顧。復言天用教我。美道者。人之美惡何事非天。由爲美道。爲天所顧。以美歸功於天。言教我用美道。故得當天意也。

今我曷敢多誥。我惟大降爾四國民命。傳今我何敢多誥汝而已。我惟大下汝四國民命。

謂誅管蔡商奄之君。爾曷不忱裕之于爾多方。傳汝何不以誠信行寬裕之道於汝衆方。欲其戒四國崇和協。爾曷不夾介乂我周王享天之命。傳夾。近也。汝何不近大見治於我周王。以享天之命。而爲不安乎。○夾。音協。注同。今爾尚宅爾宅。畋爾田。爾曷不惠王熙天之命。傳今汝殷之諸侯。皆尚得居汝常居。臣民皆尚得畋汝故田。汝何不順從王政。廣天之命。而自懷疑乎。爾乃迪屢不靜。爾心未愛。傳汝所蹈行。數爲不安。汝心未愛我周故。○數。色各反。爾乃不大宅天命。爾乃屑播天命。傳 汝乃不大居安天命。是汝乃盡播棄天命。爾乃自作不典圖忱于正。傳 汝未愛我周。播棄天命。是汝乃自爲不常謀信于正道。我惟時其教告之我惟時其戰要囚之。傳 我惟汝如是不謀信于正道。故其教告之。謂訊以文誥。其戰要囚之。謂討其倡亂執其朋黨。○要，一遙反。訊，音信。倡，音唱。至于再至于三。傳 再謂三監淮夷叛時。三謂成王即政又叛。言迪屢不靜之事。乃有不用我降爾命我乃其大罰殛之。傳 我教告戰要囚汝已至再三。汝其不用我命。我乃大下誅汝君。乃其大罰誅之。○殛，訖力反。本又作極。非我有周秉德不康寧，乃惟爾自速辜。傳非我有周。執德不安寧自誅汝。乃惟汝自召罪以取誅。

疏今我至速辜○正義曰。今我何敢多以言誥告於汝衆而已。我惟大下黜汝管蔡商奄四國之君也。民命。謂民以君爲命。謂誅殺四國之君也。我既殺汝四國君矣。汝何不以誠信之心。行寬裕之道。於汝衆方諸侯。欲令懲創四國。務崇和協。言汝衆方諸侯。何不崇和協相親近。大乎顯見治道於我周王。以享受上天之命。而執心不安乎。今爾殷之諸侯。尚得居汝常居。臣民尚得畋汝故田。其安樂如此。汝何得不順從王政。以廣大天之命。而自懷疑乎。汝乃復所蹈行者。數爲不安。時或叛逆。是汝心未愛我周家故也。汝乃不大居安天命。是汝乃欲盡播棄天命。汝不愛我周家。播棄天命。是汝乃自爲此不常謀信於正道。言其心不常謀正道。故爲背違之心。我惟汝如是不謀信於正道之故。其以言辭教告之。我惟汝如是不誠信於正道之故。其所戰伐要察囚繫之。由汝數爲不信。故我教告汝。戰伐要囚汝。至於再。至於三。我教告汝。戰伐要囚汝。已至再三。如今而後乃復有不用我命者。我乃其大罰誅之。言我更將殺汝也。非我有周執德不安。數設誅罰。乃惟汝自召罪也。此章反覆殷勤者。恐其更有叛逆。故丁寧戒之。○傳今我至之君。○正義曰。我今何敢多爲言誥而已。實殺其君。非徒口告。管蔡商奄。皆爲叛逆受誅。故今因奄重叛而追說前事。言下四國民命。王肅以四國爲四方之國。言從今以後。四方之國苟有此罪。則必誅之。謂戒其將來之事。與孔不同。○傳夾近至安乎。○正義曰。夾其旁。旁是近義。故爲近也。諸國疎遠周室。不肯以治爲功。故責之。顧氏云。汝衆方諸侯。何不常和協。相親近。大顯見治道於我周王。以享上天之命。而今何以不自安乎。○傳今汝至疑乎。○正義曰。主遷於上。臣易於下。計汝諸侯之國。應隨殷降黜。今汝殷之諸侯。皆尚得居汝常居。臣民畋汝故田。田宅不易。安樂如此。汝何不順從我周王之政。以廣上天之命使天多佑汝。何故畏我周家自懷疑乎。諸侯有國。故云居汝常居。臣民重田。故云畋汝故田。治田謂之畋。猶捕魚謂之漁。今人以營田求食。謂之畋食。即此畋亦田之義也。○傳汝未至正道○正義曰。事君無二臣之道。爲人臣者常宜信之。汝未愛我周家。播棄天命。汝數爲叛逆。是汝乃自爲此不常謀信於正道。○傳我惟至朋黨○正義曰。教告與戰要囚連文。則告以文辭。是將戰之時。教告謂伐紂之事。昭十三年說戰法云。告之以文辭。董之以武師。是將戰之時。於法當有文辭告前敵也。我惟汝如是不謀信於正道。故其教告之。謂訊以文辭。訊。告也。告以文辭。數其罪也。其戰要囚之。謂戰敗其師。執取其人。受其要辭而囚之。謂討其倡亂之人囚執其朋黨也。此雖總言戰事。但下有至於再三。明此指伐紂也。○傳再謂至之事○正義曰。以伐紂爲一。故再謂攝政之初。三監與淮夷叛時也。三謂成王即政又叛也。言上迪屢不靜之事。

王曰。嗚呼猷。告爾有多方士。暨殷多士。傳王歎而以道告汝衆方。與衆多士。今爾奔走臣我監五祀。傳監。謂成周之三監。此指謂所遷頑民殷衆士。今汝奔走來徙臣服我監。五年無過。則是還本土。越惟有胥伯小大多正。爾罔不克臬。傳於惟有相長事。小大衆正官之人。汝無不能用法。欲其皆用法。○臬魚列反。馬作剌。長竹丈反。自作不和。爾惟和哉。爾室不睦。爾惟和哉。爾邑克明。爾惟克勤乃事。傳大小多正。自爲不和。汝有方多士。當和之哉。汝親近室家不睦。汝亦當和之哉。汝邑中能明。是汝惟能勤汝職事。爾尚不忌于凶德。亦則以穆穆在乃位。傳汝庶幾不自忌入於凶德。亦則用敬敬常在汝位。克閱于乃邑謀介爾乃自時洛邑尚永力畋爾田。傳汝能使我閱具于汝邑。而以汝所謀爲大。則汝乃用是洛邑。庶幾長力畋汝田矣。言雖遷徙。而以修善得反邑里。○閱。音悅。天惟畀矜爾我有周惟其大介賚爾。傳汝能修善。天惟與汝憐汝。我有周惟其大大賜汝。言受多福之胙。迪簡在王庭。尚爾事有服在大僚。傳非但受憐賜。又乃蹈大道在王庭。庶幾修汝事。有所服行在大官。疏王曰嗚呼猷至大僚○正義曰。

王言而歎曰。嗚呼。我以道告汝。在此所有四方之多士。謂四方之諸侯。及與殷之衆士。謂頑民遷成周者。因告四方諸侯。遂告成周之人。徧使諸侯知之。此章皆告成周之人辭也。今汝成周之人。奔走勤事。臣我周之監成周者。五年無罪過。則聽汝還本土。於惟有相長事。謂小大衆正官之人。汝無有不能用法。欲其皆用法也。小大衆正官之人。自爲不和。汝衆官等。自當和之哉。汝等親近室家。不相和親。汝亦當和之哉。汝邑內之人。若能明於和睦之道。汝惟能勤於汝之職事。言是其教之使然。汝能庶幾不自相怨忌。入於凶德。若能不入於凶德。亦則用敬敬之道。常在汝之職位不黜退也。汝若能善相教誨。使我簡閱於汝邑。善汝之事。以汝所謀爲大。則汝乃用是洛邑。庶幾得反本土。長得勤畋汝故田。汝能修善。天惟與汝憐汝我有周惟其大大賞賜汝。汝非但受賞而已。其有蹈大道者。得在王庭。被任用。庶幾汝事有所服行。在於大官。恐其心未服。故丁寧勸誘之。○傳王歎至一多士

○正義曰。言有方多士。與殷多士。則此二者。非一人

也。有方多士。當謂於時所有四方之諸侯也。與殷多士。當謂遷於成周頑民之衆士也。下云以臣我監者。謂成周之監。明此殷多士也。○傳監謂至本土。○正義曰。下云自時洛邑。此所戒成周之人。故知監謂成周之監。此指謂所遷頑民殷家衆士也。五年再閏。大道有成。故期以五年無過。則得還本土。以民性重遷。設期以誘之。○傳於惟至用法。○正義曰。胥相也。伯長也。顧氏以以相長事。即小大衆正官之人也。○傳汝庶至汝位。○正義曰。和順爲善德。怨惡爲凶德。忌謂自怨忌。上言自作不和。是怨忌也。釋訓云。穆穆敬也。此戒小大正官之人。故云敬敬常在汝位。○傳汝能至邑里。○正義曰。閲謂簡閲其事。觀其具足以否。故言閲具於汝邑。介大也。以汝所謀爲大。善其治理。聽還本國也。是由在洛邑修善。得反其邑里。王肅云。其無成。雖五年亦不得反也。

王曰。嗚呼。多士。爾不克勸忱我命。爾亦則惟不克享。凡民惟曰不享。傳王歎而言曰。衆士。汝不能勸信我命。汝亦則惟不能享天祚矣。凡民亦惟曰不享於汝祚矣。

爾乃惟逸惟頗，大遠王命，則惟爾多方探天之威。我則致天之罰，離逖爾土。

【傳】若爾乃爲逸豫頗僻。大棄王命。則惟汝衆方取天之威。我則致行天罰。離遠汝土。將遠徙之。○頗，破多反。探，吐南反。僻，匹亦反。

【疏】王曰嗚呼至爾土。○正義曰。王言而歎曰。嗚呼。成周之衆士。汝若不能勸勉信用我之教命。汝則惟不能多受天福祚矣。凡民惟曰不享於汝祚矣。汝乃惟爲逸豫。惟爲頗僻。大遠棄王命。則惟汝衆方自取天之威刑。我則致天之罰於汝身。將遠徙之。使離遠汝之本土。○【傳】王歎至祚矣。○正義曰。勸信我命。勸勉而信順之。凡民亦惟曰不享於汝祚矣。言民亦不願汝之子孫長久矣。○【傳】若爾至徙之。○正義曰。成周一邑之士。不得謂之多方。此蓋意在成周遷者。兼告四方諸國使知。亦如康誥。王告康叔。并使諸侯知之。離遠汝土。更遠徙之。鄭云。分離奪汝土也。與孔異也。**王曰。我不惟多誥。我惟祇告爾命。**（傳）我不惟多誥汝而已。我惟敬告汝吉凶之命。**又曰。時惟爾初不克敬于和則無我怨。**（傳）又誥汝。是惟汝初不能敬于和道故誅汝。汝無怨我。解所以再三加誅之意。（疏）王曰我至我怨○正義曰。王曰我今告戒汝者。不惟多爲言誥汝而已。惟敬告汝吉凶之命。從我則吉。違我則凶。汝命吉凶在此言也。王又謂汝所以再三被誅者。是惟汝初不能敬於和道。故致此爾。汝自取之。則無於我有怨。○（傳）又誥至之意○正義曰。又告者。更言王意。又謂汝曰也。以上王誥已終。又起別端。故更稱王又復言曰。以序云成王在豐誥庶邦。則此篇是王親誥之辭。

直稱王曰者是也。其有周公稱王告者。則上云周公曰王若曰是也。又曰嗚呼王若曰是也。顧氏云。又曰者。是王又復言曰也。

立政第二十一

周書

周公作立政。傳 周公既致政成王。恐其怠忽。故以君臣立政爲戒。

立政 傳 言用臣當共立政。故以名篇。

周公若曰拜手稽首告嗣天子王矣。傳 順古道。盡禮致敬告成王。言嗣天子。今已爲王矣。不可不慎。用咸戒

于王曰王左右常伯常任準人綴衣虎賁【傳】周公用
王所立政之事。皆戒於王曰。常所長事。常所委任。謂
三公六卿。準人平法。謂士官。綴衣掌衣服。虎賁以武
力事王。皆左右近臣。宜得其人。○任。而鴆反。準之允
反。綴徐之衞反。又之
劣反。賁音奔。長之丈反。除篇
末文注以長。直良反。餘並同。周公曰嗚呼休茲知恤
鮮哉【傳】歎此五者立政之本。知憂得其人者少。○鮮。息淺
反。【疏】周公至鮮哉○正義曰。王之大事。在於任賢使
能。成王初始卽政。猶尚幼少。周公恐其怠忽政
事。任非其人。故告以用臣之法。周公順古道而告王
曰。我敢拜手稽首。告嗣世天子成王。今已爲王矣。王
者當立善政。其事不可不愼。周公既爲此言。乃用王
所立政之事。皆戒於王曰。王之親近左右。常所長事。

謂三公也。常所委任。謂六卿也。平法之人。謂獄官也。綴衣之人謂掌衣服者也。虎賁以武力事王者。此等皆近王左右最須得人。周公既歷言此官。復言而歎曰。嗚呼美哉。此五等之官。立政之本也。知憂此官置得賢人者少也。○傳順古至不慎○正義曰。周公既拜手稽首而後發言。還自言拜手稽首。示已重其事。欲令受其言。故盡禮致敬以告王也。召誥云。拜手稽首旅王若公。亦是召公自言已拜手稽首。與此同也。成王嗣世而立。故呼成王爲嗣天子。周公攝政之時。成王未親王事。此時既已歸政於成王。故言今已爲王矣。不可不慎也。王肅以爲於時周公會羣臣共戒成王。其言曰拜手稽首者。是周公贊羣臣之辭。○傳周公至其人○正義曰。此以立政名篇。知用咸戒者。是周公用王所立政之事。皆戒於王也。三公臣之尊者。知常所長事。謂三公也。六卿分掌國事。王之所任。知常所委任。謂六卿也。準。訓平也。平法之人。謂士官也。士。察也。察獄之官。用法必當均平。故謂獄官爲準人。周禮司寇之長。在常任之内。此士官當謂士師也。

衣服必連綴著之。此歷言官人。知綴衣是掌衣服者。此言親近大臣。必非造衣裳者。周禮。大僕下大夫。掌正王之服位。出入王之大命。此掌衣服者。當是大僕之官也。周禮。虎賁氏下大夫。言其若虎賁獸。是以武力事王者。此皆左右近臣。宜得其人。言其急於餘官。得其人者。文官得其文人。武官得其武人。違才易務。皆爲非其人也。○傳歎此至者少。○正義曰。此五官皆親近王。故歎此五者立政之本也。休。美也。王肅云此五官美哉。是休茲爲美此。五官也。歎其官之美。美官不可不委賢人用之。故歎之。知憂得其人者少。下句惟言禹湯文武官得其人。是知憂得人者少也。

古之人迪惟有夏乃有室大競籲俊尊上帝。傳古之人道。惟有夏禹之時。乃有卿大夫室家大強。猶乃招呼賢俊。與共尊事上天。○籲。音預。

迪知忱恂于九德之行。傳禹之臣。蹈知誠信於九德之行。謂賢智大臣。九德皐陶所謀。○忱。市林反。恂。音荀。行。如字。徐下孟反。

乃敢告教厥后曰拜手稽首后矣曰宅乃事宅乃牧宅乃準茲惟后矣傳知九德之臣。乃敢告教其君以立政。君矣亦猶王矣。宅。居也。居汝事。六卿掌事者。牧。牧民。九州之伯。居內外之官。及平法者。皆得其人。則此惟君矣。

謀面用丕訓德則乃宅人茲乃三宅無義民傳謀所面見之事無疑。則能用大順德。乃能居賢人于衆官。若此則乃能三居無義民。大罪宥之四裔。次九州之外。次中國之外。

桀德惟乃弗作往任。

是惟暴德罔後。傳桀之爲德。惟乃不爲其先王之法。往所委任。是惟暴德之人。故絶世無後。

疏古之人至罔後○正義曰。既言知憂得人者少。乃遠述上世之事。此言禹與桀也。古之人能用此求賢之道者。惟有夏禹之時。乃有羣臣卿大夫皆是賢人。室家大强。猶尚招呼賢俊之人。與共立於朝。尊事上天。禹之臣。蹈知誠信於九德之行者。乃敢告教其君曰。我敢拜手稽首。君今已爲君矣。不可不慎也。戒其君。即告曰。居汝掌事之六卿。居汝牧民之州伯。居汝平法之獄官。使此三者。皆得其人。則此惟爲君矣。言不得賢人。不成爲君也。禹能謀所面見之事。無所疑惑。用大明順之德。則乃能居賢人於官。賢人在官。職事修理。乃能三處居無義之民。善人在朝。惡人黜遠。其國乃爲治矣。及夏末年。桀乃爲天子。桀之爲德。惟乃不爲其先王之法。往所委任。是暴德之人。以此故絶世無後。得賢人則興。任小人則滅。是須官賢人以立政也。○傳古之至上天○正義曰經言古之人迪傳言古之人道當說古之求賢人之道也王肅云古之人道惟有夏之大禹爲天子也其意言古人之道說有此事孔意似不然也孔以大夫稱家室猶家也籲訓呼也招呼者乃是臣下之事故以爲夏禹之時乃有卿大夫室家大强猶乃招呼在外賢俊與之共立於朝尊事上天也言君既求賢臣之助言天子事天臣成君事故言共尊事上天○傳禹之至所謀○正義曰九德之行非一人能備言禹之臣蹈知九德之行極言其賢智大臣也禹時伯益之輩乃可以當此經典之文更無九德之事惟有皐陶謀九德皐陶所謀者即寬而栗柔而立愿而恭亂而敬擾而毅直而溫簡而廉剛而塞强而義是也○傳知九至君矣○正義曰進言戒君非大賢不可故知九德之臣乃敢告教其君以立政也君矣亦猶言王矣言已爲君矣不可不慎也君王一也變文以相避爾宅訓居也居汝事須得賢人六卿各掌其事者也居汝牧九州之伯主養民亦須得賢人養其民也居汝準士官主理刑法亦須賢人平其

獄也。六卿掌內。州牧掌外。內外之官。及平法三事。皆得其人。則此惟爲君矣。言羣官失職。則不成爲君也。上句周公戒王。歷言五官。其內無州牧。此惟言三官。加州牧者。俱是逐急言之。其有詳略爾。曲禮云。九州之長曰牧。王制云。千里之外設方伯。八州八伯。然則牧伯一也。伯者言一州之長。牧者言牧養下民。牧伯俱得言之。故孔以伯解牧。鄭玄云。殷之州牧曰伯。虞夏及周曰牧。與孔不同。○傳謀所至之外。○正義曰。凡人爲主。皆欲臣賢。但大佞似忠。賢不可別。欲知其遠。先驗於近。但禹能謀所面見之事。官賢人。既得其官。分別善惡。無所疑惑。仁賢必用。邪佞必退。然後舉直錯諸枉。則爲能用大順德。如是乃能居賢人於衆官。賢人既得居官。則能分別善惡。無義之民。必獲大罪。量其輕重。斥之遠地。乃能三處居此無義罪人。三居者。大罪宥之四裔。次九州之外。次中國之外。四裔者。四海之表最遠者也。次九州之外者。四海之內。要服之外。次中國之外者。謂罪人所居之國外也。猶若衞人居於晉。去本國千里。故孔注舜典云。次千里之外是也。鄭云三處者，自九州之外至於四海，三分共地，遠近若周之夷、鎮、藩也，與孔不同。**亦越成湯陟，丕釐上帝之耿命。**傳桀之昏亂，亦於成湯之道得升，大賜上天之光命，王天下。○釐，力之反。耿，工迥反，徐工頴反，又工杏反，下同。王，往況反。**乃用三有宅克即宅，曰三有俊克即俊。**傳湯乃用三有居惡人之法，能使就其居，言服罪。又曰能用剛柔正直三德之俊，能就其俊事，言明德。**嚴惟丕式克用三宅三俊。**傳言湯所以能嚴威，惟可大法象者，以能用三居三德之法。**其在商邑，用協于厥邑。其在四方，用丕式見德。**傳湯在商邑，用三宅三俊之道和其邑。其在四方用是大法。見其聖德。言遠近化。

疏亦越至見德○正義曰。不有所廢。則無以興。桀之滅亡夏家。乃以開道湯德。此言湯之能用人也。桀之昏亂。亦於成湯之道。得升聞於天。大賜受上天之光命。得王有天下。湯既爲王。乃用三有居惡人之法。能使各就其居處。言皆服其罪也。又曰用三德之俊人。能使各就其俊事。言皆明其德也。湯所以能嚴威惟可大法象者。以其能用三居三俊之法故也。成湯其在商邑。用此三居三俊之道。和於其邑。其在四方。用是斷罪任賢之大法。見其聖德於民。言遠近皆從化也。○傳桀之至天下○正義曰。成湯之道得升。謂從下而升於天。故天賜之以光命。使之得王天下爲天子也。釐。賜。耿。光。皆釋詁文。○傳湯乃至明德○正義曰。皋陶謨九德。即洪範之三德。細分以爲九爾。以此知三俊。即是洪範所言剛克。柔克。正直。三德之俊也。能就其俊事言明德者。用以俊又居官。顯明其有德也。上句言則乃宅人。茲乃三宅無義民。先言用賢。

後言去惡。此經先言三有宅。後言曰三有俊者。用賢去惡。俱是立政之本。上句先說夏禹。言得賢然後去惡。見其須賢之功。及說成湯文武。先言去惡。後言用賢。又見惡宜速去。或先或後。所以互相見爾。嗚呼其在受德暋惟羞刑暴德之人同于厥邦。傳受德。紂字。帝乙愛焉。爲作善字。而反大惡自强。推進用刑與暴德之人。同于其國。並爲威虐。○受德。紂字。馬云。受所爲德也。暋。眉謹反。徐亡巾反。一音閔。爲。于僞反。下爲之同。强。其丈反。乃惟庶習逸德之人同于厥政。傳乃惟衆習爲過德之人。同于其政。言不任賢。帝欽罰之乃伻我有夏式商受命奄甸萬姓。傳天以紂惡。故敬罰之。乃使我周家。王有華夏。得用商所受天命。同治萬姓。言皇天無親。佑有德。○伻，普耕反。徐敷耕反。又甫耕反。

疏 嗚呼至萬姓○正義曰。既言湯以用賢而興。又說紂之失人而滅。周公又歎曰。嗚呼。其在殷王受德。本性大惡。自强。惟進用刑罰與暴德之人。同治其國。並爲威虐。乃惟衆習爲過德之人。與之同共於其政。由其任同惡之人。故上天敬誅罰之。乃使我周家。王有華夏。用商所受天命。同治天下萬姓。言周能用賢。天親有德。故得爲天子。○傳受德至威虐○正義曰。泰誓三篇。惟單言受。而此云受德者。則德本配受。共爲一人。故知受德是紂字也。既受之與德。共爲紂字。而經或言受。或言受德者。呼之有單復爾。其人實爲大惡。德字乃爲善名。非是時人呼有德。知是帝乙愛焉。爲作善字。望其爲善。而反爲大惡。以其行反其字。明非時人呼也。釋詁云。暋，强也。暋即昏也。故訓爲强。言紂自强爲惡。惟進用刑罰。身既進用刑罰。則愛好暴虐之人。故爲與之同於其國。言並爲威虐。○傳乃惟至任賢○正義曰。暴德。言以暴虐爲德。

逸德。言以過惡爲德。習效爲之衆者。言其所任多也。紂任衆爲過德之人。與之同於其政。言其不任賢也。與暴德同於其國。與惡德同於其政。其事一也。異言之爾。牧誓所云。四方之多罪逋逃。是信是使。是以爲大夫卿士。俾暴虐於百姓。以姦宄於商邑。是其事也。○傳大以至有德○正義曰。言天知其惡。熟詳審下罰。故言敬罰也。商本受天命。周亦受天命。故言周商所受天命。同治萬姓。釋言云。弇同也。同爲天子治萬姓。與商同也。此經之意。言周家有德。皇天親有德也。王肅云。敬罰者。謂須暇五年。

亦越文王武王克知三有宅心。灼見三有俊心。傳紂之不善。亦於文武之道大行。以能知三有居惡人之心。灼然見三有賢俊之心。

以敬事上帝。立民長伯。傳言文武知三宅三俊。故能以敬事上天。立民正長。謂郊祀天。建諸侯。疏亦曰至長伯○正義曰。既言上天去惡與善。
事。桀惡。所以興殷興周。即說文王武王。能用求賢審官之
亦於文王武王。使得其道大行。能知居三有惡人之不善。
心。居之皆得其所。言服其罪也。灼然見三有賢俊之
心。用之皆得其人。言明其德也。文武知此三宅三俊。
故能敬事上天。稱天心也。立民正長。合民心也。○傳
紂之至之心○正義曰。桀之昏亂開成湯。紂之不善
開文武。其事同也。於成湯言能受上天之命。於文武
云能敬事上帝。前聖後聖爲行必同。文錯爲文。所以
互相見爾。文王受命。武王伐紂。二聖共成王道。故文
武並言之。猶詩序云。文武以天保已上治内。采薇已
下治外。文武並言。與此同也。文王之時。未定天下。所
立之官。亦未具足。下經所言。立政任人已下。三亳阪
尹已上。其所舉官屬。多是文武時事。以見二聖同道。
父作之。子述之。言其相成爾。故以能知三有居惡人
之心。灼然見三有賢俊之心。言文王之聖。心能揆度。
知惡人眞惡。須屛黜之。知賢人實賢。須舉用之。故去

惡進賢皆得其所。賢人難識，故特言灼然，言其知之審也。○傳「言文」至「諸侯」。○正義曰：上天之道，與善去惡。三宅三俊，行合天心，言文武知三宅三俊，故能敬事上帝。伯亦長也，故言立民正長。天子祭天，知敬事上帝謂郊祀天也。天子建國，知立民長伯謂建諸侯也。以下句立政任人已下，歷言朝廷之臣與蠻夷衆君，知此立民長伯主謂諸侯。詩周頌維清述文王之德言肇禋，大雅皇矣美文王之伐言是類，類、禋皆是祭天之名，是文王已祀天矣。文王未得封建諸侯，其建諸侯維武王時爾。

立政任人準夫牧作三事。傳文武亦法禹湯以立政，常任、準人及牧治，爲天地人之三事。

虎賁綴衣趣馬小尹。傳趣馬，掌馬之官。言此三者雖小官長，必慎擇其人。○趣，七口反。

左右攜僕百司庶府。傳雖左右攜持器物之僕及百官有司主券契藏吏。亦皆擇人。○券。音勸。契。苦計反。藏。才浪反。**大都小伯藝人表臣百司**。傳小臣猶皆慎擇其人。況大都邑之小長。以道藝爲表幹之臣。及百官有司之職。可以非其任乎。**太史尹伯庶常吉士**。傳太史。下大夫。掌邦六典之貳。尹伯。長官大夫。及衆掌常事之善士。皆得其人。**司徒司馬司空亞旅**。傳此有三卿。及次卿。衆大夫。則是文武未伐紂時。舉文武之初以爲法則。**夷微盧烝三亳阪尹**。傳蠻夷微盧之衆帥。及亳人之歸文王者三所爲之立監。及阪地之尹長。皆用賢。○阪。音反。疏立政至阪尹○正義曰言文武亦法禹湯審官以立美政任人謂六卿準夫者平法之人謂理獄官也牧者九州之牧治爲天地人之三事自虎賁已下歷舉官名言此官皆須得其人不以官之尊卑爲次蓋以從近而至遠虎賁綴衣趣馬三者官雖小須愼擇其人乃至左右攜持器物之僕及百官有司之下至衆府藏之吏亦須擇其人旣言近王小官及遠官大者小官猶須擇人況乎大都邑之小長與有道藝之人爲表幹之臣及百官有司之職可以非其任乎以近臣況遠臣以小官況大官旣以近小況遠大又舉官之次而掌事要者若太史下大夫長官大夫及衆掌常事之善士皆須得其人更舉官之大者司徒司馬司空之卿及次卿之衆大夫皆須得其人旣略言內外之官又更遠及夷狄蠻夷微盧之衆帥與三處亳民之監及阪地之尹長皆須用賢人言文武於此諸官皆求賢人爲之也○傳文武至三事○正義曰前聖後聖其道皆同未必相放法也後人法前自是常事因其上說禹湯立政故言文武亦法禹湯以立政

也。任人。則前經所云。常任六卿也。準夫。則準人也。牧者。前云宅乃牧也。前文有常伯綴衣虎賁不言牧。此不言常伯綴衣虎賁而言牧者。以前文先舉朝臣。故不言牧。前已備文。故此不言常伯。其綴衣虎賁而言牧者。以下文自詳。故此惟舉内外要官者言之。故内官舉任人準夫。外官舉牧。故下云繼自今我立政立事。準人牧夫。我其克灼知厥若。又云自古商人。亦越我周文王。立政立事。牧夫準人。則克宅之。克由繹之。茲乃俾乂。皆據内外要重官以言之。夫。即人也。立官所以事天地。治人民。爲此三事而已。故以三事謂天地人也。王肅云文王所以立政。任人常任也。準夫準人也。牧者諸侯之長也。與孔意同。○傳趣馬至其人○正義曰。周禮趣馬爲校人屬官。馬一十二匹。立趣馬一人。掌贊正良馬。而齊其飲食。是掌馬之小官也。綴衣。是太僕也。虎賁太僕。皆下大夫也。此三公六卿。亦爲小尹之官。雖文止三官。亦包通在下之屬官。三官之下。小官多矣。趣馬即下士。其馬一匹。有圉師一人。是趣馬之下。猶有小官也。○傳雖左至擇人○正義曰。諸官有所務從業。從王左右攜持器物之僕。謂寺人内小臣等也。百司庶府。謂百官府司之下。主券契府藏之吏。謂其下賤人。非百官有司之身也。言此等亦皆擇人。○傳小臣至任乎○正義曰。小臣猶皆擇人。況大都邑之小長。謂公卿都邑之内。大夫士及邑宰之屬。以身有道藝。爲民之表的楨幹之臣。其都邑之内屬官。謂之小長。周禮大宰職云。乃施則于都鄙而建其長。立其兩。設其伍。陳其殷。兩謂兩卿。長謂公卿。伍謂大夫。殷謂衆士是也。○傳太史至其人○正義曰。周禮太史下大夫二人。掌建邦之六典。又大宰職亦云。掌建邦之六典。大史副貳。大宰掌其正。大史掌其貳。六典。謂治典。教典。禮典。政典。刑典。事典。六卿所掌者也。掌邦六典之貳。其所掌事重。故特言之。尹伯。長官大夫。周禮每官各有長。若太史爲史官之長。大司樂爲樂官之長。如此類皆是也。及衆掌常事之善士。謂士爲長官者。其大夫及士不爲長官者。則前云百司也。居官必須善人。此是總舉衆官。故特言吉士。○傳此有至法則○正義曰。周公攝政之時。制禮作樂。其作立政之篇。必在制禮之後。周禮六卿。而此有三卿及次卿衆大夫。則是副卿之大夫。有若周禮小宰之類是也。此文武未伐紂之時也。遠舉文武之初。以爲法則爾。泰誓下篇云。王乃大巡六師。六師則六軍也。軍將皆命卿。卽伐紂之時。已立六卿矣。牧誓亦云。司徒。司馬。司空。舉之三卿者。彼傳已解之云。指誓戰者也。○傳蠻夷至用賢。○正義曰。牧誓所云庸微盧彭濮人。此舉夷微盧。以見彭濮之等諸夷也。烝。訓衆也。此篇所言皆立官之事。此經惟阪下言尹。則夷微已下。以一尹總之。故傳言蠻夷微盧之衆帥。及亳民之歸文王者三所爲之立監。及阪地之尹長。故言師言監。亦是言爲之立長。義出經文尹也。亳是湯之舊都。此言三亳。必是亳民分爲三處。此篇說立官之意。明是分爲三亳。必是三所。各爲立監也。亳人之歸文王。經傳未有其事。文王既未伐紂。亳民不應歸之。鄭王所說。皆與孔同。言亳民歸文王者。蓋以此章雜陳文王武王時事。其言以文王爲主。故先儒因言亳民歸文王文王爾。卽如此意。三亳爲已歸周。必是武王時也。及阪地之尹長。傳言其山阪之地立長爾。不知其指斥何處也。鄭玄以三亳阪尹者。共爲一事。云湯舊都之民。服文王者分爲三邑。其長居險。故言阪尹。蓋東成皐。南轘轅。西降谷也。皇甫謐以爲三亳三處之地。皆名爲亳。蒙爲北亳。穀熟爲南亳。偃師爲西亳。古書亡滅。既無要證。未知誰得旨矣。

文王惟克厥宅心。乃克立茲常事司牧人以克俊有德。傳文王惟其能居心遠惡舉善。乃能立此常事司牧人。用能俊有德者。○遠，于萬反。

文王罔攸兼于庶言庶獄庶慎惟有司之牧夫。傳文王無所兼知於毀譽衆言及衆刑獄。衆當所慎之事。惟慎擇有司牧夫而已。勞于求才。逸於任賢。○譽音餘。又如字。

是訓用違庶獄庶慎文王

罔敢知于兹。傳是萬民順法。用違法衆獄。衆慎之事。文王一無敢自知。於此委任賢能而已。疏文王至于兹○正義曰。上既總言文武。此又分而説之。文王惟能其居心遠惡舉善。乃能立此常事。其主養人之官。用能俊有德者。既任用俊人。每事委之。文王無所兼知。於衆人之言。或毁或譽。文王皆不知也。衆獄斷罪得失。文王亦不得知也。衆所當慎之事。文王亦不得知也。惟慎擇在朝有司。在外牧養民之夫。是時萬民或順於法。或用違法。衆刑獄。衆所慎之事。文王一皆無敢自知。於此惟委任賢能而已。○傳文王至德者○正義曰。上言文王能知三宅三俊。知此能居心者。以遠惡舉善。居其心也。既遠惡舉善。乃能立此常事。用賢養民。是人君之常事也。○傳文王至任賢○正義曰。下云是訓用違。即是在上庶言也。是訓則稱譽之事。用違則毁損之事。但分析言之爾。

亦越武王率惟敉功。不敢替厥義德。

傳亦於武王循惟文王撫安天下之功。不敢廢其義德。奉遵父道。○敉亡婢反。率惟謀從容德。以並受此丕丕基。傳武王循惟謀從文王寬容之德。故君臣並受此大大之基業傳之子孫。○傳直專反。疏亦越至丕基。○正義曰。亦於武王遵循父道。所循惟文王撫安天下之功。不敢廢其文王義德。言奉行遵父道也。又言武丁遵循者。惟謀從文王寬容之德。故武王君臣。能並受此大大之基業。謂受命為天子。傳之子孫。○傳武王至子孫。○正義曰。以言並受。則非獨王身。故以為君臣並受此大大之基業。謀從寬容之德。是與臣謀。及基業成就。則君臣共有。故言並受。且王為天子。臣為諸侯。皆受基業。各傳子孫。是亦為並受也。嗚呼孺子王矣。傳歎稚子今已為王矣。不可不勤法祖考之德。繼自今我其立政立事準人牧夫我其克灼知厥若丕乃俾亂傳繼用今已往我其立政大臣立事小臣及準人牧夫我其能灼然知其順者則大乃使治之言知臣下之勤勞然後莫不盡其力○俾必爾反下同治直吏反下同相我受民和我庶獄庶慎時則勿有間之傳能治我所受天民和平我衆獄衆慎之事如是則勿有以代之言不可復變○相如字馬息亮反下勸相同間間厠之間復扶又反自一話一言我則末惟成德之彥以乂我受民傳言政當用一善善在一言而已欲其口無擇言如此我則終惟

有成德之美。以治我所受之民。○話，戶怪反。疏「嗚呼孺子」至「受民」。○正義曰：周公既歷說禹湯文武，乃復指戒成王，嗚呼而歎。孺子今已爲王矣，既正位爲王，事不可不慎。繼續從今已往，我王其與立政，謂大臣也；其與立事，謂小臣也；平法之人，及養民之夫，此等諸臣，我王其能察之灼然，知其順於事者，則大乃使之治理。言知其能有勤勞，各盡心力，然後用此賢臣，治我所受天民，和平我衆獄訟，及衆當所慎之事。必能如是，則勿復有以代之。言其法不可復變也。政從君出，爲人主用是一善之言，善在一言而已，勿以惡言亂之。王能如是，我王則終惟有成德之美，以治我所受天民矣。○傳「繼用」至「心力」。○正義曰：自此已下四言「繼自今」者，凡人靡不有初，鮮克有終，恐王不能終之，戒成王使繼續。從今已往，常用賢也。自訓爲從，亦訓爲用，此傳言用今已往，下傳言從今已往，其意同也。政事相對，則政大事小，故以立政爲大臣，立事爲小臣，及準人牧夫，略舉四者以總諸臣，戒王任此人也。其能灼然

萬曆十五年刊

知其能順於事者。則大乃使治。顧氏云。君能知臣下順於事。則臣感君恩。大乃治理。各盡心力也。○傳能治至復變○正義曰。相。訓助也。助君所以治民事。故相爲治。天命王者。使之治民。則天與王者此民。故言能治我所受天民也。能治下民。理衆獄衆慎之事。使得其所。則爲政之大要。能如此。則勿有以代之。言此法盡善。不可復變易也。或據臣身。既能如此。不可以餘人代之也。○傳言政至之民○正義曰。釋詁云。自。用也。詁。言也。舍人曰。詁。政之善言也。孫炎曰。詁。善之言也。然則詁之與言。是一物也。自一話者。言人君爲政。當用純一善言。又云一言者。純一善言。在於一言而已。謂發號施令。當須純一。不得差貳。欲令其口無可擇之言也。顧氏云。人君爲政之道。當須用一善而已。爲善之法。惟在一言也。末。訓爲終。彥訓爲美。王能出言皆善。口無可擇。如此。我王則終惟有成德之美。以治我所受天民矣。釋訓云。美士爲彥。故彥爲美。

嗚呼。予旦已受人之徽言。咸告孺子王矣。傳歎所受賢聖說禹湯之美言。皆以告稚子王矣。○稚。直吏反。本亦作穉。

繼自今文子文孫。其勿誤于庶獄庶慎。惟正是乂之。

傳文子文孫。文王之子孫。從今已往。惟以正是之道。治衆獄衆慎。其勿誤。

自古商人亦越我周文王立政立事牧夫準人。則克宅之克由繹之。茲乃俾乂。

傳言用古商湯。亦於我周文王。立政立事。用賢人之法。能居之於心。能用陳之。此乃使天下治。○繹。音亦。

疏嗚呼至俾乂。○正義曰。旦者周公名也。周公又歎曰。嗚呼。我旦已受賢聖人說禹湯之美言。皆以告孺子王矣。王宜依行之。繼續從今以往。文王之子孫。其勿得過誤於衆獄訟。衆所慎之事。惟當用是正是之道治之。用古商人

成湯。亦於我周家文王。其立政立事。牧夫準人。此等
諸官。皆用賢人之法。則能居之於心。能用陳之於位。
明識賢人。用之爲官。此乃使天下大治。撫成王使法
之。○傳言用至下治○正義曰。上陳禹湯文武。此覆
上文。惟言湯與文王者。言有詳略。無別意也。能居之
於心。謂心知其賢也。能用陳之。謂陳列於位。用之以
爲官也。王肅曰。則能居之在位。能用
陳其才力如此。故能使天下治也。國則罔有立政
用憸人不訓于德。是罔顯在厥世。傳商周賢聖之國。
則無有立政用憸利之人者。憸人不順於德。是使其
君無顯名在其世。○憸。息廉反。徐七漸反。本
又作㤿。馬云。憸利佞人也。繼自今
立政其勿以憸人。其惟吉士。用勱相我國家。傳立政
之臣。惟其吉士。用勉治我國家。○勱。國則至國家
音邁。疏○正義曰。既

言湯與文王用賢大治。又言其不宜用小人。商周聖賢之國。無有立政用憸利之人者。此憸利之人不顯於德。若其用之。是使其君無顯名在其世也。王常繼續從今已往。立其善政。其勿用憸利之人。其惟任用善士使勉力治我國家。敘王使用善士勿使小人也。**今文子文孫孺子王矣。**傳告文王之子孫。言稚子已即政為王矣。所以厚戒。**其勿誤于庶獄。惟有司之牧夫。**傳獨言衆獄有司。欲其重刑慎官人。**其克詰爾戎兵。以陟禹之迹。**傳其當能治汝戎服兵器。威懷並設。以升禹治水之舊迹。○詰起一反。馬云。賓也。**方行天下。至于海表。罔有不服。**傳方。四方。海表。蠻夷戎狄。無不服化者。**以覲文王之耿光。以揚武**

王之大烈。傳能使四夷賓服。所以見祖之光明。揚父之大業。嗚呼。繼自今後王立政。其惟克用常人。傳其惟能用賢才爲常人。不可以天官有所私。疏「今文至常人」○正義曰。今告汝文王之子。文王之孫。孺子今已即政爲王矣。我所以須厚戒之。王其勿誤於衆治獄之官。當須慎刑也。惟有司之牧夫。有司主養民者。宜得賢也。治獄之吏。養民之官。若任得其人。使其能治汝戎服兵器。以此升行禹之舊迹。四方而行至於天下。至於四海之表。無有不服王之化者。以顯見文王之光明。以播揚武王之大業。言任得賢臣。則光揚父祖。周公又歎曰。嗚呼。繼續從今已往。後世之王。立行善政。其惟能用常人。必使常得賢人。不可任非其才。此雖有戒成王。乃是國之常法。因以戒後王。言此法可常行也。○傳「獨言至官人」○正義曰。上有庶慎立政立事牧夫準人。此獨言庶獄。與有司之牧夫者。言庶獄欲其重刑言。有司牧夫。欲其愼官人也。○傳其當至舊迹。○正義曰。立官所以牧養下民。戒備不虞。故以詰爾戎兵爲言也。戎亦兵也。以其並言戎兵。故傳以爲戎服兵器。威懷並設。以升禹治水之舊迹。遠行必登山。故以陟言之。如禹之陟方意亦然。○傳方四至化者。○正義曰。方行天下。言無所不至。故以方爲四方。釋地云。九夷八狄七戎六蠻。謂之四海。知海表謂夷狄戎蠻。無有不服化者。即詩小雅云蓼蕭澤及四海是也。○傳其惟至所私。○正義曰。官須常得賢人。故惟賢是用。用賢是常。常則非賢不可。人主或知其不賢。以私受用之。代天爲官。故言不可以天官有所私。

周公若曰。太史。傳順其事并告太史。

司寇蘇公式敬爾由獄。以長我王國。傳忿生爲武王司寇。封蘇國。能用法。敬汝所用之獄。以長施行於我王國。言主獄當求蘇公之比。○比。必二反。又如字。

茲式有慎以列用中罰。傳此法有所慎行。必以其列用中罰。不輕不重。蘇公所行。太史掌六典。有廢置官人之制。故告之。○行如字。疏周公至中罰。○正義曰。周公順其事而言曰。太史。以其太史掌廢置官人。故呼而告之。昔日司寇蘇公。既能用法。汝太史當敬汝所用之獄。以長施行於我王國。欲使太史選主獄之官。當求蘇公之比也。此刑獄之法。有所慎行。必以其體式。列用中常之罰。不輕不重。當如蘇公所行也。○傳忿生至之比。○正義曰。成十一年左傳云。昔周克商。使諸侯撫封。蘇忿生以溫爲司寇。是忿生爲武王司寇。封蘇國也。蘇是國名。所都之地。其邑名溫。故傳言以溫也。特舉蘇公治獄官。以告太史。知其言主獄之官。當求蘇公之比類也。○傳此法至告之。○正義曰。治獄必有定法。此定法有所慎行。周禮大司寇云。刑新國。用輕典。刑平國。用中典。刑亂國。用重典。輕重各有體式。行列周公言然之時。是法爲平國。故必以其列用中罰。使不輕不重。美蘇公治獄。使列用中罰。明中罰不輕不重。是蘇公所行也。周禮大宰以八柄詔王。馭羣臣。有爵祿廢置生殺與奪之法。太史亦掌邦之六典。以副貳大宰。是太史有廢置官人之制。故特呼而告之也。

尚書註疏卷第十七

尚書注疏彙校卷十七

蔡仲之命第十九

一葉七行注　**成王也**。　○殿本《考證》：成王也。「成王」上疑脱「王」字。

一葉八行注　**罪不相及**。　○山井鼎《考文》：罪不相及。〔古本〕下有「也」字。

一葉八行注　**册書命之**。　○山井鼎《考文》：册書命之。〔古本〕「册」作「策」。○阮元《校記甲》：册書命之。「册」，古本作「策」。○阮元《校記乙》：册書之命（命之）。古本「册」作「策」。

一葉九行注　**仲字**。**因以名篇**。　○山井鼎《考文》：「仲字」下、「因以名篇」下，〔古本〕共有「也」字。

一葉九行疏　**「蔡叔至之命○正義曰」至「或有而不賢故也」**。　○浦鏜《正字》：「蔡仲之命」下疏當在上序下。○盧文弨《拾補》：蔡叔至之命。此段皆當在序傳之下。○疏文「蔡叔至之命○正義曰」至「或有而不賢故也」，定本移至上注「册書命之」下。《定本校記》：蔡仲之命。此經傳〔足利〕八行本在「作蔡仲之命」下，今從殿本、浦氏。

一葉十三行疏　以其繼父命子。　○阮元《校記甲》：以其繼父命子。「子」，纂傳作「之」。

一葉十三行疏　故繫之蔡叔之後也。　○阮元《校記甲》：故繫之蔡叔之後也。「蔡叔」，纂傳作「叔卒」。

一葉十四行疏　其言罪不相及。　「言」上要無「其」字。

一葉十六行疏　不立管叔爲後者。　「爲」，單、八、平、要、十、永、殿、庫、阮作「之」。○山井鼎《考文》：不立管叔爲後者。宋板「爲」作「之」。○殿本《考證》：不立管叔之後者。「之」字監本及毛本訛「爲」。從舊本改正。○盧文弨《拾補》：不立管叔之後者。毛本「之」作「爲」。「爲」當作「之」。○阮元《校記甲》：不立管叔爲後者。「爲」，宋板、十行俱作「之」。按：「爲」，非也。

一葉十七行注　百官總已以聽冢宰。　○山井鼎《考文》：以聽冢宰。〔古本〕「聽」下有「於」字。○阮元《校記甲》：百官總已以聽冢宰。「聽」下古本有「於」字。阮元《校記乙》同。○《定本校記》：百官總已以聽冢宰。「聽」下九條本、内野本、神宮本、足利本有「於」字。

一葉十八行經　乃致辟管叔于商。　「于」，要作「於」。

二葉一行注　致法。謂誅殺。　「法」，殿、庫作「辟」。○山井鼎《考文》：「謂誅殺」下、「制其出入」下、「外地名」下、「七乘言少」下，〔古本〕共有「也」字。物觀《補遺》：致法，謂誅殺。〔古本〕「法」作「辟」。○盧文弨《拾補》：致法，謂誅殺。「法」，古本作「辟」，是。○阮元《校記甲》：致法，謂誅殺。「法」，古本作「辟」。○《定本校記》：致法，謂誅殺。「法」，内野本、神宫本、足利本作「辟」。

二葉一行注　謂制其出入。　「其」，王作「具」。「入」，李作「八」。

二葉二行釋文　乘。繩證反。　「乘」上平有「七」字。

二葉二行釋文　從才用反。　「從」下平有「車上」二字。

二葉三行注　罪輕故退爲庶人。　「庶」，八、李、王、纂、平、要、岳、永、阮作「衆」。○山井鼎《考文》：故退爲庶人。〔古本〕「庶」作「衆」，宋板同。○盧文弨《拾補》：罪輕故退爲衆人。毛本「衆」作「庶」。「庶」當作「衆」。○阮元《校記甲》：故退爲庶人。「庶」，古、岳本、宋板、十行、纂傳俱作「衆」。○阮元《校記乙》：故退爲衆人。古本、岳本、宋板、纂傳同。毛本「衆」作「庶」。

二葉五行經　蔡仲克庸祗德。　「祗」，永作「祇」。

二葉五行注　蔡仲能用敬德。　○山井鼎《考文》：蔡仲能用敬德。〔古本〕「蔡仲」下有「字也」二字。○阮元《校記甲》：蔡仲能用敬德。「仲」下古本有「字也」二字。○《定本校記》：蔡仲能用敬德。「仲」下燉煌本、九條本、内野本、神宫本、足利本有「字也」二字，清原宣賢手鈔本引家本亦有。

二葉六行注　言至公。　○山井鼎《考文》：「言至公」下、「圻内之蔡」下、「淮汝之間」下、「圻内之蔡名」下，〔古本〕共有「也」字。下註「當受教訓」下同。

二葉六行注　周公圻内諸侯。　「圻」，八作「所」，平作「坼」。

二葉七行注　圻内之蔡。　「圻」，平作「坼」。

二葉八行注　淮汝之間。　「間」，八、岳作「閒」。

二葉八行注　圻内之蔡名已滅。　「圻」，平作「坼」。

二葉十行疏　於時管蔡霍等羣叔流言於國。　「羣」，阮作「蔡」。「流」上永無「叔」字。○張鈞衡《校記》：羣流言於國。阮本「羣」作「蔡叔」。

二葉十行疏　謗毀周公。乃以王命致法。　「乃」上單、八、平、要、殿、庫重「周公」二字。○物觀《補遺》：謗毀周公。宋板「周公」下復有「周公」二字。○盧文弨《拾補》：謗毀周公，乃以王命致法。「周公」，宋本二字重。○阮元《校記甲》：謗毀周公。宋板「周公」下復有「周公」二字，屬下句。阮元《校記乙》同。

二葉十一行疏　殺管叔於商。　「於」，薈作「于」。

二葉十五行疏　謂流之遠地。　「地」，十、永、阮作「也」。○阮元《校記甲》：謂流之遠地。「地」，十行本誤作「也」。○阮元《校記乙》：謂流之遠也。毛本「也」作「地」。案：「也」字誤。

二葉十六行疏　管在滎陽京縣東北。　「滎」，十作「榮」。「縣」，永作「孫」。

二葉十六行疏　○傳罪輕至所滅○正義曰。言羣叔流言。　「言羣叔」上「○傳罪輕至所滅○正義曰」，殿、庫作「降霍叔于庶人」。

二葉十六疏　言羣叔流言。　「流言」下殿有「也」字。

二葉十七行疏　直降黜而已。　「直」，阮作「有」。○劉承幹《校記》：直降黜而已。阮本「直」作「有」。

二葉十八行疏　於時霍叔蓋在京邑。　「蓋」上要無「霍叔」二字。

二葉十八行疏　聞管蔡之語。　「蔡」上要無「管」字。

三葉一行疏　武王已克商。　○《定本校記》：武王已克商。「王」，〔足利〕八行本誤作「正」。

三葉一行疏　奪其爵禄。　「禄」，單作「禄」。

三葉二行疏　三年之後。乃更爵禄。　「爵」，單、八、要作「齒」。「禄」，單、八作「録」。○山井鼎《考文》：乃更爵禄。〔宋板〕「爵」作「齒」。○盧文弨《拾補》：三年之後，乃更齒録。「齒録」，毛本作「爵禄」，譌，從宋本正。○阮元《校記甲》：乃更爵禄。「爵」，宋板作「齒」，是也。盧文弨云：「禄」亦當作「録」。阮元《校記乙》同。

三葉三行疏　世家惟云封霍。不聞其爵。　「聞」，單、八、平、要、永、阮作「云」。○山井鼎《考文》：不聞其爵。〔宋板〕「聞」作「云」。○盧文弨《拾補》：世家惟云封霍，不云其爵。下「云」字毛本作「聞」。「聞」當作「云」。○阮元《校記甲》：不聞其爵。「聞」，宋板、十行俱作「云」。○阮元《校記乙》：不云其爵。宋板同。毛本「云」作「聞」。

三葉四行疏　馬融云。　「融」下要無「云」字。

三葉四行疏　邊邑也。　「邊」下要無「邑」字。

三葉五行疏　立其兩。　「兩」下平有「卿」字。

三葉六行疏　是爲周公圻内之卿士也。　「圻」，平作「圻」。「士」，八作「土」。

三葉七行疏　周公不就封留佑成王。「佑」，單、八、平、要、毛、殿、庫作「佐」。○阮元《校記甲》：留佐成王。「佐」，十行、閩、監俱作「佑」。按：當作「佐」。○阮元《校記乙》：留佑成王。閩本、明監本同。毛本「佑」作「佐」。案：「佐」字是。

三葉八行疏　淮汝之間。「間」，單作「閒」。

三葉八行疏　圻内之蔡。「圻」，平作「坼」。

三葉九行疏　世家云。蔡叔居上蔡。○盧文弨《拾補》：世本云：蔡叔居上蔡。「本」，毛本作「家」，譌。史記集解作「本」。○阮元《校記甲》：世家云：蔡叔居上蔡。盧文弨云：「世家」當作「世本」，据史記集解。按：疏下文引宋仲子云云。宋仲子乃注世本者也。阮元《校記乙》同。○《定本校記》：世家云。盧氏云：「家」當作「本」。

三葉九行疏　杜預云。「云」，要作「曰」。

三葉九行疏　至平侯徙新蔡。「徙新」，要作「新徙」。

三葉十行疏　檢其地。「檢」，平作「撿」。

三葉十行疏　叔若封於上蔡。不得在圻内也。「圻」，平作「坼」。○孫詒讓《校記》：圻内之「蔡」，疑即「祭」。

三葉十一行疏　孔言叔封圻内。　「叔封」，十作「封叔」。「圻」，平作「垳」。

三葉十一行疏　但圻内蔡地不知所在爾。　「圻」，平作「垳」。

三葉十二行注　明當受教訓。　○《定本校記》：明當受教訓。九條本、内野本、神宮本無「訓」字，清原宣賢手鈔本引家本亦無。

三葉十三行經　克愼厥猷。　○山井鼎《考文》：「克愼厥猷」、「惟厥終」、「改厥度」，〔古本〕「厥」並作「其」。

三葉十四行注　歎其賢。　「賢」下王、纂、殿、庫有釋文「行，下孟反」四字，平有「改行，下孟反」五字。○山井鼎《考文》：補脱 改行，下孟反〔據經典釋文〕。○浦鏜《正字》：「改行」音義「行，下孟切」四字脱。

三葉十五行注　以汝率德改行之故。故我命汝爲諸侯於東土。　○山井鼎《考文》：改行之故，故我命汝。〔古本〕無二「故」字。○阮元《校記甲》：故我命汝爲諸侯於東土。古本無「故」字。

三葉十六行注　往就汝所封之國。　○《定本校記》：往就汝所封之國。燉煌本、九條本、内野本、神宮本無「之」字。

三葉十六行注　當修巳以敬哉。　「修」，阮作「脩」。「哉」下王有釋文「封，如字，徐甫用反」七字，纂、平、殿、庫有釋文「封，如字，徐音甫用反」八字。○山井鼎《考文》：[補脱]封，如字，徐音甫用反。[謹按]經文「往即乃封敬哉」〔據經典釋文〕。○浦鏜《正字》：「肆予」節音義「封，如字，徐音甫用切」八字脱。

三葉十六行經　爾尚蓋前人之愆。　○《定本校記》：爾尚蓋前人之愆。内野本、神宮本無「人」字，清原宣賢手鈔本引家本亦無。

三葉十七行注　汝當庶幾修德。　「修」，阮作「脩」。

三葉十七行注　掩蓋前人之過。　「掩」，阮作「尚」。○張鈞衡《校記》：掩蓋前人之過。阮本「掩」作「尚」，誤。

三葉十七行注　子能蓋父。　○山井鼎《考文》：子能蓋父。〔古本〕下有「惡」字。○盧文弨《拾補》：子能蓋父惡，所以爲惟忠惟孝。「惡」，毛本脱，古本有。○阮元《校記甲》：子能葢父。古本下有「惡」字。阮元《校記乙》同。○《定本校記》：子能蓋父。「父」下内野本、神宮本、足利本有「惡」字，清原宣賢手鈔本引家本亦有。

三葉十八行注　所以爲惟忠惟孝。　○浦鏜《正字》：子能蓋父，所以爲惟忠惟孝。「忠」，監本誤「惠」。○阮元《校記甲》：所以爲惟忠惟孝。「忠」，監本誤作「惠」。

三葉十八行經　克勤無怠△。　○山井鼎《考文》：「克勤無怠」、「無若爾考」、「皇天無親」、「民心無常」、「無作聰明」，〔古本〕「無」並作「亡」。

四葉一行注　使可蹤△跡△而法循之△。　「蹤」，王作「蹝」。「跡」，纂、岳作「迹」。○阮元《校記甲》：使可蹤跡而法循之。「跡」，岳本、纂傳俱作「迹」。按：説文有「迹」無「跡」，此處經文及傳上句俱作「迹」，此句不當歧出。○阮元《校記乙》：使可蹤跡而法循之。岳本、纂傳「跡」作「迹」。按：説文有「迹」無「跡」，此處經文及傳上句俱作「迹」，此句不當歧出。○《定本校記》：使可蹤迹而法循之。九條本、内野本、神宮本無「之」字。

四葉一行注　能勤無解△怠以垂法子孫。　「解」，八、李、纂、平、岳、庫、阮作「懈」。○山井鼎《考文》：能勤無解怠。〔古本〕「解」作「懈」，宋板同。○盧文弨《拾補》：能勤無懈怠。毛本「懈」作「解」。「解」當作「懈」。○阮元《校記甲》：能勤無解怠。「解」，古、岳、葛本、宋板、纂傳俱作「懈」。按：「懈」正字。

四葉二行注　世世△稱頌。　「世世」，永作「世廿」。

四葉三行注　言當循文武△之常教。　○物觀《補遺》：文武之常教。〔宋板〕「武」作「王」。○盧文弨《拾補》：言當循文武之常教。「武」，古本作「王」，是。○阮元《校記甲》：言當循文武之常教。「武」，古本、纂傳俱作「王」。按：岳本已作「武」。阮元《校記乙》同。○《定本校記》：言當循文武之常教。「武」，九條本、内野本、神宮本、足利本作「王」。

四葉四行經　惟德是輔。　○《定本校記》：惟德是輔。「是」，燉煌本、九條本、内野本、神宮本作「之」。

四葉五行注　惟有德者則輔佑之民心於上。　「佑」，八、李、王、纂、平、岳作「佐」，永作「佐」。「心」，阮作「之」。○山井鼎《考文》：則輔佑之。宋板「佑」作「佐」。○盧文弨《拾補》：惟有德者則輔佐之。毛本「佐」作「佑」。「佑」當作「佐」。○阮元《校記甲》：則輔佑之。「佑」，岳本、宋板、十行、纂傳俱作「佐」，是也。

四葉七行注　言人爲善爲惡。　「人」，岳作「又」。○阮元《校記甲》：言人爲善爲惡。「人」，岳本作「又」，誤。

四葉十行注　汝其戒治亂之機哉。　「機」，十、閩作「攠」。

四葉十一行注　則終用不困窮。　「不困窮」，平作「其困不窮」。○山井鼎《考文》：終用不困窮。〔古本〕下有「者」字。○阮元《校記甲》：則終用不困窮。古本下有「者」字。

四葉十三行釋文　蕃。方元反。　「方」，纂作「芳」。

四葉十八行釋文　度。如字。主同。　「度」上平有「厥」字。「主」，王、纂、平、十、永、閩、毛、殿、庫、阮作「注」。

五葉一行經　無荒棄朕命。　「棄」，萬曆補刻唐石經作「失」。○阮元《校記甲》：無荒棄朕命。「棄」，石經補缺誤作「失」。阮元《校記乙》同。（彙校者按：《盤庚中》有「無荒失朕命」語。）

五葉二行注　歎而勑之。　「勑」，阮作「勅」。

五葉二行注　欲其念戒。　○山井鼎《考文》：欲其念戒。〔古本〕下有「也」字。

五葉三行注　後世遵則。　○山井鼎《考文》：後世遵則。〔古本〕下有「之」字。○阮元《校記甲》：後世遵則。古本下有「之」字。

五葉三行疏　「侯于東土」至「伯非爵也」。　疏文「侯于東土」至「伯非爵也」，定本移於上文注「當修巳以敬哉」下。○《定本校記》：肆予命爾。此節疏〔足利〕八行本在後文「無荒棄朕命」下，今移。

五葉四行疏　自此以下。　「以」，單、八、平、要、永、阮作「巳」。

五葉五行疏　「汝當至惟孝」至「是爲忠臣也」。　疏文「汝當至惟孝」至「是爲忠臣也」，定本移於上文注「所以爲惟忠惟孝」下。○《定本校記》：爾尚蓋前人之愆。此節疏〔足利〕八行本在後文「無荒棄朕命」下，今移。

五葉七行注　淮夷奄國又叛。　「又」，殿作「乂」。

五葉八行注　以其數反覆。　○《定本校記》：以其數反覆。「覆」下九條本有「故」字。

五葉八行釋文　踐。似淺反。馬司。大傳云藉也。　「司」，王、纂、平、十、永、閩、毛、殿、庫、阮作「同」。「藉」，纂、平作「籍」。

五葉九行釋文　數。色角反。覆。芳服反。　「色角反」下纂無「覆，芳服反」四字。

五葉九行注　爲平淮夷徙奄之政令。　「令」，李、纂作「今」。○山井鼎《考文》：徙奄之政令。〔古本〕下有「也」字。下註「蒲姑齊地」下同。

五葉九行釋文　政。如字。馬本作正云正。　「政」上平有「成王」二字。「馬本作正云正」，平作「馬云正本作征」。「作正」，纂、殿、庫、阮作「作征」。○物觀《補遺》：馬本作正。〔經典釋文〕「正」作「征」。○浦鏜《正字》：政，如字，馬本作征。「征」誤「正」。○阮元《校記甲》：成王政。馬本作征，音正。「征」，十行本、毛本俱誤作「正」。

五葉十行疏　奄與淮夷從管蔡作亂。　「亂」，毛作「時」。○物觀《補遺》：管蔡作時。〔宋板〕「時」作「亂」。○浦鏜《正字》：奄與淮夷從管蔡作亂。「亂」，毛本誤「時」。○盧文弨《拾補》：奄與淮夷從管蔡作亂。毛本「亂」作「時」。「時」當作「亂」。○阮元《校記甲》：

從管蔡作時。「時」，宋板、十行、閩、監俱作「亂」。按：「時」字誤。

五葉十二行疏　言平淮夷徙奄之政令。　「令」，閩作「今」。

五葉十八行疏　惟攝政三年之一叛。　「惟」，平作「推」。

六葉二行疏　是滅其奄而徙之。　「徙」，十、永、阮作「從」。○阮元《校記甲》：是滅其奄而徙之。「徙」，十行本誤作「從」。○孫詒讓《校記》：「從」，疑「徙」之誤。○《定本校記》：是滅其奄而徙之。「其」字疑衍。

六葉三行經　將遷其君於蒲姑。　○《定本校記》：將遷其君於蒲姑。燉煌本、九條本、内野本、神宮本無「於」字。

六葉三行注　已滅奄。　○《定本校記》：已滅奄。燉煌本、九條本、内野本、神宮本無「奄」字，清原宣賢手鈔本引家本亦無。

六葉三行注　而徙其君及人臣之惡者於蒲姑。　○浦鏜《正字》：及人臣之惡者于蒲姑。「及」，監本誤「反」。○《定本校記》：而徙其君及人臣之惡者於蒲姑。「人」，燉煌本、九條本、内野本、神宮本作「民」。

六葉五行釋文　徐又扶各反。　「又」上岳無「徐」字。「扶」上殿、庫無「又」字。

六葉五行釋文　近。附近之近。　上「近」字下平有「中」字。

六葉六行注　告召公使作册書告令之。亡。「作」，八、李、纂、平、岳、十、永、阮作「此」。○山井鼎《考文》：告召公使作册書告令之，亡。宋板「作」作「此」。古本作「告召公使爲此册書告令也之也亡」。謹按二本紛亂混淆，似有謬誤，姑記其異，以俟取捨耳。但古本上「也」字誤寫灼然，可删。○岳本《考證》：告召公使此册書告令之。「使此册書」當依殿本改「使作册書」。○盧文弨《拾補》：召公使作册書告令之。「作」，古本作「爲」，又有「此」字。○阮元《校記甲》：使作册書告令之。古本作「使爲此册書告令也之也」。宋板作「使此册書告令之」。山井鼎曰：二本紛亂混淆，似有謬誤。古本上「也」字誤寫灼然。按：岳本、十行、纂傳俱作「使此册書告令之」，與考文所引之宋板同僞。古本衍二「也」字，疏標起訖可證也。阮元《校記乙》同。○《定本校記》：告召公使此册書告令之。「使」下燉煌本、九條本、内野本、神宫本、足利本有「爲」字，清原宣賢手鈔本引家本亦有。

六葉七行疏　成王既至作蒲姑。「作」，平作「將」，毛作「將」。○阮元《校記甲》：成王既至將蒲姑。「將」，十行、閩、監俱誤爲「作」。○阮元《校記乙》：成王既至作蒲姑。閩本、明監本同。毛本「作」改「將」，是也。○《定本校記》：成王既至作蒲姑。「作」，毛本改作「將」，是也。

六葉七行疏　使作册書。　「册」，單、八作「策」。

六葉七行疏　言將遷奄君於蒲姑之地。　「君」上永無「奄」字。

六葉八行疏　昭二十年左傳晏子云。　「二」，平作「三」。

六葉八行疏　古人居此地者。　○阮元《校記甲》：古人居此地者。「人」，纂傳作「之」。按：依昭二十年左氏傳當作「始」。阮元《校記乙》同。

六葉十行疏　爲近中國教化之。　「近」下平有一字空白。

六葉十一行疏　鄭云。奄蓋在淮夷之地。　○殿本《考證》：鄭云奄蓋在淮夷之地。按：周本紀注引鄭云「奄國在淮夷之北」。疑此疏「地」字訛。○阮元《校記甲》：鄭云，奄蓋在淮夷之地。齊召南云：周本紀注引鄭云「奄國在淮夷之北」。疑此疏「地」字訛。阮元《校記乙》同。

六葉十一行疏　言將至之亡。　「亡」，十、永、阮作「士」。

六葉十三行疏　告召公使爲此策書告令之。　「此」，八作「比」。

多方第二十

六葉十四行經　多方第二十　「二十」，石作「廿」。

六葉十六行經　成王歸自奄。　「成」，要作「武」。

六葉十六行注　伐奄歸。　○山井鼎《考文》：伐奄歸。〔古本〕下有「也」字。

六葉十六行注　誥以禍福。　○山井鼎《考文》：誥以禍福。〔古本〕「誥」作「告」。○盧文弨《拾補》：誥以禍福。古本「誥」作「告」。○阮元《校記甲》：誥以禍福。「誥」，古本作「告」。○阮元《校記乙》：誥以禍福。古本「誥」作「告」。

六葉十八行注　衆方。天下諸侯。　○山井鼎《考文》：天下諸侯。〔古本〕下有「也」字。○阮元《校記甲》：衆方，天下諸侯。「衆」上史記集解有「告」字。按傳意以「衆方」釋「多方」，以「天下諸侯」釋「衆方」也，不必加「告」字。○阮元《校記乙》：衆方，天下諸侯。史記集解「衆」上有「告」字。按傳意以「衆方」釋「多方」，以「天下諸侯」釋「衆方」也，不必加「告」字。

七葉二行注　王親征奄滅其國。　「國」上要無「其」字。

七葉三行釋文　費，音祕。　「費」下平有「誓上」二字。「祕」下王、纂、平、殿、庫有「鎬，胡老反」四字。○山井鼎《考文》：[補脱] 鎬，胡老反〔據經典釋文〕。[謹按] 當在「費，音祕」下。○阮元《校記甲》：費誓。段玉裁云：「粊」，開寶中改爲「費」。

七葉三行疏　「成王至多方。○正義曰」至「史敘其事。作多方」。　「成王至多方」，八作「成王至宗周」。○山井鼎《考文》：成王至多方。宋板「多方」作「宗周」。[謹按]諸本皆誤，但此一條當在序下，然則作「成王至多方」爲是。○浦鏜《正字》：「惟五月」節疏「成王」至「史叙其事作多方」五十二字當在上序下。○盧文弨《拾補》：成王至多方。自此至「作多方」止，當在序下。○阮元《校記甲》：成王至多方。「多方」，宋板作「宗周」。山井鼎曰：此一條當在序下，作「多方」爲是。按：注與疏本別行，今附疏於注，已非舊式，此條因誤附而改疏文，則尤誤矣。○《定本校記》：成王至多方。「多方」，〔足利〕八行本作「宗周」，今從單疏。

七葉四行疏　「○(傳)衆方天下諸侯○正義曰」至「以其篇主告殷之諸侯故也」。　○山井鼎《考文》：傳衆方天下諸侯。[謹按]此一條疏當在題下。○浦鏜《正字》：「傳衆」至「告殷之諸侯故也」一百一十二字，當在「多方」傳下。○盧文弨《拾補》：傳衆方天下諸侯。自此至「以其篇主告殷之諸侯故也」止，當在「多方」傳下。○疏文「傳衆方天下諸侯○正義曰」至「以其篇主告殷之諸侯故也」，定本在注文「衆方天下諸侯」下。《定本校記》：多方。此節疏〔足利〕八行本在後文「至于宗周」下，今從殿本、浦氏。

七葉五行疏　今因滅奄新歸。　○《定本校記》：今因滅奄新歸。「今」，〔足利〕八行本誤作「令」。

七葉六行疏　篇末亦告殷之多士。　「末」，十作「未」。

七葉七行疏　以其篇主告殷之諸侯故也。　「主」，十、阮作「王」。○張鈞衡《校記》：以其篇主。阮元本「主」作「王」，誤。

七葉七行疏　以洛誥語歸政之事。　「語」，單、八、平、要、十、永、閩、阮作「言」。○物觀《補遺》：語歸政之事。宋板「語」作「言」。○盧文弨《拾補》：以洛誥言歸政之事。毛本「言」作「語」。「語」當作「言」。○阮元《校記甲》：以洛誥語歸政之事。「語」，宋板、十行、閩本俱作「言」。按：「語」字非也。

七葉九行疏　以成王政之序。　「王」，阮作「以」。○阮元《校記甲》：以成王政之序。「王」，十行本誤作「以」。○阮元《校記乙》：以成以政之序。毛本下「以」字改作「成」。案：「以」字誤。

七葉十行疏　王親征奄滅其國。　「征」下單、八、平、十、永、阮有「之」字。○物觀《補遺》：王親征奄。〔宋板〕「征」下有「之」字。○阮元《校記甲》：王親征奄滅其國。「征」下宋板、十行俱衍「之」字。○阮元《校記乙》：王親征之奄滅其國。宋板同。毛本無「之」字。案：

「之」字衍。○《定本校記》：王親征之奄滅其國。閩本删「之」字，是也。

七葉十二行疏　所以成王政△之序。　「政」，要作「征」。

七葉十四行疏　還歸△處西都。　「歸」，平作「主」。

七葉十六行疏　周公以王命順大△道。　「大」，王作「天」。

七葉十八行注　殷之諸侯正△民者。　「正」，阮作「王」。○阮元《校記甲》：殷之諸侯正民者。「正」，十行本誤作「王」。○阮元《校記乙》：殷之諸侯王民者。毛本「王」作「正」。案：「王」字誤。

七葉十八行注　我大降△汝命。　「降」，八、李、王、纂、平、岳、殿、庫作「下」。○山井鼎《考文》：我大降汝命。〔古本〕「降」作「下」。宋板同。○盧文弨《拾補》：我大下汝命。毛本「下」作「降」。「降」當作「下」。○阮元《校記甲》：我大降汝命。「降」，古、岳、宋本、纂傳俱作「下」。阮元《校記乙》同。

八葉一行注　言天下無不知紂暴虐以△取亡。　○《定本校記》：言天下無不知紂暴虐以取亡。燉煌本、九條本、内野本、神宮本、足利本無「以」字，清原宣賢手鈔本引家本亦無。

八葉六行疏　嫌自△成王辭。　「自」，要作「是」。

八葉八行疏　正義曰諸侯爲民之主。　「主」，平作「正」。

八葉十行經　洪惟圖天之命。　「天」上永、阮無「圖」字。○阮元《校記甲》：洪惟圖天之命。十行本脱「圖」字。○阮元《校記乙》：洪惟天之命。諸本「天」上有「圖」字。此誤脱也。（彙校者案：十行本後挖補入「圖」字。）

八葉十一行注　謂夏桀。○山井鼎《考文》：謂夏桀。〔古本〕下有「也」字。

八葉十二行注　惟天下至戒於夏以譴告之。○《定本校記》：惟天下至戒於夏以譴告之。燉煌本、九條本、内野本、神宫本無「之」字。

八葉十二行釋文　譴。弃淺反。　「弃」，纂作「棄」。「淺」，王、纂、平、永作「戰」。○浦鏜《正字》：譴，弃淺切。「淺」，通志堂本作「戰」。案：「譴」字本有上、去二音。○阮元《校記甲》：譴，棄戰反。「棄」，十行本、毛本俱作「弃」。「戰」，十行本空，毛本作「淺」，非也。

八葉十二行經　有夏誕厥逸。○山井鼎《考文》：有夏誕厥逸。〔古本〕「厥」作「其」。「厥圖帝之命」、「慎厥麗」、「乃勸厥民」、「圖厥政」、「逸厥逸」、「圖厥政」、「厥顧天」並同。

八葉十三行經　不肯慼言于民。　「慼」，平作「慼」。

八葉十四行注　不肯憂言於民。　「肯」，八作「肯」。

八葉十六行釋文　行。下孟反。　「行」上平有「之」字。

八葉十八行疏　謂下災異<讁告之。　「異」下單、八、平、殿、庫有「以」字。○山井鼎《考文》：謂下災異讁告之。〔宋板〕「異」下有「以」字。○盧文弨《拾補》：謂下災異以讁告之，冀其見災而懼。「以」，毛本脱。○阮元《校記甲》：謂下災異讁告之。「異」下宋板有「以」字。

九葉一行疏　改修△政德。　「修」，阮作「脩」。

九葉四行疏　龔自修△政也。　「修」，阮作「脩」。

九葉五行注　桀其謀天之△命。　○《定本校記》：桀其謀天之命。内野本、神宮本無「之」字。

九葉五行注　不能開於民<所施政教。　○山井鼎《考文》：不能開於民所施政教。〔古本〕「民」下有「之」字。○阮元《校記甲》：不能開於民所施政教。「民」下古本有「之」字。○《定本校記》：不能開於民所施政教。「民」下燉煌本、九條本、内野本、神宮本、足利本有「之」字。

九葉六行注　言昏昧<。　○山井鼎《考文》：言昏昧。〔古本〕下有〔也〕字。

九葉七行注　桀乃大下<罰於民重亂有夏言残虐<。　○山井鼎《考文》：桀乃大下罰於民。〔古本〕「罰」上有「誅」字。又：「言殘虐」下、「言昏甚」下，〔古本〕共有「也」字。○盧文弨《拾補》：桀乃大下罰於民。「罰」上古本有「誅」字。○阮元《校記甲》：桀乃大下罰於民。

「罰」上古本有「誅」字。○阮元《校記乙》：桀乃大下罰於民。古本「罰」下有「誅」字。

○《定本校記》：桀乃大下罰於民。「罰」上内野本、神宫本、足利本有「誅」字，清原宣賢手鈔本引家本亦有。

九葉八行注　因甲於二亂之内。 ○浦鏜《正字》：因甲於二亂之内。「甲」，案疏當作「夾」。

○《定本校記》：因甲於二亂之内。燉煌本、九條本、内野本、神宫本無「因」字，清原宣賢手鈔本引家本亦無。

九葉八行釋文　重直用反。 「重」下平有「亂上」二字。

九葉九行經　罔丕惟進之恭。 ○《定本校記》：罔丕惟進之恭。燉煌本、九條本、内野本、神宫本無「之」字。

九葉十行注　言桀不能善奉於人衆。 ○山井鼎《考文》：奉於人衆。〔古本〕下有「民」字。

○盧文弨《拾補》：言桀不能善奉於人眾。「人眾」下古本有「民」字，則「人」字爲衍。○阮元《校記甲》：言桀不能善奉於人衆。「衆」下古本有「民」字。按：以疏攷之，「人衆」當作「民衆」，「衆」下不得復有「民」字。阮元《校記乙》同。○《定本校記》：言桀不能善奉於人衆。「人衆」，燉煌本、九條本作「民衆」，内野本、神宫本作「衆民」。

九葉十行注　而大舒惰於治民。　○浦鏜《正字》：不克節傳而大舒惰於治民。「惰」，監本誤「情」。○阮元《校記甲》：而大舒惰於治民。「惰」，監本誤作「情」。

九葉十二行注　貪叨忿懫而逆命。　○《定本校記》：貪饕忿懫而逆命。「饕」，各本作「叨」，今從燉煌本、九條本。據疏傳自作「饕」，其經傳皆作「叨」者，恐非。

九葉十二行注　於是桀日尊敬其能劓割夏邑者。　「日」，阮作「民」。「者」，李作「考」。

九葉十三行注　謂殘賊臣。　○山井鼎《考文》：謂殘賊臣。〔古本〕「臣」上有「之」字。○盧文弨《拾補》：謂殘賊臣。「賊」下古本有「之」字。○阮元《校記甲》：謂殘賊臣。「臣」上古本有「之」字。○阮元《校記乙》：謂殘賊臣。古本「臣」上有「之」字。○《定本校記》：謂殘賊臣。「賊」下内野本、神宮本、足利本有「之」字。

九葉十三行釋文　懫。勑二反。　「反」下王、纂、平、殿、庫有「説文之二反」五字。○山井鼎《考文》：補脱説文之二反〔據經典釋文〕。謹按此五字當在「懫，勑二反」下。○阮元《校記甲》：懫。今文尚書「懥」作「懫」，天寶間改。釋文「懥」作「懫」，開寶間改。段玉裁云：「懫」字惟見大學。鄭注尚書本作「懥」，與説文引同。衛包謂「懥」、「懫」爲古今字，遂改「懥」爲「懫」。開寶中又改釋文，大字作「懫」，小字仍舊，是以云「之二反」。不知説文無

「憒」字。

九葉十三行釋文　劓。魚器反。　「反」，十作「友」。

九葉十四行疏　正謂不能開發善政以施於民。　「政」，十作「攺」。

九葉十八行疏　乃復大下罪罰於民。　「罪」上平有「降」字。要「罪」下無「罰」字，「於」作「于」。

十葉一行疏　用夾於二事之内而爲亂行。　「二」，要作「一」。

十葉一行疏　外不憂民。　「憂」，要作「擾」。

十葉一行疏　内不勤德。　「勤」，要作「動」。

十葉二行疏　狎習災異於内外爲禍亂。　「於」，要作「于」。

十葉三行疏　正義曰民當奉主。　「主」，毛作「王」。○物觀《補遺》：民當奉王。〔宋板〕「王」作「主」。○盧文弨《拾補》：民當奉主。毛本「主」作「王」。「王」當作「主」。○阮元《校記甲》：民當奉王。「王」，宋板、十行、閩、監俱作「主」。○阮元《校記乙》：民當奉主。宋板、閩本、明監本同。毛本「主」作「王」。案：所改是也。

十葉六行疏　冒於貨賄。　「冒」，平作「冐」。

十葉九行注　故更求民主以代之。　「代」，平作「伐」。

十葉十行注　大下明美之命於成湯。　「大」，李、平作「天」。

十葉十一行注　惟天不與桀亦已大。　「不」，纂作「下」。

十葉十一行釋文　畀。必二反。　「畀」上平有「不」字。

十葉十二行經　不克永于多享。　「于」，要作「於」。

十葉十三行注　以其乃惟用汝多方之義民爲臣。　○《定本校記》：以其乃惟用汝多方之義民爲臣。「多」，燉煌本作「衆」。

十葉十四行注　而不能長久多享國故。　○《定本校記》：而不能長久多享國故。「久」，燉煌本、九條本、内野本、神宮本作「於」，清原宣賢手鈔本引家本無「久」字。

十葉十四行經　惟夏之恭多士。　「恭」下要有「人」字。

十葉十五行注　大不能明安享于民。　「于」，平作「於」。

十葉十六行注　言亂主所任。任同己者。　○山井鼎《考文》：任同己者。〔古本〕「己」上有「於」字。○盧文弨《拾補》：言亂主所任，任同己者。「同」下古本有「於」字。○阮元《校記甲》：任同己者。「己」上古本有「於」字。○《定本校記》：任同己者。「同」下九條本、内野本、神宮本、足利本有「於」字。

十葉十七行注　至于百端所爲△。「于」，八、李、王、纂、平、岳、永、閩、阮作「於」。○山井鼎《考文》：至于百端所爲。〔古本〕「于」作「於」，宋板同。○盧文弨《拾補》：至於百端所爲。毛本「於」作「于」。「于」當作「於」。

十葉十八行注　言虐非一<。○山井鼎《考文》：言虐非一。〔古本〕下有「也」字。下註「爲天下民主」下同。

十葉十八行注　與桀合志△。「志」，十作「忠」。

十一葉一行疏　天惟桀惡之故。更求民主以代<。「代」下單、八、平、殿、庫有「之」字。○山井鼎《考文》：更求民主以代。〔宋板〕「代」下有「之」字。○盧文弨《拾補》：天惟桀惡之故，更求民主以代之。「之」，毛本脱，宋本有。○阮元《校記甲》：故更求民主以代。「代」下宋本有「之」字。按：有「之」字與孔傳合。

十一葉一行疏　天△乃大下明美之命於成湯。○盧文弨《拾補》：天乃大下明美之命於成湯。「天」字疑衍。

十一葉二行疏　天所<不與之者。○阮元《校記甲》：天所不與之者。按：「所」下疑有「以」字。阮元《校記乙》同。

十一葉三行疏　惟夏桀之所謂恭人衆士者。　要「桀」上無「夏」字，「士」下無「者」字。

十一葉四行疏　至于百端所爲。　「于」，單、八、平、十、永、閩、毛、阮作「於」。

十一葉五行疏　亂主所好。用同巳者。　「主」，單作「王」。「用」上單、八、平、要、殿、庫有「好」字。○山井鼎《考文》：亂主所好，用同巳者。〔宋板〕「用」上復有「好」字。○盧文弨《拾補》：亂主所好，好用同己者。下「好」字毛本脱。○阮元《校記甲》：亂主所好，用同已者。宋本重「好」字。按：宋本是也。阮元《校記乙》同。○《定本校記》：亂主所好，好用同己者。二「好」字，疑皆當作「任」。

十一葉五行疏　以其同巳謂之爲恭人。　「之」下要無「爲」字。

十一葉六行疏　此言不能安享於民。　「言」下要有「乃」字。

十一葉九行注　湯慎其施政於民。　○山井鼎《考文》：湯慎其施政於民。〔古本〕「湯」下有「乃」字。○阮元《校記甲》：湯慎其施政於民。「湯」下古本有「乃」字。○《定本校記》：湯慎其施政於民。「湯」下内野本、神宫本、足利本有「乃」字，清原宣賢手鈔本引家本亦有。

十一葉九行注　其人雖刑。　○《定本校記》：其人雖刑。「人」，九條本、内野本、神宫本作「民」。

十一葉十一行注　言自湯至于帝乙。「自」，李作「有」。「于」，毛作「於」。○《定本校記》：言自湯至於帝乙。「至」上燉煌本、九條本、内野本、神宮本、足利本有「以」字，清原宣賢手鈔本引家本亦有。

十一葉十一行注　畏慎輔相。「畏」，十、永、閩、阮作「長」。

十一葉十二行釋文　相。息亮反。去。羌呂反。平「相」上有「輔」字，「去」上有「慎」字。

十一葉十三行經　開釋無辜。○山井鼎《考文》：開釋無辜。〔古本〕「無」作「亡」。

十一葉十四行注　帝乙已上。安察囚情。「安」，八、李、王、纂、平、岳、十、永、庫、阮作「要」。○山井鼎《考文》：安察囚情。〔古本〕「安」作「要」，宋板同。○浦鏜《正字》：要察囚情，絶戮衆罪。「要」誤「安」。○《四庫考證》：要察囚情。刊本「要」訛「安」，今改。○岳本《考證》：要察。疏謂「受其要辭，察其虚實也」。諸本作「安察」，訛。○盧文弨《拾補》：要察囚情，絶戮衆罪。毛本「要」作「安」。「安」當作「要」。○阮元《校記甲》：安察囚情。「安」，古、岳本、宋板、十行、纂傳俱作「要」。按：「要」字不誤。

十一葉十六行釋文　上。時掌反。「上」上平有「已」字。

十一葉十六行經　弗克以爾多方。享天之命。　○山井鼎《考文》：弗克以爾多方，享天之命。〔古本〕「弗」作「不」，「享」上有「其」字。○盧文弨《拾補》：弗克以爾多方，享天之命。「弗」，古本作「不」。「享」上古本有「其」字。○阮元《校記甲》：弗克以爾多方，享天之命。「享」上古本有「其」字，非也。阮元《校記乙》同。○《定本校記》：享天之命。「享」上内野本、神宫本、足利本有「其」字，清原宣賢手鈔本引家本亦有。

十一葉十七行注　今至于汝君。謂紂不能用汝衆方。　「于」，毛作「於」。○山井鼎《考文》：謂紂不能用汝衆方。〔古本〕「紂」下有「之」字。○盧文弨《拾補》：今至於汝君，謂紂。「紂」下古本有「也」字。○阮元《校記甲》：謂紂。古本下有「之」字，非也。

十一葉十七行注　故誅滅之。　○阮元《校記甲》：故誅滅之。「滅」，纂傳作「戮」。

十二葉一行疏　作天下民主。慎其所施政教於民。　「慎」上單、八、平、殿、庫有「湯既爲民主」五字。○山井鼎《考文》：慎其所施。〔宋板〕「慎」上有「湯既爲民主」五字。○殿本《考證》：大代夏桀作天下民主。「民主」下監本脱「湯既爲民主」五字，從古本添。○盧文弨《拾補》：大代夏桀，作天下民主。湯既爲民主。上「民主」下毛本脱「湯既爲民主」五字，宋本有。○阮元《校記甲》：作天下民主。此句下宋板有「湯既爲民主」五字。阮元《校記乙》同。

十二葉二行疏　自湯至于帝乙。　「于」，單、八、毛作「於」。

十二葉五行疏　總謂施政教爾。　「總」，單、八、平、十、永作「揔」。

十二葉九行經　誥告爾多方。非天庸釋有夏。　阮「誥」下無「告」字，「非」上有「告」字。

十二葉十行注　桀縱惡自棄。　「桀」，李作「朮」。

十二葉十一行注　故誅放。　○山井鼎《考文》：故誅放。〔古本〕下有「之也」二字。○阮元《校記甲》：故誅放。古本下有「之也」二字。

十二葉十二行注　非天用棄有殷。　○山井鼎《考文》：非天用棄有殷。〔古本〕作「天用棄有殷紂也」。〔謹按〕無「非」字，不與經文合矣。○阮元《校記甲》：非天用棄有殷。古本作「天用棄有殷紂也」，非也。阮元《校記乙》同。○《定本校記》：非天用棄有殷。「殷」下燉煌本、九條本、内野本、神宮本、足利本有「紂」字，清原宣賢手鈔本引家本亦有。

十二葉十四行注　故見誅滅也。　「滅」下八、王、纂、平、岳無「也」字。「滅」下平有釋文「辟，必亦反」四字。○山井鼎《考文》：故見誅滅也。〔古本〕無「也」字。宋板同。○盧文弨《拾補》：故見誅滅。毛本「滅」下有「也」字。古本、宋本俱無。今從古本、宋本。○阮元《校記甲》：故見誅滅也。古、岳、宋板、纂傳俱無「也」字。

十二葉十四行疏　而復稱王命云。　○阮元《校記甲》：而復稱王命云。「復」，蔡傳、纂傳俱作「後」。

十二葉十八行經　有邦間之。　「間」，石、八、岳作「閒」。

十三葉二行釋文　間。間厠之間。　三「間」字，岳皆作「閒」。「間厠」上平有「之」字。

十三葉二行疏　乃惟至間之。　「間」，單、八作「閒」。

十三葉四行經　乃惟爾商後王。逸厥逸。　○山井鼎《考文》：乃惟爾商後王，逸厥逸。〔古本〕下「逸」作「偷」。下文「爾乃惟逸」同。謹按古本後人皆改作「逸」。○盧文弨《拾補》：乃惟爾商後王，逸厥逸。「逸厥逸」，古本作「逸其偷」。後文「爾乃惟逸惟頗」，「逸」亦本作「偷」。後改從今本。○阮元《校記甲》：乃惟爾商後王，逸厥逸。下「逸」字，古本作「偷」。下「尔乃惟逸」同。後皆改作「逸」。阮元《校記乙》同。

十三葉五行注　後王紂逸豫其過逸。　○山井鼎《考文》：後王紂。〔古本〕下有「也」字。○阮元《校記甲》：後王紂。古本下有「也」字。

十三葉六行注　不絜進于善。　「絜」，王作「潔」，岳作「潔」。

十三葉六行注　故天惟下其喪亡。　「其」，八、李、王、纂、平、岳、殿、庫作「是」。○山井鼎

《考文》：故天惟下其喪亡。〔古本〕「其」作「是」。宋板同。○盧文弨《拾補》：故天惟下是喪亾。毛本「是」作「其」。「其」當作「是」。○阮元《校記甲》：故天惟下其喪亾。「其」，古、岳、宋板、纂傳俱作「是」。○阮元《校記乙》：故天惟下其喪亡。古本、岳本、宋板、纂傳「其」作「是」。

十三葉七行釋文　**蠲。吉玄反。**　「蠲」上平有「不」字。

十三葉九行注　**言桀紂非實狂愚。**　○物觀《補遺》：桀紂非實狂愚。〔古本〕「非」上有「是」字。○阮元《校記甲》：言桀紂非實狂愚。「非」上古本有「是」字。

十三葉十一行注　**五年須暇湯之子孫。**　「暇」，八作「暇」。

十三葉十二行注　**武王服喪三年。**　「王」，十作「正」。○阮元《校記甲》：武王服喪三年。「王」，十行本誤作「正」。○阮元《校記乙》：武正服喪三年。案：「正」當作「王」，形近之譌。

十三葉十三行注　**還師二年。**　「師」，平作「帥」。○山井鼎《考文》：還師二年。〔古本〕下有「也」字。下註「得人心」下同。

十三葉十五行疏　**故積五年須待閑暇湯之子孫。**　「閑」，永作「閑」，阮作「閒」。

十三葉十六行疏　縱緩多年。「縱」，阮作「誕」。○劉承幹《校記》：縱緩多年。阮本「縱」作「誕」。○張鈞衡《校記》：縱緩多年。阮本「縱」作「誕」。

十三葉十六行疏　由是天始改意。「天」，單作「夫」。○《定本校記》：由是天始改意。「天」，單疏本誤作「夫」。

十三葉十七行疏　聖者上智之名。「者」，永、阮作「君」。○阮元《校記甲》：聖者，上智之名。「者」，十行本誤作「君」。○阮元《校記乙》：聖君，上智之名。毛本「君」作「者」。案：「君」字誤。

十三葉十八行疏　狂必不能爲聖。「能」，毛作「可」。○物觀《補遺》：不可爲聖。〔宋板〕「可」作「能」。○盧文弨《拾補》：狂必不能爲聖。毛本「能」作「可」。「可」當作「能」。○阮元《校記甲》：狂必不可爲聖。「可」，宋板、十行、閩、監俱作「能」。按：「能」字是也。

十三葉十八行疏　而此言惟聖人無念於善則爲狂人。○《定本校記》：則爲狂人。内野本、神宮本無「人」字，清原宣賢手鈔本引家本亦無。

十三葉十八行疏　惟狂人能念於善則爲聖人者。「能」上要無「惟狂人」三字。○《定本校記》：惟狂人能念於善。燉煌本、九條本無「於」字。又：則爲聖人。内野本、神宮本無「人」字，清原宣賢手鈔本引家本亦無。

十四葉一行疏　冀其改悔。說有此理爾。「悔」，十作「侮」。「此」，八作「此」。

十四葉一行疏　不言此事是實也。「是」下要無「實」字。

十四葉二行疏　故舉狂聖極善惡者言之。「舉」下要無「狂聖」二字。

十四葉三行疏　正義曰。湯是創業聖王。「王」，單、八作「主」。

十四葉三行疏　理當祚胤長遠。「胤」，十、閩作「𦙍」。

十四葉三行疏　計紂未死五年之前。「計」，平作「討」。

十四葉三行疏　故五年須待閑暇湯之子孫。「閑」，八作「閑」。

十四葉五行疏　故從武王初立之年。「從」上要無「故」字。

十四葉七行疏　而云以湯故須暇之者。「者」，要作「也」。

十四葉八行疏　逢文王崩。「逢」，殿作「逢」。

十四葉十行注　大動紂以威。「威」，十作「滅」。

十四葉十三行注　言以仁政得人心。○《定本校記》：言以仁政得人心。「人」，燉煌本、九條本、神宮本作「民」。

十四葉十三行經　惟典神天。「典」，李作「其」，十作「興」。

十四葉十四行注　惟可以主神天之祀。任天王。 ○浦鏜《正字》：惟可以主神天之祀，任天王。案：毛氏居正云：作「王」誤，興國本作「天下」。○盧文弨《拾補》：惟可以主神天之祀，任天王。案：毛居正云：興國本「任天王」作「任天下」。○阮元《校記甲》：任天王。毛氏曰：「下」作「王」，誤。興國本作「天下」。按：疏云「任作天子也」，則「王」當作「子」。○阮元《校記乙》：任天王。毛氏曰：「任(下)」作「王」，誤。興國本作「天下」。按：疏云「任作天子也」，則「王」當作「子」。

十四葉十六行注　惟用教我用美道伐殷。 「伐」，八、岳、殿作「代」。○山井鼎《考文》：用美道伐殷。〔古本〕「伐」作「代」，宋板同。○殿本《考證》：惟用教我用美道代殷。「代殷」，各本俱訛「伐殺」。以疏推之，古本作「代」字是，從之。○浦鏜《正字》：惟用教我用美道代殷。「代」誤「伐」。○盧文弨《拾補》：惟用教我用美道代殷。毛本「代」作「伐」。「伐」當作「代」。○阮元《校記甲》：惟用教我用美道伐殷。「伐」，古、岳、宋板、纂傳俱作「代」。按疏則作「代」字是。○阮元《校記乙》：惟用教我用美道伐殷。古本、岳本、宋板、纂傳當(俱)作「代」。按疏則作「代」字是。

十四葉十六行注　大與我殷之王命。 「大」，阮作「天」。

十四葉十七行注　以正汝衆方之諸侯。　「侯」下王有釋文「畀，必二反」四字，纂、平、殿、庫有釋文「畀，并至反〔據經典釋文〕」四字。○山井鼎《考文》：補脱畀，并至反〔據經典釋文〕。謹按經文「簡畀殷命」。○《定本校記》：以正汝衆方之諸侯。燉煌本、九條本無「之」字。

十四葉十八行疏　開其有德能顧天之者欲以伐紂。　「伐」，單、八、平作「代」。○山井鼎《考文》：能顧天之者。〔宋板〕「之」作「道」。又：欲以伐紂。〔宋板〕「伐」作「代」。○浦鏜《正字》：能顧天之者欲以伐紂。「之」下當脱「道」字。「伐」亦當「代」字誤。○《薈要》案語：能顧天之者。「天之」下當有「道」字。○盧文弨《拾補》：能顧天道者欲以代紂。毛本「道」作「之」，「代」作「伐」。「之」當作「道」，「伐」當作「代」。○阮元《校記甲》：開其有德能顧天之者。「之」，宋板作「道」。按：宋本是也。又：欲以伐紂。「伐」，宋板作「代」。按：作「代」與宋本注合。阮元《校記乙》同。○《定本校記》：開其有德能顧天道者。〔足利〕八行本如此，各本「道」作「之」。浦氏云：「之」下脱「道」字。

十五葉二行疏　言天授我以此位也。　「位」，阮作「世」。

十五葉三行疏　言欲選賢以爲天子也。　「選」下要無「賢」字。

十五葉四行疏　天意復開其能顧天可以代者。　「代」，要作「伐」。

十五葉四行疏　欲使代之。　「代」，要作「伐」。

十五葉七行疏　乃得天顧復言天用教我。　「乃」，十作「故」。

十五葉七行疏　人之美惡何事非天。　「美」，平作「美」。

十五葉八行經　我惟大降爾四國民命。　○山井鼎《考文》：我惟大降爾四國民命。〔古本〕無「惟」字。○盧文弨《拾補》：我惟大降爾四國民命。「惟」，古本無。○阮元《校記甲》：今我曷敢多誥，我惟大降爾四國民命。古本無「惟」字。阮元《校記乙》同。

十五葉九行注　我惟大下汝四國民命。　○《定本校記》：我惟大下汝四國民命。内野本、神宫本無「惟」字、「汝」字。

十五葉十行注　謂誅管蔡商奄之君。　「商」，十、永、毛作「商」。○《定本校記》：謂誅管、蔡、商、奄之君。燉煌本、九條本無「誅」字。

十五葉十行經　爾曷不忱裕之于爾多方。　「裕」，李、王、纂、平、十、永、毛作「裕」。

十五葉十一行注　汝何不以誠信行寛裕之道於汝衆方。　「裕」，李、王、纂、十、永作「裕」。○《定本校記》：汝何不以誠信行寛裕之道於汝衆方。燉煌本、九條本、内野本、神宫本無「信」字，清原宣賢手鈔本引家本亦無。

十五葉十六行注　廣天之命。　「天」，王作「大」。

十五葉十六行注　而自懷疑乎。　「懷」，永作「懐」。

十五葉十八行釋文　數。色各反。　「各」，王、纂、岳、殿、庫作「角」，平作「用」。○物觀《補遺》：數，色各反。〔經典釋文〕「各」作「角」。○阮元《校記甲》：數，色角反。「角」，十行本、毛本俱作「各」。

十六葉一行注　是汝乃盡播棄天命。　「天」，毛作「大」。

十六葉五行注　謂訊以文誥。　○山井鼎《考文》：謂訊以文誥。〔古本〕下有「也」字。

十六葉五行注　謂討其倡亂。　○山井鼎《考文》：謂討其倡亂。〔古本〕「討」上有「誅」字。○盧文弨《拾補》：謂討其倡亂。「討」上古本有「誅」字。○阮元《校記甲》：謂討其倡亂。「討」上古本有「誅」字。

十六葉六行釋文　倡。音唱。　「唱」，永、殿、薈作「昌」。

十六葉七行注　謂三監淮夷叛時。　○山井鼎《考文》：淮夷叛時。〔古本〕下有「也」字。

十六葉七行注　謂成王即政又叛。　「政」，平作「正」。「即政又叛」下同。

十六葉七行注　言迪屢不静之事。　○山井鼎《考文》：言迪屢不静之事。〔古本〕「言」下有「其」字。○盧文弨《拾補》：言迪屢不靜之事。「言」下古本有「其」字。○阮元《校記甲》：言迪屢不靜之事。「言」下古本有「其」字。○《定本校記》：言迪屢不靜之事。「迪」上内野本、神宮本、足利本有「其」字。

十六葉八行經　我乃其大罰殛△之。　○山井鼎《考文》：我乃其大罰殛之。〔古本〕「殛」作「極」。○盧文弨《拾補》：我乃其大罰殛之。「殛」，古本作「極」。○阮元《校記甲》：我乃其大罰殛之。「殛」，古本作「極」。釋文云：「殛」字本又作「極」，即古本之所本。按：作「極」是。説詳段玉裁尚書撰異。○阮元《校記乙》：我乃其大罰殛之。古本「殛」作「極」。釋文云：「殛」字本又作「極」，即古本之所本。按：作「極」是。説詳段玉裁尚書撰異。

十六葉八行注　我教告戰要△囚汝。　○《定本校記》：我教告戰要囚汝。燉煌本、九條本、内野本、神宮本無「要」字，清原宣賢手鈔本引家本亦無。

十六葉九行注　汝其‹不用我命。　「其」下八、李、纂、岳、殿、庫有「有」字。○山井鼎《考文》：汝其不用我命。〔古本〕「其」下有「有」字，宋板同。○盧文弨《拾補》：汝其有不用我命。「有」，毛本脱。○阮元《校記甲》：汝其不用我命。「其」下古、岳、宋板、纂傳俱有「有」字。

十六葉九行注　**我乃大下誅汝君。**　○《定本校記》：我乃大下誅汝君。燉煌本、九條本、內野本、神宮本無「大」字，清原宣賢手鈔本引家本亦無。

十六葉十行釋文　**殛。訖力反。本又作極。**　「訖」，王、纂、平、殿、庫作「紀」，十、永、阮作「純」。○浦鏜《正字》：紀力切。「紀」誤「訖」。○阮元《校記甲》：殛，紀力反。「紀」，十行本誤作「純」，毛本作「訖」。案：「訖力反」即「紀力反」也。

十六葉十行經　**非我有周。秉德不康寧。**　○《定本校記》：非我有周，秉德不康寧。燉煌本、九條本、內野本、神宮本無「寧」字，清原宣賢手鈔本引家本亦無。

十六葉十一行經　**乃惟爾自速辜。**　「速」，阮作「速」。

十六葉十一行注　**執德不安寧自誅汝。**　○山井鼎《考文》：自誅汝。〔古本〕下有「也」字。

十六葉十二行注　**乃惟汝自召罪以取誅。**　○山井鼎《考文》：以取誅。〔古本〕「誅」上有「其」字。○阮元《校記甲》：乃惟汝自召罪以取誅。「誅」上古本有「其」字。○《定本校記》：乃惟汝自召罪以取誅。「誅」上內野本、神宮本、足利本有「其」字。

十六葉十三行疏　**我既殺汝四國君矣。**　「既」，單、八、平、永、阮作「已」。

十六葉十四行疏　**行寬裕之道。**　「裕」，永作「裕」。

十六葉十五行疏　以享受上天之命。　「受」，十作「愛」，永作「愛」，阮作「愛」。○阮元《校記甲》：以享受上天之命。「受」，十行本誤作「愛」。

十六葉十五行疏　臣民尚得畋汝故田。　「畋」，八作「畂」。

十六葉十六行疏　其安樂如此。　「如」，十作「今」。

十六葉十六行疏　以廣大天之命。　「大」，阮作「上」。○劉承幹《校記》：以廣大天之命。阮本「大」作「上」。

十六葉十八行疏　故爲肯違之心。　「肯」，單、八、魏、平、十、永、閩、毛、殿、庫、阮作「背」。

十七葉一行疏　故我教告汝。　「我」下永無「教」字。

十七葉四行疏　我今何敢多爲言誥而已。　「我今」，單、八、平、阮作「今我」。○盧文弨《拾補》：今我何敢多爲言誥而已。「今我」，毛本作「我今」，從元本乙。○阮元《校記甲》：我今何敢多爲言誥而已。「我今」二字十行本倒，與注合。

十七葉六行疏　謂戒其將來之事。　「謂」下永無「戒」字。

十七葉七行疏　不肯以治爲功。　「功」，永作「攻」。

十七葉七行疏　故責之。　「責」，平作「貴」。

十七葉七行疏　何不常和協。相親近。　○《定本校記》：何不常和協，相親近。「常」，疑當作「崇」。

十七葉九行疏　汝何不順從我周王之政。　「順」下要無「從」字。「王」，平作「主」。

十七葉十行疏　以廣上天之命使天多佑汝。　「佑」，平作「佐」。

十七葉十行疏　臣民重田。　「臣」下要無「民」字。

十七葉十一行疏　即此畋亦田之義也。　○浦鏜《正字》：即此佃爾田之義也。「爾」誤「亦」。○盧文弨《拾補》：即此畋爾田之義也。毛本「爾」作「亦」，譌。○阮元《校記甲》：即此畋亦田之義也。浦鏜云：「爾」誤「亦」。按：浦是也。阮元《校記乙》同。○《定本校記》：即此畋亦田之義也。浦云：「爾」誤「亦」。

十七葉十二行疏　播棄天命。　「播」，平作「憐」。

十七葉十四行疏　董之以武帥。　「帥」，單、八、平、要、殿、庫作「師」。○山井鼎《考文》：董之以武帥。〔宋板〕「帥」作「師」。○浦鏜《正字》：薫之以武師。「師」誤「帥」。○盧文弨《拾補》：董之以武師。毛本「師」作「帥」。「帥」當作「師」。○阮元《校記甲》：董之以武帥。「帥」，宋板作「師」。按：作「師」與昭十三年傳合。○阮元《校記乙》：董之以武帥。宋板「帥」作「師」。按：作「師」與昭十三年傳合。

十七葉十四行疏　**於法當有文辭告前敵也。**　「敵」，毛作「敌」。

十七葉十五行疏　**謂訊以文辭。**　「訊」，要作「訉」。

十七葉十五行疏　**訊。告也。**　「訊」，要作「訉」。

十七葉十六行疏　**此雖總言戰事。**　「總」，單、八、平、十、永作「揔」。

十七葉十六行疏　**但下有至於再三。**　「但」，平作「伹」。

十七葉十八行經　**告爾有多方士**　「多方」，八、李、纂、平、要、岳、十、永、閩、阮作「方多」。○《薈要》案語：告爾有多方士。蔡傳作「告爾有方多士」。

十八葉一行注　**王歎而以道告汝衆方。與衆多士。**　○《定本校記》：王歎而以道告汝衆方與殷多士。燉煌本、九條本、内野本、神宫本無「汝」字，清原宣賢手鈔本引家本亦無。

十八葉一行注　**與衆多士。**　「與」，李作「与」。「衆」，八、李、王、纂、要、岳作「殷」。○山井鼎《考文》：告汝衆方與衆多士。〔古本〕下「衆」作「殷」，宋板同。○盧文弨《拾補》：王歎而以道告汝眾方與殷眾士。古、宋本皆無下「眾」字，有「殷」字。余疑「眾」字當有，下「多」字可去。○阮元《校記甲》：與衆多士。「衆」，古、岳、宋板、纂傳俱作「殷」。按：「衆」字非也。○阮元《校記乙》：與衆多士。古、岳、宋板、纂傳「衆」作「殷」。按：「衆」字非也。

十八葉二行注　謂成周之三監。　「之」下八、李、王、纂、平、岳、十、永、阮無「三」字。「之三監」，要作「監之」。「三」，閩作「之」。○山井鼎《考文》：監謂成周之三監。〔古本〕無「三」字。宋板、正德同。物觀《補遺》：古本下「監」下有「也」字。謹按 嘉靖本誤衍一「之」字，萬曆本强改「之」作「三」，崇禎本據之。正德以上諸本皆作「成周之監」，今當從之。○殿本《考證》：監謂成周之三監。臣召南按：文祇應云「成周之監」，不當云「三監」。此指洛邑之治殷民者，非謂武庚時事也。即孔疏並不解「三監」字義，則知「三」字衍文也。○岳本《考證》：監謂成周之監。諸本皆作「成周之三監」。案：此非武庚時事，不當云「三監」。且孔氏亦並未疏「三」字。蓋舊本悮衍一「之」字。後遂改作「三」字也。○盧文弨《拾補》：監謂成周之監。「三」，毛本衍。考文云：宋版、正德本皆無「三」字。嘉靖本誤衍一「之」字，後强改「之」作「三」。○阮元《校記甲》：監謂成周之三監。古本無「三」字，宋板、正德同。山井鼎曰：嘉靖本誤衍一「之」字，神廟本强改「之」作「三」，崇禎本據之。正德以上諸本皆作「成周之監」，今當從之。齊召南云：文祇應云「成周之監」，不當云「三監」，此指洛邑之治殷民者，非謂武庚時事也。即孔疏並不解「三監」字義，則知「三」字衍文也。按疏云故知「監」謂「成周之監」，明無「三」字，岳本、十行、纂傳俱不誤，葛本與嘉靖本同，非也。○

阮元《校記乙》：監謂成周之監。古本同。宋板、正德本同。山井鼎曰：嘉靖本誤衍一「之」字，神廟本强改「之」作「三」，崇禎本據之。正德以上諸本皆作「成周之監」，今當從之。齊召南云：文祇應云「成周之監」，不當云「三監」，此指洛邑之治殷民者，非謂武庚時事也。按：孔疏並不解「三監」字義，則知「三」字衍文也。按疏云故知「監」謂「成周之監」，明無「三」字。岳本、纂傳俱不誤。葛本與嘉靖本同，非也。

十八葉二行注　此指謂所遷頑民殷衆士。○山井鼎《考文》：頑民殷衆士。〔古本〕下有「也」字。○《定本校記》：此指謂所遷頑民殷衆士。「頑」上内野本、神宫本有「殷」字，清原宣賢手鈔本引家本亦有。

十八葉三行注　今汝奔走來徙臣服我監。「徙」，纂作「徒」。「服」，八、李、王、纂、平、要、岳、十、永、閩、阮作「我」。○山井鼎《考文》：今汝奔走來徙臣服我監五年。〔古本〕無「服」字。謹按宋板、正、嘉三本「臣服我監」作「臣我我監」，衍一「我」字。萬曆本改上「我」字作「服」，崇禎本據之。當以古本爲正也。○盧文弨《拾補》：今汝奔走來徙臣我監，五年無過。毛本「臣」下「服」字衍。考文云：古本無，宋、正、嘉三本「我」字誤重，後强改上「我」字作「服」。○阮元《校記甲》：臣服我監。古本無「服」字。山井鼎曰：宋板、正、嘉三本作

「臣我我監」，衍一「我」字。神廟本改上「我」字作「服」，崇禎本據之。按：岳本、十行、葛俱與宋板同。○阮元《校記乙》：臣我我監。岳本、葛本同。毛本「臣我」作「臣服」。案：古本無「服」字。山井鼎曰：宋板、正、嘉三本作「臣我我監」，衍一「我」字。神廟本改上「我」字作「服」，崇禎本據之。○《定本校記》：今汝奔走來徙臣我監。「走」字，燉煌本、九條本、內野本、神宫本無，清原宣賢手鈔本引家本亦無。「我」字，岳本、〔足利〕八行本、十行本皆誤重，今從燉煌本、九條本、內野本、神宫本、足利本。

十八葉三行注　則是還本土。　「是」，八、李、王、纂、平、岳、殿、庫作「得」。「則」下要無「是」字。○山井鼎《考文》：無過則是還本土。〔古本〕「是」作「得」，宋板同。○殿本《考證》：則得還本土。臣召南按：「得」字訛「是」，今改正。○盧文弨《拾補》：則得還本土。毛本「得」作「是」。「是」當作「得」。○阮元《校記甲》：則是還本土。「是」，古、岳、宋板俱作「得」。按：「是」字非。○阮元《校記乙》：則是還本土。古本、岳本、宋板「是」作「得」。案：「是」字非。

十八葉四行經　越惟有胥伯小大多正。　「胥」，十作「晉」。「小大」，要作「大小」。○盧文弨《拾補》：越惟有胥伯小大多正。「伯」，石經作「賦」。「正」，石經作「政」。

十八葉四行經　爾罔不克臬。　「爾」下永無「罔」字。

十八葉五行注　欲其皆用法。　「法」下要有「多士有幹有年傳亦云由終修善得還本土皆未必然」二十一字雙行小注。

十八葉六行釋文　臬魚列反。馬作劓。長竹丈反。　「馬」下王、纂、平、殿、庫有「本」字。「劓」，王作「劓」。「長」上平有「相」字。「竹」，王、纂、平、岳、十、永、閩、阮作「丁」。「丈」，十作「文」。「劓」下殿、庫無「長竹丈反」四字。○山井鼎《考文》：馬作劓。經典釋文「馬」下有「本」字。○阮元《校記甲》：臬，馬本作劓。十行本、毛本俱無「本」字。又：相長，丁丈反。「丁」，毛本作「竹」。

十八葉七行注　大小多正。　「大小」，八、李、王、纂、平、岳、十、永、閩、阮作「小大」。○山井鼎《考文》：大小多正。諸本作「小大多正」。萬曆與崇禎本同。○盧文弨《拾補》：小大多正自爲不和。「小大」，毛本作「大小」，從各本乙。○阮元《校記甲》：大小多正自爲不和。山井鼎曰：「大小」，諸本倒，神廟本與崇禎本同也。按：岳、葛、十行、閩本亦俱作「小大」，是也。

十八葉八行注　汝有方多士。　「士」，十作「土」。

十八葉九行注　汝亦當和之哉。　○《定本校記》：汝亦當和之哉。燉煌本、九條本、内野本、神宫本無「哉」字。

十八葉九行注　是汝惟能勤汝職事。　○山井鼎《考文》：勤汝職事。〔古本〕「汝」下有「之」字。○阮元《校記甲》：是汝惟能勤汝職事。下「汝」字下古本有「之」字。○《定本校記》：是汝惟能勤汝職事。「職」上内野本、神宫本、足利本有「之」字。

十八葉十行注　汝庶幾不自忌入於凶德。　「於」，纂、岳作「于」。

十八葉十六行注　我有周惟其大大賜汝。　「賜」上「大」字，永、阮作「夫」。○阮元《校記甲》：我有周惟其大大賜汝。「大大」，十行本誤作「大夫」。○阮元《校記乙》：我有周惟其大夫賜汝。毛本「大夫」作「大大」，「大夫」誤也。

十八葉十六行注　言受多福之胙。　「胙」，八、李、王、纂、平、岳、毛、殿、庫作「祚」，十、永、閩、阮作「作」。○浦鏜《正字》：言受多福之祚。「祚」，監本誤「胙」。○阮元《校記甲》：言受多福之祚。「祚」，十行、閩、葛俱誤爲「作」，監本作「胙」，是也。○阮元《校記乙》：言受多福之作。閩本、葛本同。明監本作「胙」，是也。毛本誤作「祚」。

十九葉二行疏　此章皆告成周之人辭也。　「此」，毛作「比」。○山井鼎《考文》：比章皆告成周之人辭也。［正誤］「比」當作「此」。物觀《補遺》：宋板「比」作「此」。○浦鏜《正字》：

此章皆告成周之人辭也。「此」，毛本誤「比」。○盧文弨《拾補》：此章皆告成周之人辭也。毛本「此」作「比」。「比」當作「此」。○阮元《校記甲》：此章皆告成周之人辭也。「比」，宋本、十行、閩、監俱作「此」，是也。

十九葉六行疏　**若能不入於凶德。亦則用敬敬之道。**「亦」上十、永、阮有「若能不入於凶德」七字。「敬敬」，閩作「敬教」。○阮元《校記甲》：若能不入於凶德。此句十行本誤複。○阮元《校記乙》：若能不入於凶德。若能不入於凶德。案：二句誤複衍。

十九葉八行疏　**惟其大大賞賜汝。**「賞」上八不重「大」字。○物觀《補遺》：惟其大大賞賜汝。〔宋板〕無一「大」字。○阮元《校記甲》：我有周惟其大大賞賜汝。宋板「大」字不重。阮元《校記乙》同。○《定本校記》：我有周惟其大大賞賜汝。〔足利〕八行本脱一「大」字。

十九葉八行疏　**汝非但受賞而已。**「但」，平作「伹」。

十九葉八行疏　**在於大宮。**「在」，永作「任」。「宮」，單、八、魏、十、永、閩、毛、殿、庫、阮作「官」。

十九葉十行疏　**下云以臣我監者。**○《定本校記》：下云以臣我監者。「以」字疑衍。

十九葉十一行疏　**明此殷多士也。**「士」，殿作「十」。

十九葉十一行疏　監謂至本土。　「至」，平作「之」。

十九葉十一行疏　○傳監謂至本土○正義曰。下云自時洛邑。　「下云」上「○傳監謂至本土○正義曰」，殿、庫作「謂成周之三監者」。

十九葉十二行疏　大道有成。　「大」，單、八、平、要、阮作「天」。

十九葉十三行疏　顧氏以相長事。　「顧」，阮作「顔」。○張鈞衡《校記》：顧氏以相長事。阮本「顧」作「顔」，誤。

二十葉一行注　凡民亦惟曰不享於汝祚矣。　「民」，李作「國」。

二十葉四行注　則惟汝衆方。　「則」下永無「惟」字。

二十葉四行注　我則致行天罰。　○《定本校記》：我則致行天罰。「我則」二字燉煌本甲、九條本倒。

二十葉五行注　離遠汝土。　「遠」，阮作「逖」。○張鈞衡《校記》：離遠汝土。阮本「遠」作「逖」，誤。

二十葉五行釋文　辟。匹亦反。　「辟」，王、纂、平作「僻」。「匹」，十、阮作「四」。○張鈞衡《校記》：辟，匹亦反。阮本「匹」作「四」，誤。

二十葉六行疏　王曰嗚呼至爾土。　「至」上單有「多」字。○《定本校記》：王曰嗚呼多至爾土。〔足利〕八行本無「多」字，今從單疏本。

二十葉七行疏　汝則惟不能多受天福祚矣。　「天」，單、平作「大」。○《定本校記》：汝則惟不能多受天福祚矣。「天」，單疏本誤作「大」。

二十葉九行疏　言民亦不願汝之子孫長久矣。　「願」，十作「顛」。

二十葉十行疏　王告康叔。　「告」，單、八、要作「誥」。

二十葉十行疏　幷使諸侯知之。　「幷」，閩作「弁」。

二十葉十一行疏　更遠徙之。　「徙」，八作「徒」。

二十葉十一行經　我惟祇告爾命。　「祇」，殿、庫作「祗」。

二十葉十二行注　我惟敬告汝吉凶之命。　○《定本校記》：我惟敬告汝吉凶之命。燉煌本、九條本、内野本、神宮本無「我」字，清原宣賢手鈔本引家本亦無。

二十葉十三行注　又誥汝。　「誥」，八作「詰」，要作「告」。

二十葉十四行注　是惟汝初不能敬于和道故誅汝。　「于」，要作「以」。

二十葉十四行注　汝無怨我。　「怨我」，八、李、王、纂、平、要、岳、永、殿、庫、阮作「我怨」。○山井鼎《考文》：汝無怨我。〔古本〕作「汝無我怨也」，宋板同，但無「也」字。○盧文弨

《拾補》：汝無我怨。「我怨」，毛本作「怨我」。從古本、宋、元本乙。○阮元《校記甲》：汝無我怨。岳本、宋、十行、纂傳作「汝無我怨」，是也。○阮元《校記乙》：汝無我怨。岳本同。毛本「我怨」二字誤倒。○《定本校記》：汝無我怨。燉煌本、九條本、内野本、神宫本無「汝」字，清原宣賢手鈔本引家本亦無。

二十葉十五行疏　不惟多爲言誥汝而已。○《定本校記》：不惟多爲言誥汝而已。「誥」下疑脱「告」字。

二十葉十六行疏　惟敬告汝吉凶之命。「告」，要作「誥」。

二十葉十六行疏　汝命吉凶在此言也。「吉凶」，要作「凶吉」。

二十葉十六行疏　王又謂汝所以再三被誅者。「三」下「被」字八爲空白。

二十葉十六行疏　是惟汝初不能敬於和道。「汝」下要無「初」字。

二十葉十七行疏　又告者。更言王意。「告」，單、八、永、阮作「誥」。○山井鼎《考文》：又告者，更言王意。〔宋板〕「告」作「誥」。○盧文弨《拾補》：又誥者，更言王意。毛本「誥」作「告」。「告」當作「誥」。○阮元《校記甲》：又告者。「告」，宋板、十行俱作「誥」，不誤。

二十葉十八行疏　故更稱王又復言曰。「更」上要無「故」字。

二十葉十八行疏　以序云成王在豐誥庶邦。　「成」下要無「王」字。○盧文弨《拾補》：以序云成王在豐誥庶邦。「在豐」，孫云：案序本作「在宗周」。

二十葉十八行疏　則此篇是王親誥之辭。　「誥」，單、八、要作「告」。○山井鼎《考文》：此篇是王親誥之辭。〔宋板〕「誥」作「告」。○盧文弨《拾補》：則此篇是王親告之辭。毛本「告」作「誥」。「誥」當作「告」。○阮元《校記甲》：則此篇是王親誥之辭。「誥」，宋板作「告」。

二十一葉一行疏　直稱王曰者是也。　「直」，阮作「又」。○張鈞衡《校記》：直稱王曰。阮本「直」作「又」，誤。

二十一葉一行疏　則上云周公曰王若曰是也。　「公曰」下要無「王若曰」三字。

二十一葉一行疏　又曰嗚呼王若曰是也。　「又曰」，單、八、要作「又云」。○山井鼎《考文》：又曰嗚呼。〔宋板〕「曰」作「云」。○盧文弨《拾補》：又云嗚呼王若曰是也。毛本「云」作「曰」。「曰」當作「云」。○阮元《校記甲》：又曰嗚呼王若曰是也。「曰」，宋板作「云」。

立政第二十一

二十一葉三行經　立政第二十一　「二十」，石作「廿」。

二十一葉七行注　言用臣當共立政。　○《定本校記》：言用臣當共立政。「臣」，九條本、内野本、神宮本作「正」，清原宣賢手鈔本引家本亦然。

二十一葉七行注　故以名篇。　○山井鼎《考文》：故以名篇。〔古本〕下有「也」字。○《定本校記》：故以名篇。燉煌本無「故」字。

二十一葉八行經　周公若曰。拜手稽首。　○阮元《校記甲》：周公若曰拜手稽首。按：此篇序、題下俱無疏，疑有脱誤。阮元《校記乙》同。

二十一葉九行注　言嗣天子。今已爲王矣。　「已」，八、李、王、要、岳作「以」。○山井鼎《考文》：今已爲王矣。〔古本〕「今」下有「以」字。宋板「已」作「以」。[謹按]以下文註推之，古本衍「已」字。○盧文弨《拾補》：今已爲王矣。古本、宋本「已」作「以」，古通用。疏中宋本亦作「以」。○阮元《校記甲》：今已爲王矣。古本「今」下有「以」字，宋板「已」作「以」。山井鼎曰：以下文注推之，古本衍「已」字也。按：岳本與宋本同，纂傳與今本同。阮元《校記乙》同。○《定本校記》：言嗣天子，今以爲王矣。燉煌本乙、九條本、内野本、神宮本無「爲」字，清原宣賢手鈔本引家本亦無。

二十一葉九行注　不可不慎。　「慎」下王、纂、平、殿、庫有「盡，津忍反。下同」六字釋文。

○山井鼎《考文》：補脱 盡禮，上津忍反，下同〔據經典釋文〕。

二十一葉十二行注　謂三公六卿。　○山井鼎《考文》：「謂三公六卿」下、「謂士官」下，〔古本〕共有「也」字。下註「謂賢智大臣」下同。

二十一葉十二行注　準人平法。　「法」，平作「沄」。

二十一葉十三行釋文　綴。徐之衞反。　「之」上岳無「徐」字。「之」，王作「丁」，纂、平、岳、十、永、閩、殿、庫、阮作「丁」。○物觀《補遺》：綴，徐之衞反。〔經典釋文〕「之」作「丁」。○阮元《校記甲》：綴，徐丁衞反。「丁」字毛本作「之」。

二十一葉十三行釋文　又之劣反。　「之」，王、纂、平、岳、十、永、閩、殿、庫、阮作「丁」。○物觀《補遺》：又之劣反。〔經典釋文〕「之」作「丁」。○阮元《校記甲》：又丁劣反。「丁」字毛本作「之」。

二十一葉十四行釋文　長。之丈反。　「長」上平、殿、庫有「所」字。「之」上纂有「音」字。「之」，王、纂、平、岳、十、永、閩、殿、庫、阮作「丁」。「丈」，平作「長」，十作「𠀋」。○阮元《校記甲》：所長，丁丈反。「丁」，毛本亦作「之」。

二十一葉十四行釋文　除篇末文注以長。直良反。餘並同。　「注」，纂作「主」。「直」上纂、殿、庫有「音」字。「直」，平作「音其」。
二十一葉十六行疏　周公、至鮮哉。　「公」下單有「若」字，平有「作」字。○《定本校記》：周公若至鮮哉。各本無「若」字，今從單疏。
二十一葉十六行疏　在於任賢使能。　「任」，十作「在」。
二十一葉十六行疏　成王初始即政。猶尚幼少。　「幼」，平作「幻」。
二十二葉二行疏　知憂此官置得賢人者少也。　「置」，單、八、平作「宜」，殿、庫作「宜」。○山井鼎《考文》：知憂此官置得賢人者少也。宋板「置」作「宜」。○盧文弨《拾補》：知憂此官宜得賢人者少也。毛本作「宜」作「置」。「置」當作「宜」。○阮元《校記甲》：知憂此官置得賢人者少也。「置」，宋板作「宜」。○阮元《校記乙》：知憂此官置得賢人者少也。宋板「置」作「宜」。
二十二葉四行疏　欲令受其言。　「欲」，八作「歆」。
二十二葉四行疏　召誥云。拜手稽首。　「手」下「稽」字八爲空白。
二十二葉五行疏　故言今已爲王矣。　「已」，單、八作「以」。○山井鼎《考文》：故言今已爲王矣。〔宋板〕「已」作「以」。○阮元《校記甲》：故言今已爲王矣。「已」，宋板作「以」。

二十二葉九行疏　察獄之官。用法必當均平。　「獄」，閩作「獄」。

二十二葉九行疏　故謂獄官爲準人。　「獄」，閩作「獄」。「準」下「人」字單爲空白。

二十二葉九行疏　在常任之内。　「任」，平作「任」。

二十二葉十行疏　衣服必連綴著之。　「連」下「綴」字單爲空白。

二十二葉十行疏　大僕下大夫。　「大僕」，單、八、平作「太僕」。

二十二葉十一行疏　當是大僕之官也。　「大」，單、八、平作「太」。「僕」，閩作「僕」。

二十二葉十四行疏　歎其官之美。　「官」，平作「宫」。

二十二葉十六行經　籲俊尊上帝。　「尊」，平作「尊」。

二十二葉十七行注　與共尊事上天。　「與」，王作「与」。○《定本校記》：與共尊事上天。「天」，内野本、神宫本作「帝」，清原宣賢手鈔本引家本亦然。

二十二葉十八行釋文　籲。音預。　「預」，纂、平、殿、庫作「喻」。○山井鼎《考文》：籲，音喻。經典釋文「預」作「喻」。○阮元《校記甲》：籲，音喻。「喻」，十行本、毛本俱作「預」。

二十二葉十八行注　蹈知誠信於九德之行。　「誠」，平作「成」。

二十三葉一行注　九德皋陶所謀。　○山井鼎《考文》：九德皋陶所謀。〔古本〕下有「之」字。○阮元《校記甲》：九德皋陶所謀。古本下有「之」字。○《定本校記》：九德皋陶所謀。燉煌本乙、内野本、神宮本「謀」下有「者」字，清原宣賢手鈔本引家本亦有。燉煌本甲、九條本「謀」作「謨」。

二十三葉一行釋文　行。如字。徐下孟反。　「行」上平有「之」字。「徐」上殿、庫無「如字」二字。

二十三葉四行注　乃敢告教其君以立政。　○山井鼎《考文》：告教其君以立政。〔古本〕下有「也」字。「六卿掌事者」下、「九州之伯」下共同。

二十三葉四行注　宅。居也。居汝事。　○《定本校記》：宅，居也。居汝事。燉煌本甲、九條本、内野本、神宮本無「居也」二字，清原宣賢手鈔本引家本亦然。燉煌本乙無「宅居也」三字。案：「宅居」已見堯典。

二十三葉六行注　則此惟君矣。　「此」，王作「比」。

二十三葉六行經　謀面用丕訓德。　○盧文弨《拾補》：亂謀面用丕訓德。「亂」，毛本無，石經有。當補。

二十三葉七行經　茲乃三宅無義民。　○山井鼎《考文》：三宅無義民。〔古本〕「義」作「誼」。下「義德」同。○盧文弨《拾補》：茲乃三宅無義民。古本「義」作「誼」。○阮元《校記甲》：茲乃三宅無義民。「義」，古本作「誼」。下「義德」同。○阮元《校記乙》：茲乃三宅無義民。古本「義」作「誼」。下「義德」同。

二十三葉七行注　謀所面見之事無疑。「無」，王作「无」。

二十三葉八行注　乃能居賢人于衆官。○山井鼎《考文》：居賢人于衆官。〔古本〕無「于」字。○阮元《校記甲》：乃能居賢人于衆官。古本無「于」字。○《定本校記》：乃能居賢人於衆官。燉煌本甲、九條本、内野本、神宮本無「衆」字，清原宣賢手鈔本引家本亦無。

二十三葉八行注　若此則乃能三居無義民。「三」，十作「二」，阮作「一」。「無」，王作「无」。「民」下要有「似不當與前三宅異」魏了翁雙行小注八字。○張鈞衡《校記》：則乃能三居無義民。阮本「三」作「一」，誤。

二十三葉九行經　惟乃弗作往任。○山井鼎《考文》：乃弗作往任。〔古本〕「弗」作「不」。

二十三葉十行注　惟乃不爲其先王之法。○《定本校記》：惟乃不爲其先王之法。内野本、神宮本無「其」字。

二十三葉十一行注　故絶世無後。「無」，王作「无」。

二十三葉十一行疏　古之人至罔後。「之」下單、八無「人」字。

二十三葉十三行疏　乃有羣臣卿大夫皆是賢人。「羣」，永作「皐」。

二十三葉十三行疏　蹈知誠信於九德之行者。　「蹈」，永作「陷」。

二十三葉十六行疏　則乃能居賢人於官。賢人在官。　「居」下永無「賢人於官」四字。

二十三葉十七行疏　善人在朝。惡人黜遠。　「惡」，平作「悪」。

二十三葉十七行疏　及夏末年。　「夏」，阮作「其」。

二十三葉十八行疏　是暴德之人。　「是」下單、八、平有「惟」字。○山井鼎《考文》：是暴德之人。〔宋板〕「是」下有「惟」字。○盧文弨《拾補》：往所委任，是惟暴德之人。毛本脱「惟」字。○阮元《校記甲》：是暴德之人。「是」下宋板有「惟」字。

二十三葉十八行疏　古之至上天。　「之」，永作「人」。

二十四葉二行疏　籲。訓呼也。　「籲」，十作「籲」。

二十四葉五行疏　非一人能備。　「備」，庫作「備」。

二十四葉六行疏　惟有皋陶謀。九德。皋陶所謀者。　「謀」，殿、庫作「謨」。「九德」下單、八、平、要有「故言九德」四字。○山井鼎《考文》：惟有皋陶謀九德。〔宋板〕「九德」下有「故言九德」四字。［謹按］惟有皋陶謀九德，故言九德，皋陶所謀者云云，所接如此。○盧文弨《拾補》：惟有皋陶謨九德，故言九德。毛本「謨」作「謀」。官本改。「謀」當作「謨」。上

「德」下毛本脱「故言九德」四字，宋本有。○阮元《校記甲》：臯陶所謀者。「臯」上宋板有「故言九德」四字。○阮元《校記乙》：臯陶所謀者。宋板「臯」上有「故言九德」四字。

二十四葉六行疏　即寬而栗。「栗」，十、永作「粟」。

二十四葉七行疏　知九至君矣。「九」，十作「天」。

二十四葉九行疏　九州之伯主養民。「伯」，永作「百」。

二十四葉十一行疏　俱是逐急言之。「急」，平、永作「意」。○張鈞衡《校記》：俱是逐意言之。阮本「意」作「急」。

二十四葉十三行疏　殷之州牧曰伯。○浦鏜《正字》：殷之州長曰伯。「長」誤「牧」。○盧文弨《拾補》：殷之州牧曰伯。浦云「牧」是「長」之誤。○《定本校記》：殷之州牧曰伯。浦氏云：「牧」當作「長」。

二十四葉十四行疏　凡人爲主。○《定本校記》：凡人爲主。「人爲」二字，疑倒。

二十四葉十四行疏　但大佞似忠。「似」，阮作「以」。○阮元《校記甲》：但大佞似忠。「似」，十行本誤作「以」。○阮元《校記乙》：但大佞以忠。案：「以」當作「似」，毛本不誤。

二十四葉十四行疏　但禹能謀所面見之事。官賢人。「官」上單、八、平、要、殿、庫有「善」字。「官」，毛作「宫」。○山井鼎《考文》：官賢人。〔宋板〕「官」上有「善」字。○浦鏜《正字》：但禹能謀所面見之事，官賢人。「官」，毛本誤「宮」。○盧文弨《拾補》：但禹能謀所面見之事，善官賢人。毛本脱「善」字。○阮元《校記甲》：但禹能謀所面見之事，宮賢人。按：「宮」字諸本俱作「官」，惟毛本獨誤。山井鼎攷文以毛本爲据，直書作「官」，誤也。「官」上宋板有「善」字。○阮元《校記乙》：但禹能謀所面見之事，官賢人。諸本同，毛本「官」誤「宮」。山井鼎攷文以毛本爲据，直書作「官」，誤也。「官」上宋板有「善」字。

二十四葉十五行疏　邪佞必退。「邪」，永作「邪」。

二十四葉十六行疏　斥之遠地。「斥」，單作「厈」。

二十四葉十六行疏　乃能三處居此無義罪人。「無義罪人」，要作「無罪人人」。

二十四葉十七行疏　四海之表最遠者也。「遠」下平無「者」字。

二十五葉三行釋文　釐。力之反。耿工迥反。徐工穎反。又工丞反。「迥」，纂、殿作「逈」。「徐」下「工」，纂、平作「公」。「又」下「工」，纂、平作「公」。「丞」，王、纂、平、永、殿、庫、阮作「永」。○山井鼎《考文》：耿又工丞反。〔經典釋文〕「丞」作「永」。○物觀《補遺》：耿又工丞反。〔經典釋文〕「工」作「公」。○浦鏜《正字》：耿又工永切。「永」誤「丞」。○阮元《校記甲》：耿，徐公穎反，又工永反。上「公」字，十行本、毛本俱作「工」。按：毛居正引「公穎反」作「公永」，毛本誤作「丞」。

二十五葉四行釋文　王往況反。「王」下平有「天上」二字。「反」下纂、平有「下王有同」四字。○山井鼎《考文》：補脱王有同〔據經典釋文〕。謹按當在「王往況反」下，「王有」二字見于二十六葉註。○浦鏜《正字》：王，往況切。下脱「下王有同」四字。

二十五葉四行經　曰三有俊。○物觀《補遺》：三有俊。〔古本〕「俊」作「畯」。下「三俊」、「三有俊」同。○盧文弨《拾補》：三有俊。古本「俊」作「畯」。下同。○阮元《校記甲》：曰三有俊。「俊」，古本作「畯」。下「三俊」、「三有俊」同。○阮元《校記乙》：曰三有俊。古本「俊」作「畯」。下「三俊」、「三有俊」同。○《定本校記》：曰三有俊。燉煌本、九條本、内野本、神宮本無「有」字，清原宣賢手鈔本引家本亦無。

二十五葉五行注　言服罪。○山井鼎《考文》：言服罪。〔古本〕下有「也」字。「受德紂字」下同。

二十五葉八行注　以能用三居三德之法。○《定本校記》：以能用三居三德之法。「法」下九條本、内野本、神宮本有「故」字，清原宣賢手鈔本引家本亦有。

二十五葉十行注　言遠近化。「遠」，阮作「逮」。「化」下王、纂、殿、庫有「見，賢遍反。下注同」七字釋文，平有「見德。上賢遍反，下注同」九字釋文。○山井鼎《考文》：補脱見德，上賢遍反。下註同〔據經典釋文〕。謹按註文「見其聖德」。○阮元《校記甲》：言遠近化。「遠」，十行本誤作「逮」。○阮元《校記乙》：言逮近化。岳本「逮」作「遠」，是也。○張鈞衡《校記》：言遠近化。阮本「遠」作「逮」，誤。

二十五葉十二行疏　亦於成湯之道。　「於」，毛作「從」。○物觀《補遺》：從成湯之道。宋板「從」作「於」。○浦鏜《正字》：亦於成湯之道，得升聞于天。「亦於」，毛本誤「亦從」。○盧文弨《拾補》：亦於成湯之道。毛本「於」作「從」。「從」當作「於」。○阮元《校記甲》：亦從成湯之道。「從」，宋板、十行、閩、監俱作「於」。○阮元《校記乙》：亦於成湯之道。宋板、閩本、明監本同。毛本「於」作「從」。

二十五葉十四行疏　用此三居三俊之道。　「用」下永無「此」字。

二十五葉十六行疏　鼇。賜。耿。光。皆釋詁文。　○浦鏜《正字》：鼇，賜。耿，光。皆釋詁文。案：「鼇賜」，爾雅無文。「耿」作「熲」。○盧文弨《拾補》：鼇，賜。耿，光。皆釋詁文。浦云：爾雅「鼇賜」無文，「耿」作「熲」。

二十五葉十八行疏　用以俊乂居官。　「乂」，單、八、平作「人」。○物觀《補遺》：俊乂居官。〔宋板〕「乂」作「人」。○盧文弨《拾補》：用以俊人，居官顯明其有德也。毛本「人」作「乂

（乂）」。「又（乂）」當作「人」。宋本「人」後疏亦有「任用俊人」語。○阮元《校記甲》：用以俊乂居官。「乂」，宋板作「人」。○《定本校記》：用以俊人居官。「用」，疑當作「言」。

二十五葉十八行疏　顯明其有德也。　「其」下八無「有」字。○《定本校記》：顯明其有德也。〔足利〕八行本脱「有」字。

二十六葉二行疏　見其須賢之功。　「功」，單、八、平、阮作「切」，永作「㓛」。○山井鼎《考文》：見其須賢之功。〔宋板〕「功」作「切」。○盧文弨《拾補》：見其須賢之切。毛本「切」作「功」。「功」當作「切」。○阮元《校記甲》：見其須賢之功。「功」，宋板、十行俱作「切」。按：「功」字誤。

二十六葉三行經　暋。惟羞刑暴德之人。　「暋」，平作「睯」。

二十六葉五行注　惟進用刑與暴德之人。　「與」，王作「与」。

二十六葉五行釋文　受德。紂字。　「受德」下纂無「紂字」二字。○盧文弨《拾補》：受德，紂字。古本「字」下有「也」。

二十六葉五行釋文　暋。眉謹反。　「暋」，纂作「昬」。

二十六葉六行釋文　一音閔。　「一」，平作「乂」。

二十六葉六行釋文　爲于僞反。　「于」上纂、平有「作上」二字。「僞」，阮作「爲」。○张鈞衡《校記》：爲，于僞反。阮本「僞」作「爲」，誤。

二十六葉六行釋文　强。其丈反。　「强」上平有「自」字。「丈」，平、十作「文」。

二十六葉八行經　式商受命。奄甸萬姓。　○《定本校記》：弇甸萬姓。「弇」，各本作「奄」，與疏不合。今從燉煌本甲、九條本、内野本、神宫本。

二十六葉九行注　王有華夏。　「王」，殿、庫作「主」。○浦鏜《正字》：乃使我周家王有天下。「王」，監本誤「主」。○阮元《校記甲》：王有華夏。「王」，監本誤作「主」。

二十六葉十行注　言皇天無親。佑有德。　○《定本校記》：言皇天無親，佑有德。燉煌本、九條本、内野本、神宫本無「無」、「佑」二字，清原宣賢手鈔本引家本亦無。

二十六葉十行釋文　伻。普耕反。徐敷耕反。又甫耕反。　○浦鏜《正字》：伻，徐敷耕切，又甫耕切。案：毛氏居正云：二切同，當去。「敷」、「甫」皆當作「鋪」。

二十六葉十一行疏　嗚呼至萬姓。　「萬」，平作「万」。

二十六葉十一行疏　既言湯以用賢而興。　「既」，十作「旣」。

二十六葉十一行疏　又説紂之失人而滅。　「失」，十作「夫」。

二十六葉十三行疏　王有華夏。「王」，閩作「三」，殿、庫作「主」。

二十六葉十三行疏　同治天下萬姓。「萬」，平作「万」。

二十六葉十四行疏　天親有德。「德」，永作「得」。

二十六葉十四行疏　故得爲天子。「得」，永作「德」。

二十六葉十四行疏　泰誓三篇。「誓」，永作「誓」。

二十六葉十五行疏　故知受德是紂字也。「字」，十作「宇」。

二十六葉十五行疏　呼之有單復爾。「復」，要、毛作「複」。○阮元《校記甲》：呼之有單複爾。「複」，十行、閩、監俱作「復」。○阮元《校記乙》：呼之有單復爾。閩本、明監本同。毛本「復」作「複」。

二十六葉十六行疏　爲作善字。「作」上平無「爲」字。

二十六葉十七行疏　暋。强也。「暋」，單作「暋」。

二十六葉十七行疏　暋即昏也。「暋」，單作「暋」。○山井鼎《考文》：暋，即昏也。〔宋板〕「昏」作「昬」。謹按「昏」、「昬」字別，世人混之，非也。○盧文弨《拾補》：暋即昬也。毛本「昬」作「昏」。宋、元本作「昬」。「昏」當作「昬」。

二十六葉十七行疏　身既進用刑罰。　平「身」作「有」，「用」作「至」。

二十六葉十八行疏　則愛好暴虐之人。　「之」下平無「人」字。

二十七葉一行疏　逸德。言以過惡爲德。習效爲之衆者。　「逸」，毛作「過」。「惡」，平作「悪」。○物觀《補遺》：過德言以。〔宋板〕「過」作「逸」。○浦鏜《正字》：逸德，言以過惡爲德，習效爲之。毛本「逸」誤「過」，「效」誤「効」。○盧文弨《拾補》：逸德，言以過惡爲德，習効爲之。毛本「逸」作「過」。「過」當作「逸」。「効」，元本作「效」。○阮元《校記甲》：過德，言以過惡爲德。上「過」字，宋板、十行、閩、監、纂傳俱作「逸」，是也。

二十七葉一行疏　言其所任多也。　「也」，永作「他」。

二十七葉二行疏　異言之爾。　○阮元《校記甲》：異言之爾。纂傳作「異其文耳」。阮元《校記乙》同。

二十七葉二行疏　是以爲大夫卿士。　「是」，八作「是」。

二十七葉三行疏　以姦宄於商邑。　「宄」，十、阮作「究」。

二十七葉四行疏　釋言云。　「言」，平作「詁」。

二十七葉四行疏　同爲天子治萬姓。　「子」，十、永、阮作「于」。

二十七葉五行疏　謂須暇五年。　「暇」，單、八、平、十、永、閩、殿、庫、阮作「暇」。

二十七葉六行經　灼見三有俊心。　○盧文弨《拾補》：灼見三有俊心。「俊」，石經作「會」。

二十七葉七行注　亦於文武之道大行。　「文武」，永作「武王」。○《定本校記》：亦於文武之道大行。燉煌本甲、九條本、内野本、神宮本無「之」字。

二十七葉七行注　以能知三有居惡人之心。　○《定本校記》：以能知三有居惡人之心。燉煌本、九條本、内野本、神宮本無「之心」二字，清原宣賢手鈔本引家本亦無。

二十七葉九行注　故能以敬事上天。　○山井鼎《考文》：故能以敬事上天。〔古本〕「故」上有「以」字。○阮元《校記甲》：故能以敬事上天。「故」上古本有「以」字。○《定本校記》：故能以敬事上天。「以」字，燉煌本、九條本、内野本、神宮本在「故」字上，清原宣賢手鈔本引家本亦然。

二十七葉十行疏　亦曰至長伯。　「曰」，單、八、平作「越」。「至」，平作「民」。○山井鼎《考文》：亦曰至長伯。〔宋板〕「曰」作「越」。○盧文弨《拾補》：亦越至長伯。毛本「越」作「曰」。「曰」當作「越」。○阮元《校記甲》：亦曰至長伯。「曰」，宋板作「越」。按：「曰」字非也。阮元《校記乙》同。

二十七葉十行疏　既言上天去惡與善。　「去」，毛作「云」。○物觀《補遺》：云惡與善。〔宋板〕「云」作「去」。○浦鏜《正字》：既言上天去惡與善。毛本「去」作「云」。「去」誤「云」。○盧文弨《拾補》：既言上天云惡與善。「云」，宋板、十行、閩、監俱作「去」。○阮元《校記甲》：既言上天去惡與善。「云」當作「去」。按：「去」是也。

二十七葉十一行疏　所以開文武。　「所」，毛作「可」。「開」，平作「開」。○物觀《補遺》：可以開文武。〔宋板〕「可」作「所」。○浦鏜《正字》：桀惡，所以興成湯。紂惡，所以開文武。下「所以」毛本誤「可以」。○盧文弨《拾補》：紂惡，所以開文武。毛本「所」作「可」。「可」當作「所」。○阮元《校記甲》：紂惡可以開文武。「可」，宋板、十行、閩、監俱作「所」。按：「可」字非。

二十七葉十一行疏　能知居三有惡人之心。　「三」，單作「二」。

二十七葉十二行疏　言明其德也。　「言」，永作「三」（殘字）。

二十七葉十四行疏　紂之不善開文武。　「開」，平作「開」。

二十七葉十五行疏　武王伐紂。　「伐」，要作「代」。

二十七葉十五行疏　采薇已下治外。　「采」，毛作「釆」。○盧文弨《拾補》：采薇已下治外。毛本「采」譌作「釆」。

二十七葉十六行疏　文王之時。　「王」，永作「武」。

二十七葉十六行疏　亦未具足。　「未」，要作「末」。

二十七葉十七行疏　其所舉官屬。多是文武時事。　○盧文弨《拾補》：其所舉官屬多是武王時事。毛本「武王」譌作「文武」。

二十七葉十七行疏　子述之。　「子」，十作「于」。

二十七葉十八行疏　言文王之聖。　○《定本校記》：言文王之聖。「王」，疑當作「武」。

二十七葉十八行疏　須舉用之。　「舉」上平無「須」字。

二十八葉四行疏　主謂諸侯。　○阮元《校記甲》：主謂諸侯。「謂」，纂傳作「爲」。

二十八葉四行疏　述文王之德言肇禋。　「肇」，單、八、平作「肈」。

二十八葉五行疏　是文王已祀天矣。　「祀」，單作「杞」。

二十八葉五行疏　維武王時爾。　「維」，單、八作「惟」。○物觀《補遺》：維武王。〔宋板〕「維」作「惟」。○盧文弨《拾補》：其建諸侯惟武王時爾。毛本「惟」作「維」。「維」當作「惟」。○阮元《校記甲》：維武王時爾。「維」，宋板作「惟」，纂傳作「謂」。阮元《校記乙》同。

二十八葉六行注　及牧。「及」，十作「反」。

二十八葉七行注　治爲天地人之三事。「治」，纂作「洽」。○《定本校記》：治爲天地人之三事。燉煌本、九條本、内野本、神宫本無「之」字。

二十八葉八行注　必慎擇其人。「慎」，平作「填」。

二十八葉九行注　雖左右攜持器物之僕。「持」，閩作「待」。

二十八葉十行注　及百官有司主券契藏吏。「券契」，王作「契券」。○浦鏜《正字》：主券契藏吏。「券」，從力，誤。下同。「券契」之「券」，從刀，古者刻木爲之。從力者，古倦字。考工記「輈人左不券」，是也。○盧文弨《拾補》：主券契藏吏。「券」，毛本從力，誤。下同。

二十八葉十一行注　小臣猶皆慎擇其人。○《定本校記》：小臣猶皆慎擇其人。燉煌本甲、九條本、内野本、神宫本無「其」字，清原宣賢手鈔本引家本亦無。

二十八葉十二行注　以道藝爲表幹之臣。「臣」，岳作「人」。○阮元《校記甲》：以道藝爲表幹之臣。「臣」，岳本作「人」。按：岳本誤。

二十八葉十二行注　及百官有司之職。○《定本校記》：及百官有司之職。「職」，燉煌本、九條本、内野本、神宫本作「身」。

二十八葉十四行注　掌邦六典之貳。　○殿本《考證》：掌邦六典之貳。「六典」，監本訛「大典」。今改正。

二十八葉十四行注　尹伯。長官大夫。　○山井鼎《考文》：尹伯，長官大夫。〔古本〕下有「也」字。

二十八葉十四行注　及衆掌常事之善士。　「衆」，阮作「旅」。「士」，平作「事」。○山井鼎《考文》：及衆掌常事之善士。〔古本〕無「常」字。○阮元《校記甲》：及衆掌常事之善士。古本無「常」字。阮元《校記乙》同。○張鈞衡《校記》：及衆掌常事之善士。阮本「衆」作「旅」，誤。

二十八葉十六行注　則是文武未伐紂特。舉文武之初以爲法則。　「特」，八、李、王、纂、要、岳、殿、庫作「時」。「初」，纂作「功」。○山井鼎《考文》：特舉文武之初。〔古本〕「特」作「時」，屬上句。宋板同。〔古本〕「時」下有「也」字。○殿本《考證》：則是文武未伐紂時。「時」字監本訛「特」，據古本改正。○盧文弨《拾補》：則是文武未伐紂時。毛本「時」譌爲「特」。古本「時」下有「也」字。○阮元《校記甲》：特舉文武之初以爲法則。「特」字岳、纂傳俱作「時」，屬上句，與疏合，宋板亦作「時」，下更有「也」字。阮元《校記乙》同。

二十八葉十七行注　蠻夷微盧之衆帥。　「帥」，李、王、纂、十、永、闔、阮作「師」。○阮元《校記甲》：蠻夷微盧之衆帥。「帥」，十行、闔、葛俱誤作「師」。○阮元《校記乙》：蠻夷微盧之衆師。闔本、葛本同。毛本「師」作「帥」。案：「師」字誤。

二十八葉十七行注　及亳人之歸文王者三所。　○山井鼎《考文》：及亳人之歸文王者。〔古本〕「人」作「民」。○盧文弨《拾補》：及亳人之歸文王者。古本「人」作「民」。○阮元《校記甲》：及亳人之歸文王者三所。「人」，古本作「民」，與疏合。○《定本校記》：及亳民之歸文王者。「民」，注疏本作「人」，今從燉煌本、九條本、内野本、神宮本、足利本。

二十九葉一行疏　正義曰。言文武亦法禹湯。　「義」，殿作「善」。○《薈要》案語：正義曰。刊本「義」訛「善」，今改。

二十九葉三行疏　乃至左右攜持器物之僕。　「器」，阮作「舉」。○阮元《校記甲》：乃至左右攜持器物之僕。「器」，十行本誤作「舉」。○阮元《校記乙》：乃至左右攜持舉物之僕。毛本「舉」作「器」。案：「舉」字誤。○張鈞衡《校記》：乃至左右攜持器物之僕。阮本「器」作「舉」。

二十九葉三行疏　至衆府藏之吏。　○《定本校記》：至衆府藏之吏。「至」，疑當作「主」。

二十九葉九行疏　故言文武亦法禹湯以立政也。　「故」，永作「故」。

二十九葉十一行疏　前已備文。故此不言常伯。其綴衣虎賁而言牧者。以下文自詳。○浦鏜《正字》：前已備文，故此不言常伯。其綴衣虎賁而言牧者。「前已備文故」及「而言牧者」九字疑衍文。「其」疑「與」字誤。○盧文弨《拾補》：前已備文，故此不言常伯。其綴衣虎賁而言牧者，以下文自詳。「前已備文故此不言常伯」疑當作「常伯前文已備故此不言」。「而言牧」三字疑當作「亦不言」。○阮元《校記甲》：其綴衣虎賁而言牧者，以下文自詳。盧文弨云：「而言牧者以」五字疑衍。按：此疏自「前已備文」至「自詳」廿四字皆疑衍，下句「故」字亦衍。阮元《校記乙》同。○《定本校記》：其綴衣虎賁而言牧者，以下文自詳。盧氏云：「而言牧者以」五字疑衍。

二十九葉十二行疏　故此惟舉内外要官者言之。　「言」上要無「者」字。

二十九葉十二行疏　故下云。　「故」，八作「故」。

二十九葉十四行疏　茲乃俾乂。　「乂」，平、毛作「又」。○物觀《補遺》：茲乃俾又。〔宋板〕「又」作「乂」。○浦鏜《正字》：茲乃俾乂。「乂」，毛本誤「又」。○盧文弨《拾補》：茲乃俾乂。毛本「乂」作「又」。「又」當作「乂」。○阮元《校記甲》：茲乃俾又。「又」，宋板、十行、閩、監俱作「乂」，是也。

二十九葉十六行疏　馬一十二匹。「匹」，平、十、永、閩、阮作「疋」。

二十九葉十六行疏　掌贊正良馬。而齊其飲食。「正」，八作「王」。○山井鼎《考文》：掌贊正良馬。〔宋板〕「正」作「王」。○阮元《校記甲》：掌贊正良馬而齊其飲食。「正」，宋板作「王」。案：宋板非也。○《定本校記》：掌贊正良馬。「正」，〔足利〕八行本誤作「王」。

二十九葉十七行疏　是太僕也。「太」，十、永、阮作「大」。

二十九葉十七行疏　虎賁太僕。「太」，十、永、阮作「大」。

二十九葉十七行疏　此三公六卿。亦爲小尹之官。「此」，單、八作「比」。「小」，永作「官」。○山井鼎《考文》：此三公六卿，亦爲小尹之官。〔宋板〕「此」作「比」。○盧文弨《拾補》：比三公六卿，亦爲小尹之官。毛本「比」作「此」。「此」當作「比」。○阮元《校記甲》：此三公六卿。「此」，宋板作「比」。

二十九葉十八行疏　雖左至擇人。「左」下永有「右」字。

三十葉一行疏　正義曰諸官有所務從業。「業」上單、八、平、永無「從」字。○山井鼎《考文》：諸官有所務從業。〔宋板〕無「從」字。○盧文弨《拾補》：諸官有所務業。毛本「務」下有「從」字，當刪。○阮元《校記甲》：諸官有所務從業。宋板無「從」字。○張鈞衡《校記》：諸官有所務業。阮本「務」下多一「從」字。誤衍。

三十葉二行疏　小臣至任乎。「任」，平作「在」。

三十葉四行疏　周禮大宰職云。「大」，單、八、平、要、十、永、殿、庫、阮作「太」。

三十葉四行疏　兩。謂兩卿。長。謂公卿。○阮元《校記甲》：兩，謂兩卿。長，謂公卿。二句纂傳倒，是也。阮元《校記乙》同。

三十葉五行疏　正義曰周禮太史下大夫二人掌建邦之六典。「掌」，平作「長」。

三十葉五行疏　又大宰職亦云。「大」，單、八、平、十、永、閩、殿、庫、阮作「太」。

三十葉六行疏　大史副貳。大宰掌其正。「大史」，單、八、平、十、永、毛、殿、庫、阮作「太史」。「大宰」，單、八、平、十、殿、庫、阮作「太宰」。○盧文弨《拾補》：太史副貳，太宰。「太宰」當重，屬下句。

三十葉六行疏　大史掌其貳。「大」，單、八、平、十、永、閩、殿、庫、阮作「太」。

三十葉八行疏　其大夫及士不爲長官者。「士」，平作「上」。

三十葉九行疏　此是總舉衆官。「是」，平作「事」。「總」，單、八、平、十、永作「揔」。

三十葉九行疏　故特言吉士。「士」，平作「事」。

三十葉九行疏　正義曰周公攝政之時。「時」，要作「詩」。

三十葉十行疏　其作立政之篇。「其」下八有一字空白。○物觀《補遺》：其作立政之篇。

〔宋板〕「其」、「作」間空一字。○阮元《校記甲》：其作立政之篇。宋板「其」、「作」間空一字。○阮元《校記乙》：其作立政之篇。宋板「其」下空一字。

三十葉十行疏　而此有三卿及次卿衆大夫。　「次」，要作「此」。

三十葉十一行疏　有若周禮小宰之類是也。　「小」，平作「太」。

三十葉十一行疏　王乃大巡六師。　「師」，平作「卿」。

三十葉十二行疏　牧誓亦云。司徒。司馬。司空。舉之三卿者。　○浦鏜《正字》：牧誓亦云，司徒、司馬、司空，舉之三卿者。「之」，疑衍字。○盧文弨《拾補》：牧誓亦云，司徒、司馬、司空舉三卿者。毛本「舉」下衍「之」字。○《定本校記》：舉之三卿者。「之」字疑譌。

三十葉十三行疏　蠻夷至用賢。　「蠻」，平作「蠻」。

三十葉十四行疏　以一尹總之。故傳言蠻夷微盧之衆帥。　「總」，單、八、平、十、永作「揔」。「蠻」，平作「蠻」。

三十葉十五行疏　及亳民之歸文王者三所。　「王」，單作「主」。○《定本校記》：及亳民之歸文王者。「王」，單疏本誤作「主」。

三十葉十五行疏　故言師言監。　「師」，單、八、平作「帥」。○山井鼎《考文》：故言師言監。〔宋板〕「師」作「帥」。○盧文弨《拾補》：故言帥言監，亦是言爲之立長。毛本「帥」作

「師」。「師」當作「帥」。○阮元《校記甲》：故言師言監。「師」，宋板作「帥」。阮元《校記乙》同。

三十葉十六行疏　亳人之歸文王。　○阮元《校記甲》：亳人之歸文王。按：疏上下文俱作「亳民」，此「人」字亦當是「民」之誤。阮元《校記乙》同。○《定本校記》：亳人之歸文王。「人」，疑當作「民」。

三十葉十七行疏　文王既未伐紂。　「紂」，要作「亳」。

三十葉十八行疏　三亳爲巳歸周。　「巳」，平作「以」。「歸」上要無「巳」字。

三十一葉二行疏　故言阪尹。　「言」，要作「亦」。

三十一葉二行疏　南轘轅。　「南」，十作「陶」，阮作「陶」。○阮元《校記甲》：南轘轅。「南」，十行本誤作「陶」。○阮元《校記乙》：陶轘轅。毛本「陶」作「南」。案：「陶」字誤。○張鈞衡《校記》：南轘轅。阮本「南」作「陶」，誤。

三十一葉二行疏　西降谷也。　「西」，平作「而」。

三十一葉三行疏　穀熟爲南亳。　「穀」，十作「榖」。

三十一葉四行經　文王惟克厥宅心。　○盧文弨《拾補》：文王惟克厥宅心。石經「惟」作「維」。「克」，石經無。石經「宅」作「度」。

三十一葉四行經　司牧人以克俊有德。　○《定本校記》：司牧人以克俊有德。燉煌本甲、九條本、内野本、神宮本無「司」字，清原宣賢手鈔本引家本亦無。

三十一葉五行注　文王惟其能居心遠惡舉善。　○浦鏜《正字》：文王惟其能居心，遠惡舉善。「其能」字當誤倒。○盧文弨《拾補》：文王惟其能居心遠惡舉善。「其能」，浦疑當是「能其」。○《定本校記》：文王惟其能居心。燉煌本、九條本、内野本、神宮本無「能」字，清原宣賢手鈔本引家本亦無。

三十一葉五行注　乃能立此常事。司牧人。　○山井鼎《考文》：乃能立此常事，司牧人。〔古本〕「人」上有「之」字。○阮元《校記甲》：乃能立此常事，司牧人。「人」上古本有「之」字。○《定本校記》：司牧人，用能俊有德者。「牧」下内野本、神宮本、足利本有「之」字。

三十一葉六行釋文　遠于萬反。　「遠」下平有「惡上」二字。「萬」，平作「万」。

三十一葉六行經　文王罔攸兼于庶言。　「言」，要作「民」。

三十一葉七行注　文王無所兼知。　「文」，平作「又」。「無」，王作「无」。○《定本校記》：文王無所兼知，於毁譽衆言。九條本、内野本、神宮本無「所」字，清原宣賢手鈔本引家本亦無。

三十一葉八行注　衆當所慎之事。　○山井鼎《考文》：衆當所慎之事。〔古本〕作「衆所當慎之事」。○阮元《校記甲》：衆當所慎之事。「當所」二字古本倒，與疏合。○《定本校記》：衆當所慎之事。「當所」二字，燉煌本、九條本、内野本、神宮本、足利本倒，清原宣賢手鈔本引家本亦然。

三十一葉八行注　惟慎擇有司牧夫而已。　「惟」上八、要有「及」字。○山井鼎《考文》：惟慎擇有司牧夫而已。〔古本〕「擇」上有「惟」字。○阮元《校記甲》：惟慎擇有司牧夫而已。「擇」上古本有「惟」字，非也。阮元《校記乙》同。○《定本校記》：惟慎擇有司牧夫而已。内野本、神宮本無「惟」字，〔足利〕八行本「惟」上衍「及」字。

三十一葉九行注　勞于求才。　「于」，阮作「於」。「才」，要作「財」。

三十一葉九行注　逸於任賢。　「於」，要作「于」。

三十一葉十行注　是萬民順法。　「萬」，平作「万」。

三十一葉十一行注　文王一無敢自知。　「無」，王作「无」。

三十一葉十二行疏　上既總言文武。　「總」，八、平、十、永作「摠」，阮作「揔」。

三十一葉十四行疏　是時萬民或順於法。　「萬」，平作「万」。

三十一葉十六行疏　知此能居心者。　「能」上單、八有「言」字。○山井鼎《考文》：知此能居心者。〔宋板〕「能」上有「言」字。○盧文弨《拾補》：知此言能居心者，以遠惡舉善，居其心也。毛本脱「言」字。○阮元《校記甲》：知此能居心者。「能」上宋板有「言」字。阮元《校記乙》同。

三十一葉十七行疏　○傳文王至任賢○正義曰。下云是訓用違。　「下云」上「○傳文王至任賢○正義曰」，殿、庫作「文王罔攸兼于庶言」。

三十一葉十七行疏　是訓則稱譽之事。　「譽」，平作「訾」。

三十一葉十八行經　不敢替厥義德。　○山井鼎《考文》：不敢替厥義德。〔古本〕「不」作「弗」，「厥」作「其」。「灼知厥若」、「顯在厥世」放此。○盧文弨《拾補》：不敢替厥義德。「厥義」，古本作「其誼」。

三十二葉一行注　亦於武王循惟文王撫安天下之功。　「撫」，十、永、阮作「無」。「功」，十、永、闔、阮作「力」。○阮元《校記甲》：循惟文王撫安天下之功。「功」，十行、闔、葛俱誤作「力」。○阮元《校記乙》：循惟文王撫安天下之力。闔本、葛本同。毛本「力」作「功」，是也。

三十二葉二行經　以並受此丕丕基。　○盧文弨《拾補》：以竝受此丕丕基。石經「此」作

「茲」，「基」作「其」。

三十二葉三行注　故君臣ˇ並受此大大之基業。　「臣」下八、李、纂、平、岳有「以」字。○山井鼎《考文》：故君臣並受。〔古本〕「並」上有「以」字。宋板同。○盧文弨《拾補》：故君臣以竝受此大大之基業。毛本脱「以」字。○阮元《校記甲》：故君臣竝受此大大之基業。「竝」上古、岳、宋板、纂傳俱有「以」字。

三十二葉四行注　傳之△子孫。　○《定本校記》：傳之子孫。燉煌本、九條本無「之」字。

三十二葉四行釋文　傳ˇ直專反。　「傳」下平有「之上」二字。

三十二葉五行疏　又言武王ˇ遵循者。　「遵」上單、八、平有「所」字。○山井鼎《考文》：又言武王遵循者。〔宋板〕「遵」上有「所」字。○盧文弨《拾補》：又言武王所遵循者。毛本脱「所」字。○阮元《校記甲》：又言武王遵循者。「遵」上宋板有「所」字。

三十二葉八行疏　且△王爲天子。　「且」，單、八、魏、平、十、永、閩、毛、殿、庫、阮作「且」。

三十二葉九行注　歎稚子今巳△爲王矣。　「巳」，八、李、王、纂、平、岳、十、永、阮作「以」。○山井鼎《考文》：歎稚子今已爲王矣。〔古本〕「已」作「以」。宋板同。○盧文弨《拾補》：歎稚子今巳爲王矣。「巳」，古本、宋、元竝作「以」。○阮元《校記甲》：歎稚子今巳爲王矣。「巳」，古、岳、宋板、十行俱作「以」。

三十二葉九行注　不可不勤法祖考之德。　○《定本校記》：不可不勤法祖考之德。燉煌本、九條本、内野本、神宮本無「之德」二字，清原宣賢手鈔本引家本亦無。

三十二葉十行經　我其克灼知厥若。　「知」上要無「灼」字。

三十二葉十一行注　繼用今已往。　「用」，纂作「自」。

三十二葉十二行注　則大乃使治之。　○《定本校記》：則大乃使治之。燉煌本、九條本、内野本、神宮本無「之」字。

三十二葉十三行注　然後莫不盡其力。　「其」，八、李、王、纂、平、岳作「心」。○山井鼎《考文》：莫不盡其力。〔古本〕「其」作「心」，宋板同。○浦鏜《正字》：然後莫不盡其心力。脱「心」字，從疏校。○岳本《考證》：然後莫不盡心力。「盡心力」，殿本作「盡其力」。○盧文弨《拾補》：然後莫不盡心力。毛本「心」作「其」。「其」當作「心」。○阮元《校記甲》：然後莫不盡其力。「其」，古、岳、宋板俱作「心」，與疏合。阮元《校記乙》同。

三十二葉十三行釋文　俾。必爾反。　「爾」，王作「尒」。

三十二葉十三行釋文　下同。治直吏反。下同。　「同」下纂無「治。直吏反。下同」六字。

三十二葉十四行經　時則勿有間之。　「間」，八、岳作「閒」。

三十二葉十六行釋文　相如字。　「相」下平有「我上」二字。

三十二葉十六行釋文　下勱相同。　○阮元《校記甲》：相我，下勱相同。「勱」，葉本作「勸」，誤。

三十二葉十六行釋文　間。間厠之間。復。扶又反。　「厠」，平作「⿸疒則」。「之間」下纂無「復。扶又反」四字釋文。「復」上平有「可」字。

三十二葉十八行注　欲其口無擇言如此。　「無」，王作「无」。○山井鼎《考文》：欲其口無擇言。〔古本〕下有「也」字。下註「文王子孫」下同。

三十三葉一行注　以治我所受之民。　○《定本校記》：以治我所受之民。燉煌本、九條本、内野本、神宮本無「之」字。

三十三葉一行釋文　話。户怪反。　「怪」，王作「快」，平作「⿰忄史」，殿、庫作「快」。○浦鏜《正字》：話，户快切。「快」誤「怪」。○阮元《校記甲》：話，户快反。「快」，十行本、毛本俱作「怪」。

三十三葉二行疏　周公既歷説禹湯文武。　「公既」，平作「礼云」。

三十三葉五行疏　及衆當所慎之事。　○阮元《校記甲》：及衆當所慎之事。按：「當所」二字亦宜倒。阮元《校記乙》同。

三十三葉九行疏　及準人牧夫略舉四者以總諸臣。「總」，單、八、平、十、永作「揔」，阮作「揔」。

三十三葉九行疏　戒王任此人也。「也」，要作「事」。

三十三葉十行疏　其能灼然知其能順於事者。「於」，平作「其」。

三十三葉十行疏　各盡心力也。「各」上單、八、平、要有「言」字。○山井鼎《考文》：各盡心力也。〔宋板〕「各」上有「言」字。○盧文弨《拾補》：言各盡心力也。毛本脱「言」字。○阮元《校記甲》：各盡心力也。「各」上宋板有「言」字。

三十三葉十三行疏　正義曰釋詁云。自。用也。「詁」，八、永作「話」。○浦鏜《正字》：釋詁云：自，用也。案：爾雅無文。○盧文弨《拾補》：釋詁云：自，用也。浦云爾雅無文。○《定本校記》：釋詁云。「詁」，〔足利〕八行本誤作「話」。

三十三葉十四行疏　孫炎曰話。善之言也。○浦鏜《正字》：善人之言也。脱「人」字。○盧文弨《拾補》：話，善之言也。浦云「善」下脱「人」字。○《定本校記》：話，善之言也。浦氏云「善」下脱「人」字。案：盤庚正義引有「人」字。

三十三葉十五行疏　純一善言。在於一言而已。「善」下八無「言」字。○山井鼎《考文》：純一善言，在於一言而已。〔宋板〕無上「言」字。○盧文弨《拾補》：純一善，在於一言而已。毛本「善」下衍「言」字，宋本無。○阮元《校記甲》：當用純一善言。宋板無「言」字。（彙校者案：此摘句有誤。）○《定本校記》：純一善言。〔足利〕八行本脱「言」字。

三十三葉十八行經　**予旦已受人之徽言。咸告孺子王矣。**「孺」，毛作「孺」。○盧文弨《拾補》：予旦已受人之徽言，咸告孺子王矣。石經「已受」作「以前」，「徽」作「微」。毛本「孺」作「孺」，與前後異，非。

三十四葉一行注　**皆以告稚子王矣。**○阮元《校記甲》：皆以告稚子王矣。陸氏曰：「稚」，直吏反。本亦作「稺」。按：前章傳已有「稚」字，至此始作音并存别本，未詳其故。阮元《校記乙》同。

三十四葉一行釋文　**本亦作稺。**「亦」上纂無「本」字。

三十四葉三行注　**從今已往。**「已」，八、李、王、纂、平、岳作「以」。○山井鼎《考文》：從今已往。〔古本〕「已」作「以」，宋板同。○阮元《校記甲》：從今已往。「已」，古、岳、宋板、纂傳俱作「以」。

三十四葉三行注　**惟以正是之道。治衆獄衆慎。**「道治」，永作「治道」。

三十四葉七行疏　**嗚呼，至俾乂。**「至」上單、八、平有「予」字。

三十四葉八行疏　旦者周公名也。「旦」，單作「且」。

三十四葉十行疏　亦於我周家文王。「我」字八占兩字之位置。

三十四葉十三行疏　故能使天下治也。「治也」，平作「之治」。

三十四葉十三行經　國則罔有立政用憸人。○阮元《校記甲》：國則罔有立政用憸人。陸氏曰：「憸」，本又作「思」，同也。按：説文：「思」，疾利口也。引詩曰「相時思民」。今詩無此句，蓋引盤庚也。是漢世古文尚書「憸」皆作「思」，孔氏元本亦與之同。陸氏於盤庚不言，至此乃言之，未詳其故。按：集韻引説文作商書「相時思民」，丁度時所見説文尚不誤也。阮元《校記乙》同。

三十四葉十四行經　不訓于德。○《定本校記》：不訓于德。燉煌本、九條本無「于」字。

三十四葉十四行經　是罔顯在厥世。○盧文弨《拾補》：不訓于德，是罔顯在厥世。石經「在」作「哉」。

三十四葉十四行注　商周賢聖之國。○《定本校記》：商周賢聖之國。「賢聖」二字，九條本、内野本、神宫本、足利本倒。

三十四葉十五行注　則無有立政用憸利之人者。「無」，王作「无」。○山井鼎《考文》：用憸利之人者。〔古本〕下有「也」字。

三十四葉十五行注　憸人不順於德。　「順」，阮作「訓」。「於」，要作「于」。○《定本校記》：憸人不順於德。「憸」下九條本有「利」字，清原宣賢手鈔本引家本亦有。

三十四葉十六行注　是使其君無顯名在其世。　「無」，王作「无」。

三十四葉十六行釋文　憸。息廉反。徐七漸反。本又作㤨。馬云。憸利。佞人也。　「息廉反」，平作「息廉又」。「七」，十作「廿」。「本」下纂無「又」字。「馬」上纂、平有「同。憸利之人」五字。○山井鼎《考文》：同憸利之人。謹按「憸，本又作㤨」下有此五字（據經典釋文）。○阮元《校記甲》：憸，憸利之人。「憸」，葉本作「儉」，下並同。按：葉本非也。說文：憸，險詖也。憸利於上，佞人也。从心，僉聲。

三十四葉十七行經　其勿以憸人。　○盧文弨《拾補》：其勿以憸人。石經作「毋以譣人」。

三十四葉十八行注　惟其吉士。　「其」，八、李、王、纂、要、岳作「以」。○山井鼎《考文》：立政之臣，惟其吉士。〔古本〕「其」作「以」。○盧文弨《拾補》：立政之臣，惟以吉士。毛本「以」作「其」，古本作「以」。「其」當作「以」。○阮元《校記甲》：惟其吉士。「其」，古、岳、纂傳俱作「以」。

三十五葉一行疏　無有立政用憸利之人者。　「之」，單、八、平作「小」。○山井鼎《考文》：

無有立政用憸利之人者。〔宋板〕「之」作「小」。○盧文弨《拾補》：無有立政用憸利小人者。毛本「小」作「之」。「之」當作「小」。○阮元《校記甲》：無有立政用憸利之人者。「之」，宋板作「小」。○阮元《校記乙》：無有立政用憸利之人者。宋板「之」作「小」。

三十五葉二行疏　王常繼續從今已往。「常」，單、八、平、十、永、阮作「當」。「已」，平作「以」。○山井鼎《考文》：王常繼續從今已往。〔宋板〕「常」作「當」。○盧文弨《拾補》：王當繼續從今已往。毛本「當」作「常」。「常」當作「當」。○阮元《校記甲》：王常繼續從今已往。「常」，宋板、十行、閩本俱作「當」，是也。

三十五葉二行疏　其惟任用善士使勉力治我國家。「任」，十作「任」。

三十五葉三行疏　教王使用善士勿使小人也。「王」，平作「正」。

三十五葉四行注　言稚子已即政爲王矣。「已」，八、李、王、纂、要、岳作「以」。○山井鼎《考文》：言稚子已即政爲王矣。宋板「已」作「以」。○盧文弨《拾補》：言稚子已即政爲王矣。宋本「已」作「以」。○阮元《校記甲》：言稚子已即政爲王矣。「已」，岳本、宋板俱作「以」。按：「以」、「已」古通用。故篇中數「已」字義各不同，而諸本通作「以」。

三十五葉五行注　獨言臯獄有司。「臯」，要作「重」。

三十五葉七行注　其當能治汝戎服兵器。「治」，李作「治」。「器」，王作「𠾃」。

三十五葉八行釋文　詰。起一反。馬云。實也。「實」，王、纂、平、殿、庫作「寶」，閩作「實」。○山井鼎《考文》：詰，起一反。馬云，實也。〔經典釋文〕「實」作「實」。○浦鏜《正字》：詰，馬云實也。「實」誤「實」。○阮元《校記甲》：詰，馬云實也。「實」，十行本、毛本俱作「實」字。按：王鳴盛云：注疏本采釋文，誤作「實」也。是也。

三十五葉八行注　方。四方。○山井鼎《考文》：方，四方。〔古本〕下有「也」字。

三十五葉九行注　無不服化者。「無」，王作「无」。「無」下八、李、平、要、岳有「有」字。「者」下平、十、永、閩、阮有「乎」字。○山井鼎《考文》：無不服化者。〔古本〕作「無有不服化者」，宋板同。謹按正德、嘉靖二本共無「有」字，「者」下有「乎」字，爲誤。○盧文弨《拾補》：無有不服化者。毛本脱「有」字。○阮元《校記甲》：無不服化者。「無」下古本有「有」字，宋板同。山井鼎曰：正德、嘉靖二本共無「有」字，「者」下有「乎」字，爲誤。按：岳本、纂傳亦俱作「無有不服化者」，與疏合。十行、閩、葛俱與正德本同。○阮元《校記乙》：無不服化者乎。古本「無」下有「有」字，「者」下無「乎」字。宋本同。毛本「有」字、「乎」字並無。山井鼎曰：正德、嘉靖二本共無「有」字，「者」下有「乎」字，爲誤。按：岳本、纂傳亦俱作「無有不服化者」，與疏合。閩、葛俱與正德本同。

三十五葉九行經　以覲文王之耿光。　○盧文弨《拾補》：以覲文王之耿光。石經「耿」作「鮮」。

三十五葉十行注　能使四夷賔服。　「賔」，閩作「賓」。

三十五葉十行注　所以見祖之光明。　○《定本校記》：所以見祖之光明。「光明」二字，燉煌本、九條本、内野本、神宫本倒，清原宣賢手鈔本引家本亦然。

三十五葉十二行注　不可以天官有所私。　○山井鼎《考文》：有所私。〔古本〕下有「也」字。下註「蘇公所行」下同。

三十五葉十三行疏　孺子今巳卽政爲王矣。　「卽」，十、永、阮作「則」。○阮元《校記甲》：孺子今巳卽政爲王矣。「卽」，十行本誤作「則」。○阮元《校記乙》：孺子今已則政爲王矣。毛本「則」作「卽」。案：「則」字誤。

三十五葉十三行疏　王其勿誤於衆治獄之官。　「誤」，十、永、阮作「設」。○阮元《校記甲》：王其勿誤於衆治獄之官。「誤」，十行本誤作「設」。○阮元《校記乙》：王其勿設於衆治獄之官。毛本「設」作「誤」。案：「設」字誤。

三十五葉十四行疏　治獄之吏。 「獄」，閩作「獄」。

三十五葉十六行疏　言任得賢臣。 「任」，十作「任」。

三十五葉十六行疏　後世之王。 ○《定本校記》：後世之王。「王」，〔足利〕八行本誤作「玉」。

三十五葉十七行疏　不可任非其才。 「任」，十作「任」。「非」，十、永、阮作「不」。○阮元《校記甲》：不可任非其才。「非」，十行本誤作「不」。○阮元《校記乙》：不可任不其才。毛本下「不」字作「非」。案：「非」字是。

三十五葉十七行疏　此雖有戒成王。 「有」，單、八、平、殿、庫作「指」。○山井鼎《考文》：此雖有戒成王。〔宋板〕「有」作「指」。○浦鏜《正字》：此雖有戒成王。「有」疑。○盧文弨《拾補》：此雖指戒成王。毛本「指」作「有」。「有」當作「指」。○阮元《校記甲》：此雖有戒成王。「有」，宋板作「指」。

三十六葉一行疏　欲其重刑言。 「言」，殿、庫作「官」。

三十六葉三行疏　如禹之陟方意亦然。 「禹」，單、八作「舜」。○山井鼎《考文》：如禹之陟方意亦然。〔宋板〕「禹」作「舜」。○浦鏜《正字》：如禹之陟方意亦然。「禹」當「舜」字誤。○盧文弨《拾補》：如舜之陟方意亦然。毛本「舜」作「禹」。「禹」當作「舜」。○阮元《校記甲》：如禹之陟方。「禹」，宋板作「舜」。按：宋本是也。阮元《校記乙》同。

三十六葉三行疏　方四至化者。「化者」，平作「者乎」。

三十六葉九行注　言主獄當求蘇公之比。「當」，李作「常」。○《定本校記》：言主獄當求蘇公之比。燉煌本、九條本、神宮本無「之」字。

三十六葉九行釋文　比。必二反。「比」上平有「之」字。

三十六葉十一行注　太史掌六典。「太」，李作「大」。

三十六葉十二行注　有廢置官人之制。「人之」，要作「之人」。

三十六葉十二行注　故告之。「之」下要有「立政」二字。

三十六葉十二行釋文　行。如字。「行」上纂、平有「慎」字。

三十六葉十七行疏　知其言主獄之官。「主」，永作「言」。

三十六葉十七行疏　此法至告之。「此」，永作「比」。

三十六葉十八行疏　周公言然之時。○阮元《校記甲》：周公言然之時。按：「然」字恐係「此」字之譌。阮元《校記乙》同。

三十七葉一行疏　故必以其列用中罰。「故」，平作「故」。

三十七葉一行疏　美蘇公治獄。　「美」，平作「羙」。

三十七葉二行疏　周禮大宰以八柄詔王。　「大」，單、八、平、十、永、閩、阮作「太」。

三十七葉二行疏　以副貳大宰。　「大」，單、八、平、十、永、閩、阮作「太」。

三十七葉二行疏　是大史有廢置官人之制。　「大」，單、八、平、十、永、閩、毛、殿、庫、阮作「太」。

尚書註疏卷第十八　漢孔氏傳　唐孔穎達疏

皇明朝列大夫國子監祭酒臣田一儁

奉訓大夫司經局洗馬管司業事臣盛訥等奉

勅重校刊

周官第二十二

周書

成王既黜殷命。滅淮夷。傳黜殷在周公東征時。滅淮夷在成王即政後。事相因。故連言之。還歸在豐作周官。傳成王雖作洛邑。猶還西周。

周官傳言周家設官分職用人之法。疏成王至周官○正義曰。成王於周公攝政之時。既黜殷命。及其即位之後。滅淮夷。於是天下大定。自滅淮夷。還歸在豐。號令羣臣。言周家設官分職。用人之法。史敘其事。作周官。○傳黜殷至言之○正義曰。據金縢之經。大誥之序。知黜殷命在周公攝政三年東征之時也。據成王政之序。費誓之經。知滅淮夷在成王即政之後也。淮夷於攝政之時與武庚同叛。成王既滅淮夷。天下始定。淮夷本因武庚而叛。黜殷命與滅淮夷。其事相因。故雖則異年而連言之。以見天下既定。乃作周官故也。下經言四征弗庭。是黜滅之事也。罔不承德。是安寧之狀也。序顧經文。故追言黜殷命。以接滅淮夷。見征伐乃安定之意也。○傳成王至西周○正義曰。以洛誥之文言王在新邑。今復云在豐。故解之也。史記周本紀云。太史公曰。學者皆稱周伐紂。居洛邑。綜其實不然。武王營之。成王使召公卜居九鼎焉。而周復都豐鎬。是言成王雖作洛邑。猶還西周之事也。多方云：王來自奄。至於宗周。宗周即鎬京也。於彼不解。至此始爲傳者。宗周雖是鎬京。文無豐鎬之字。故就此解之。武王既以遷鎬京。今王復在豐者。豐鎬相近。舊都不毁。豐有文王之廟。故事就豐宣之故也。○傳言周至之法。○正義曰：周禮每官言人之員數及職所掌。立其定法。授與成王。成王即政之初。即有淮夷叛逆。未暇得以立官之意號令羣臣。今既滅淮夷。天下清泰。故以周家設官分職用人之法。以誥羣臣。使知立官之大旨也。設官分職。周禮序官之文。言設置羣官。分其職掌。經言立三公六卿。是設官也。各言所掌。是分職也。各舉其官之所掌。示以才堪乃得居之。是說用人之法。

惟周王撫萬邦。巡侯甸。傳即政撫萬國。巡行天下。侯服甸服。四征弗庭綏厥兆民。傳四面征討諸侯之不直者。所以安其兆民。十億曰兆。言多。六服羣辟罔不承德歸于宗周董正治官。傳六服諸侯。奉承周德。言協服。還歸於豐。督正治理職司之百官。○辟。必亦反。治。直吏反。下至冢宰經注同。疏惟周至治官。○正義曰。惟周之王者。布政教。撫安萬國。巡行天下侯服甸服。四面征討諸侯之不直者。所以安其海内兆民。六服之内。羣衆諸侯之君。無有不奉承周王之德者。自滅淮夷而歸於宗周豐邑。乃督正治理職司之百官。敘王發言之端也。○傳郎政至甸服。○正義曰。檢成王政之序。與費誓之經。知成王郎政之年。奄與淮夷又叛。叛郎往伐。今始還歸。多方云。五月丁亥。王來自奄至于宗周。與此滅淮夷而還歸在豐爲一事也。年初始叛。五月郎歸其間未得巡守於四方也。而此言撫萬國。巡行大下。其實止得撫巡向淮夷之道。所過諸侯爾。未是用四仲之月大巡守也。以撫諸侯巡守。是天子之大事。因即大言之爾。周之法制無萬國也。惟伐淮夷。非四征也。言萬國四征。亦是大言之爾。六服而惟言侯甸者。二服去圻最近。舉近以言之。言王巡省徧六服也。○傳四面至言多○正義曰。四征。從京師而四面征也。釋詁云。庭。直也。綏。安也。諸侯不直。謂叛逆王命。侵削下民。故四面征討諸侯之不直者。所以安其兆民。楚語云。十日百姓。千品萬官。億醜兆民。每數相十。知十億曰兆。稱兆言其多也。○傳六服至百官○正義曰。周禮九服。此惟言六者。夷鎮蕃三服。在九州之外夷狄之地。王者之於夷狄。羈縻而已。不可同於華夏。故惟舉六服。諸侯奉承周德。言協服也。序云還歸在豐。知宗周即豐也。周爲天下所宗。王都所在。皆得稱之。故豐鎬與洛邑皆名宗周。釋詁云。董。督正也。是董得爲督。督正治理職司之百官。下戒勅是董正也。

王曰。若昔大猷。制治于未亂。保邦于未危。傳言當順古大道。制治安國。必于未亂未危之前。思患預防之。

疏 王曰至未危 ○正義曰。治。謂政教。邦。謂國家。治有失則亂。家不安則危。恐其亂則預爲之制。慮其危則謀之使安。制其治於未亂之前。安其國於未危之前。張官設府。使分職明察。任賢委能。令事務順理。如是則政治而國安矣。標此二句於前。以示立官之意。必於未亂未危之前爲之者。思患而預防之。思患而預防之。易既濟卦象辭也。

曰唐虞稽古建官惟百內有百揆四岳外有州牧侯伯。傳 道堯舜考古以建百官。內置百揆四岳。象天之有五行。外置州牧十二。及五國之長。上下相維。外內咸治。言有法。○長。竹丈反。下官長。助長。並同。

庶政惟和萬國咸寧。傳 官職有序。故衆政惟和。萬國皆安。所以爲正治。**夏商官倍。亦克用乂。**傳禹湯建官二百。亦能用治。言不及唐虞之清要。**明王立政。不惟其人。**傳言聖帝明王。立政修教。不惟多其官。惟在得其人。疏曰唐虞至其人。○正義曰。既言須立官之意。乃追述前代之法。止而復言。故更加一曰。唐堯虞舜。考行古道。立官惟數止一百也。内有百揆四岳者。百揆。揆度百事。爲羣官之首。立一人也。四岳。内典四時之政。外主方岳之事。立四人也。外有州牧侯伯。牧一州之長。侯伯五國之長。各監其所部之國。外内置官。各有所掌。衆政惟以協和。萬邦所以皆安也。夏禹商湯立官倍多於唐虞。雖不及唐虞之清簡。亦能用以爲治。明王立其政教。不惟多其官。惟在得其人。言自古制法。皆明開官司。求賢以處之也。○傳道堯至有法。○正義曰。百人無主。不散則亂。有父則有君也。君不獨治。必須輔佐。有君則有臣也。易序卦云。有父子然後有君臣。則君臣之興。次父子之後。人民之始。則當有之。未知其所由來也。雖遠舉唐虞復考古也。說命曰。明王奉若天道。建邦設都。則王者立官。皆象天爲之。故内置百揆四岳。象天之有五行也。五行佐天。羣臣佐主。以此爲象天爾。不必其數有五。乃象五行。故以百揆四岳爲五行之象。左傳。少昊立五鳩氏。顓頊已來。立五行之官。其數亦有五。故置於五行矣。舜典云。肇十有二州。此說虞事。知置州牧十二也。侯伯謂諸侯之長。益稷篇。禹言治水時事云。外薄四海。咸建五長。知侯伯是五國之長也。成王說此事者言堯舜所制。上下相維。内外咸治。言有法也。此言建官惟百。夏商官倍。則唐虞一百。夏商二百。禮記明堂位云。有虞氏官五十。夏后氏官百者。禮記是後世之言。不與經典合也。

今予小子。祗勤于德。夙夜不逮。（傳）今我小子。敬勤於德。雖夙夜匪懈。不能及古人。言自有極。○逮。音代。一音大計反。懈。佳賣反。

仰惟前代時

若訓迪厥官。傳 言仰惟先代之法是順，訓蹈其所建官而則之。不敢自同堯舜之官，準擬夏殷而蹈之。

立太師太傅太保。茲惟三公。論道經邦。燮理陰陽。傳 師，天子所師法。傅，傅相天子。保，保安天子於德義者。此惟三公之任，佐王論道，以經緯國事，和理陰陽。言有德乃堪之。○燮，素協反。相，息亮反。

官不必備，惟其人。傳 三公之官，不必備員，惟其人有德乃處之。○處，昌呂反。

少師少傅少保。曰三孤。傳 此三官名曰三孤。孤，特也。言卑於公，尊於卿，特置此三者。○少，詩照反，下同。

貳公弘化。寅亮天地。

弼予一人。傳副貳三公。弘大道化。敬信天地之教。以輔我一人之治。冢宰掌邦治。統百官。均四海。傳天官卿稱太宰。主國政治。統理百官。均平四海之内邦國。言任大。司徒掌邦教。敷五典。擾兆民。傳地官卿司徒。主國教化。布五常之教。以安和天下衆民。使小大皆協睦。○擾而小反。徐音饒。宗伯掌邦禮。治神人。和上下。傳春官卿宗廟官長。主國禮。治天地神祇人鬼之事。及國之吉凶賓軍嘉五禮。以和上下尊卑等列。司馬掌邦政。統六師。平邦國。傳夏官卿主戎馬之事。掌國征伐。統正六軍。平治王邦四方國之亂者。司寇掌邦禁。詰姦慝刑暴亂。傳 秋官卿。主寇賊法禁。治姦惡。刑強暴作亂者。夏司馬討惡助長物。秋司寇刑姦順時殺。司空掌邦土。居四民。時地利。傳 冬官卿。主國空土。以居民士農工商四人。使順天時。分地利。授之土。能吐生百穀。故曰土。六卿分職。各率其屬。以倡九牧。阜成兆民。傳 六卿各率其屬官大夫士。治其所分之職。以倡道九州牧伯爲政。大成兆民之性命。皆能其官則政治。○倡。尺亮反。下同。阜。音負。治。直吏反。疏 今予至厥官○正義曰。王言今我小子。敬勤於德。雖早夜不懈怠。猶不能及於唐虞。仰惟先代夏商之法是順。順蹈其前代建官而法則之。言不敢同堯舜之官。準擬行夏殷之官爾。若與訓。俱訓爲順也。○傳師天至堪之○正義曰。三公俱是教道天子。輔相天子。緣其事而爲之名。三公皆當運致天子使歸於德義。傳於保下言保安天子於德義。總上三者言皆然也。禮記文王世子云。師也者。教之以事而喻諸德者也。保也者。慎其身以輔翼之而歸諸道者也。道德別掌者。內得於心。出行於道。道德不甚相遠。因其並釋師保。故分配之爾。於公云燮理陰陽。於孤云寅亮天地。和理敬信。義亦同爾。以孤副貳三公。故其事所掌不異。○傳天官至任大○正義曰。此經言六卿所掌之事。撮引周禮爲之總目。或據禮文。或取禮意。雖言有小異。義皆不殊。周禮云。乃立天官冢宰。使帥其屬而掌邦治。治官之屬。大宰卿一人。馬融云。冢。大也。宰。治也。大治者。兼萬事之名也。鄭玄云。變冢言大。進退異名也。百官摠焉。則謂之冢。列職於王則稱大。冢者。大之上也。山頂曰冢。是解冢大異名之意。大宰職云。三曰禮典。以

統百官。馬融云。統。本也。百官是宗伯之事也。此統百
官在冢宰之下。當以冢尊。故命統治百官爲冢宰之
事。治官禮官。俱得統之也。禮云。以佐王均邦國。此言
均四海。故傳辨之均平四海之內邦國。與孔意不異。
○傳地官至協睦○正義曰。周禮云。乃立地官司徒。
使帥其屬而掌邦教。以佐王安擾邦國。大宰職云。二
曰教典。以擾萬民。鄭玄云。擾。亦安也。言饒衍之。傳亦
以擾爲安。五典即五教也。布五常之教。以安和天下
之人民。使小大協睦也。舜典云。契爲司徒。敬敷五教。
周禮。司徒掌十有二教。一曰以祀禮教敬。則民不苟。
二曰以陽禮教讓。則民不爭。三曰以陰禮教親。則民
不怨。四曰以樂禮教和。則民不乖。五曰以儀辨等。則
民不越。六曰以俗教安。則民不偷。七曰以刑教中。則
民不暴。八曰以誓教恤。則民不怠。九曰以度教節。則
民知足。十曰以世事教能。則民不失職。十有一曰以
賢制爵。則民愼德。十有二曰以庸制祿。則民興功。鄭
玄云。有虞氏五。而周十有二焉。然則十有二。細分五
教爲之。五教可以常行。謂之五典。五典。謂父義。母慈。

兄友。弟恭。子孝也。○傳春官至等列。○正義曰。周禮云。乃立春官宗伯。使帥其屬而掌邦禮。以佐王和邦國。宗。廟也。伯。長也。宗廟官之長。故名其官爲宗伯。其職云。掌建邦之天神人鬼地祇之禮。又主吉凶賓軍嘉之五禮。吉禮之别十有二。凶禮之别有五。賓禮之别有八。軍禮之别有五。嘉禮之别有六。揔有三十六禮。皆在宗伯職掌之文。文煩不可具載。大宰職云。三曰禮典。以和邦國。以諧萬民。其職又有以玉作六瑞。以等邦國。以禽作六贄。以等諸臣。是以和上下尊卑等列也。○傳夏官至亂者。○正義曰。周禮云。乃立夏官司馬。使帥其屬而掌邦政。以佐王平邦國。其職主戎馬之事。有掌征伐。統正六軍。平治王邦四方國之亂者。天子六軍。軍師之通名也。案其職掌九伐之法。馮弱犯寡則眚之。賊賢害民則伐之。暴内陵外則壇之。野荒民散則削之。負固不服則侵之。賊殺其親則正之。放弑其君則殘之。犯令陵政則杜之。外内亂鳥獸行。則滅之。○傳秋官至時殺。○正義曰。周禮云。乃立秋官司寇。使帥其屬而掌邦禁。以佐王刑邦國。其職云。刑邦國。詰四方。馬融云。詰。猶窮也。窮四方之姦也。孔以詰爲治。是主寇賊法禁。治姦慝之人。刑殺其强暴作亂者。夏官主征伐。秋官主刑殺。征伐亦殺人。而官屬異時者。夏司馬討惡。助夏時之長物。秋司寇刑姦。順秋時之殺物也。周禮云。掌邦刑。此云。掌邦禁者。避下刑暴亂之文。故云掌邦禁。○傳冬官至曰土

○正義曰。周禮冬官亡。小宰職云。六曰冬官掌邦事。又云。六曰事職。以富邦國。以養萬民。馬融云。事職掌百工器用耒耜弓車之屬。與此主土居民。全不相當。冬官既亡。不知其本。禮記王制記司空之事云。量地以制邑。度地以居民。足明冬官本有主土居民之事也。齊語云。管仲制法。令士農工商。四民不雜。即此居民使順天時。分地利。授之土也。土則地利爲之名。以其吐生百穀。故曰土也。周禮云事。此云土者。爲下有居四民故云土。以居民爲急故也。

六年五服一朝。傳五服。侯甸男采衛。六年一朝會京師。

又六年。王乃時巡考制度于四

岳。傳 周制十二年一巡守。春東。夏南。秋西。冬北。故曰時巡。考正制度禮法于四岳之下。如虞帝巡守然。

諸侯各朝于方岳大明黜陟。傳 覲四方諸侯。各朝于方岳之下。大明考績黜陟之法。

疏 六年至黜陟○正義曰。此篇說六卿職掌。皆與周禮符同。則六年五服一朝。亦應是周禮之法。而周禮無此法也。周禮大行人云。侯服歲一見。其貢祀物。甸服二歲一見。其貢嬪物。男服三歲一見。其貢器物。采服四歲一見。其貢服物。衛服五歲一見。其貢材物。要服六歲一見。其貢貨物。先儒說周禮者。皆云見謂來朝也。必如所言。則周之諸侯。各以服數來朝。無六年一朝之事。昭十三年左傳叔向云。明王之制。使諸侯歲聘以志業。間朝以講禮。再朝而會以示威。再會而盟以顯昭明。自古以來。未之或失也。存亡之道。恒由是興。說左傳者。以爲三年一朝。六年一會。十二年而盟。事與周禮不同。謂之前代明王之法。先儒未嘗措意。不知異之所由。計彼六年一會。與此六年五服一朝。事相當也。再會而盟。與此十二年王乃時巡。諸侯各朝於方岳。亦相當也。叔向盛陳此法。以懼齊人使盟。若周無此禮。叔向妄說。齊人當以辭拒之。何所畏懼而敬以從命乎。且云自古以來。未之或失。則當時猶尚行之。不得爲前代之法。齊當時之人明矣。明周有此法。禮文不具爾。大行人所云見者。皆言貢物。或可因貢而見。何必見者。皆是遣使自朝乎。遣使貢物。亦應可矣。大宗伯云。時見曰會。殷見曰同。時見殷見。不云年限。時見曰會。何必不是再朝而會乎。殷見曰同。何必不是再會而盟乎。周公制禮。若無此法。豈成王謬言。叔向妄說也。計六年大集。應六服俱來。而此文惟言五服。孔以五服爲侯甸男采衛。蓋以要服路遠。外逼四夷。不必常能及期。故寬言之。而不數也。○傳周制至守然。○正義曰。周禮大行人云。十有二歲王巡守殷國。是周制十二年一巡守也。如舜典所云。春東夏南秋西冬北。以四時巡行。故云時巡。考正制度禮法于四岳之下。如虞帝巡守然。據舜典同律度量衡已下皆是也。王曰：嗚呼！凡我有官君子，欽乃攸司，愼乃出令，令出惟行，弗惟反。傳 有官君子。大夫以上。歎而戒之。使敬汝所司。愼汝出令。從政之本。令出必惟行之。不惟反改。若二三其令。亂之道。以公滅私，民其允懷。傳 從政以公平滅私情。則民其信歸之。學古入官，議事以制，政乃不迷。傳 言當先學古訓。然後入官治政。凡制事。必以古義議度終始。政乃不迷錯。○度。待洛反。其爾典常作之師，無以利口亂厥官。傳 其汝爲政。當以儀典常故事爲師法。

無以利口辯佞。亂其官。疏王曰至厥官。○正義曰。王言而歎曰。嗚呼。凡我有官君子。謂大夫已上有職事者。汝等皆敬汝所主之職事。慎汝所出之號令。令出於口。惟即行之。不惟反之而不用。是去而後反也。爲政之法。以公平之心滅已之私欲。則見下民其信汝而歸汝矣。學古之典訓。然後入官治政。論議時事。必以古之制度。如此則政教乃不迷錯矣。其汝爲政。當以舊典常故事作師法。無以利口辯佞亂其官。敎之以居官爲政之法也。○傳有官至之道。○正義曰。敎之出令。使之號令在下。則是尊官。故知有官君子。是大夫已上也。下云三事暨大夫是也。安危在於出令。故慎汝出令。是從政之本也。令既出口。必須行之。令而不行。是去而更反。故謂之反也。不惟反者。令其必行之。勿使反也。若前令不行而倒反。別出後令以改前令。二三其政。則在下不知所從。是亂之道也。○傳言當至迷錯。○正義曰。襄三十一年左傳。子產云。我聞學而後入政。未聞以政學者也。言將欲入政。先學古之訓典。觀古之成敗。擇

善而從之。然後可以入官治政矣。凡欲制斷當今之
事。必以古之義理議論量度其終始。合於古義。然後
行之。則其爲之政
敎乃不迷錯也。
蓄疑敗謀。怠忽荒政。不學牆面。莅
事惟煩。[傳]積疑不決。必敗其謀。怠惰忽略。必亂其政。
人而不學。其猶正牆面而立。臨政事必煩。○蓄。勑六
反。莅。音利。
又音
類。
戒爾卿士。功崇惟志。業廣惟勤。惟克果斷。乃罔
後艱。[傳]此戒凡有官位。但言卿士。舉其掌事者。功高
由志。業廣由勤。惟能果斷行事。乃無後難。言多疑必
致患。○斷。丁亂
反。下註同。
[疏]蓄疑至後艱○正義曰。又戒羣臣
使彊於割斷。勤於職事。蓄積疑惑。
不能彊斷。則必致其謀慮怠惰忽略。不能恪勤。則荒
廢政事。人而不學。如面向牆。無所覩見。以此臨事。則

惟煩亂不能治理。戒汝卿之有事者。功之高者。惟志意彊正。業之大者。惟勤力在公。惟能果敢決斷。乃無有後日艱難。言多疑必將致後患矣。申說蓄疑敗謀也。

位不期驕。祿不期侈。傳 貴不與驕期而驕自至。富不與侈期而侈自來。驕侈以行己。所以速亡。

恭儉惟德。無載爾僞。傳 言當恭儉。惟以立德。無行姦僞。

作德心逸日休。作僞心勞日拙。傳 爲德直道而行。於心逸豫而名且美。爲僞飾巧百端。於心勞苦而事日拙。不可爲。

居寵思危。罔不惟畏。弗畏入畏。傳 言雖居貴寵。當思危懼。無所不畏。若乃不畏。則入可畏之刑。

推賢讓能。庶官乃和。不和政龐。

傳賢能相讓。俊乂在官。所以和諧。庬。亂也。○庬。武江反。舉能其官。惟爾之能。稱匪其人。惟爾不任。傳所舉能修其官。惟亦汝之功。能。舉非其人。亦惟汝之不勝其任。○勝。音升。王曰。嗚呼。三事暨大夫。敬爾有官。亂爾有政。傳歎而勑之。公卿已下。各敬居汝所有之官。治汝所有之職。以佑乃辟。求康兆民。萬邦惟無斁。傳言當敬治官政。以以助汝君。長安天下兆民。則天下萬國。惟乃無厭我周德。○斁。音亦。長。直良反。厭。於豔反。疏傳爲德至可爲。○正義曰。爲德者自得於己。直道而行。無所經營。於心逸豫。功成則譽顯而名益美也。爲僞者。行違其方。枉道求進。思念欺巧。於心勞苦詐窮。則道屈而事日益拙也。以此故僞不可爲。申說無載爾僞也。

成王既伐東夷。肅慎來賀。傳海東諸夷。駒麗。扶餘。馯貊之屬。武王克商。皆通道焉。成王卽政而叛。王伐而服之。故肅慎氏來賀。○肅慎。馬本作息慎。云北夷也。駒。俱付反。又如字。麗。力支反。馯。戶旦反。地理志音寒。貊。孟白反。說文作貉。北方豸種。孔子曰。貉之言貊。貊。惡也。

王俾榮伯作賄肅慎之命。傳榮。國名。同姓諸侯爲卿大夫。王使之爲命書。以幣賄。賜肅慎之來賀。○俾。必爾反。馬本作辨。

疏成王至之命。○正義曰。成王卽政之初。東夷背叛。成王既伐而服之。東北遠夷。其國有名肅慎氏者。以王戰勝遠來朝賀。王賜以財賄。使榮國之伯爲策書以命肅慎之夷。嘉其慶賀。慰其勞苦之意。史敘其事。作賄肅慎之命名篇也。○傳海東至來賀○正義曰。成王伐淮夷。滅徐奄。指言其國之名。此傳言東夷。非徒淮水之上夷也。故以爲海東諸夷駒麗扶餘馯貊之屬。此皆於孔君之時。有此名也。周禮職方氏。四夷之名。八蠻九貉。鄭玄云北方曰貉。又云東北夷也。漢書有高駒麗扶餘韓。無此馯。馯即彼韓也。音同而字異爾。多方云。王來自奄。奄在後滅。言滅奄即來。必非滅奄之後。更伐東夷。夷在海東路遠。又不得先伐遠夷。後來滅奄。此云成王既伐東夷。不知何時伐之。魯語云。武王克商。遂通道於九夷八蠻。於是肅慎氏來賀。貢楛矢。則武王之時。東夷服也。成王即政。奄與淮夷近者尚叛。明知遠夷亦叛。蓋成王親伐淮夷而滅之。又使偏師伐東夷而服之。君統臣功。故言王伐。不是成王親自伐也。肅慎之於中國。又遠於所伐諸夷。見諸夷既服。故懼而來賀也。○傳榮國至夷亡○正義曰。晉語云。文王諏於蔡原。訪於辛尹。重之以周召畢榮。於文王之時。名次畢公之下。則是大臣也。未知此時榮伯是彼榮公以否。或是其子孫也。同姓諸侯。相傳爲然。注國語者亦云榮周同姓。不知時爲何官。故並云卿大夫。王使榮伯。明使之有所作。史錄其篇名爲賄肅愼之命。明是王使之爲命書。以幣賜肅愼氏之夷也。

周公在豐（傳）致政老歸。**將沒欲葬成周。**（傳）已所營作。示終始念之。**公薨成王葬于畢。**（傳）不敢臣周公。故使近文武之墓。○近附近之近。**告周公作亳姑。**（傳）周公徙奄君於亳姑。因告柩以葬畢之義。序及奄君已定亳姑。言所遷之功成。亡。○柩其久反。

［疏］周公至亳姑 ○正義曰。周公既致政於王。歸在豐邑。將沒。遺言欲得葬於成周。以成周是已所營。示已終始念之。故欲葬焉。及公薨。成王葬於畢。以文武之墓在畢。示已不敢臣周公。使近文武之墓。王以葬畢之義告周公之柩。又周公徙奄君於亳姑。因言亳姑功成。史

敍其事。作亳姑之篇。案帝王世紀云。文武葬於畢。畢在杜南。晉書地道記。亦云畢在杜南。與畢陌別。俱在長安西北。○傳致政老歸○正義曰。周公既還政成王。成王又留爲太師。今言周公在豐。則是去離王朝。又致太師之政。告老歸於豐。如伊尹之告歸也。成王封伯禽於魯。以爲周公後。公老不歸魯而在豐者。文十三年公羊傳云。周公曷爲不之魯。欲天下之一乎周也。何休云。周公聖人。德至重。功至大。東征則西國怨。西征則東國怨。嫌之魯。恐天下迴心趣向之。故封伯禽。命使遥供養。死則奔喪爲主。所以一天下之心于周室。是言周公不歸魯之意也。歸豐者。蓋以先王之都。欲近其宗廟故也。○傳周公至成亡○正義曰。序說葬周公之事。其篇乃名亳姑。篇名與序不相允會。其篇既亡。不知所道。故傳原其意而爲之說。上篇將遷亳姑。序言成王既踐奄。將遷其君於亳姑者。是周公之意。令告周公之柩以葬畢之義。乃用亳姑爲篇名。必是告葬之時。并言及奄君已定於亳姑。言周公所遷之功成。故以名篇也。

君陳第二十三

周書

周公既沒。命君陳分正東郊成周。傳 成王重周公所營。故命君陳。分居正東郊成周之邑里官司。作君陳。傳 作書命之。

君陳傳 臣名也。因以名篇。○鄭註禮記云。周公之子。

王若曰。君陳。惟爾令德孝恭。傳 言其有令德。善事父母。行巳以恭。惟孝友于兄弟。克施有政。傳 言善父母者。必友于兄弟。能施有政令。命汝尹茲東郊。敬哉。傳 正此東郊。監殷頑民教訓之。○監。工銜反。**昔周公。師保萬民。民懷其德。往慎乃司。茲率厥常。**傳言周公師安天下之民。民歸其德。今往承其業。當慎汝所主。此循其常法而教訓之。**懋昭周公之訓。惟民其乂。**傳勉明周公之教。惟民其治。○懋。音茂。治。直吏反。下注政治同。疏周公至君陳。○正義曰。周公遷殷頑民於成周。頑民既遷。周公親自監之。周公既沒。成王命其臣名君陳。代周公監之。分別居處。正此東郊成周之邑。以策書命之。史錄其事。作策書。爲君陳篇名。○傳成王至官司。○正義曰。成周。周之下都。監成周者。正是一邑宰爾。而特命君陳大其事者。成王重周公所營。猶恐殷民有不服之者。故命君陳分居正東郊成周之邑里官司也。以畢命之序言分居。知此分亦爲分居。分別殷民善惡所居。卽畢命所云旌別淑慝，表厥宅里是也。言東郊者，鄭玄云：天子之國，五十里爲近郊。今河南洛陽相去則然。是言成周之邑爲周之東郊也。○傳「臣名」至「名篇」。○正義曰：孔直云「臣名」，則非周公子也。鄭玄注中庸云「君陳蓋周公之子」者，以經云「周公既沒，命君陳」，猶若「蔡叔既沒，命蔡仲」故也。孔未必然矣。○傳「言其」至「以恭」。○正義曰：令德，在身之大名。孝是事親之稱，恭是身之所行。言其善事父母，行已以恭也。釋訓云：「善父母爲孝，善兄弟爲友。」○傳「言善」至「政令」。○正義曰：父母尊之極，兄弟親之甚，緣其施孝於極尊，乃能施友於甚親。言善事父母者必友於兄弟，推此親親之心，以至於疎遠，每事以仁恕行之，故能施有政令也。

我聞曰：至治馨香，感于神明。黍稷非馨，明德惟馨。傳所聞之古聖賢之言，政治之至者，芬芳馨氣動於神明。所謂芬芳，非黍稷之氣，乃明德之馨，勵之以德。

爾尚式時

周公之猷訓惟日孜孜無敢逸豫。傳汝庶幾用是周公之道。教殷民。惟當日孜孜勤行之。無敢自寬暇逸豫。○孜，音茲。疏我聞至逸豫○正義曰。我聞人之言曰。有至美治之善者。乃有馨香之氣。感動於神明。所言馨香感神者。黍稷飲食之氣。非馨香也。明德之所遠及。乃惟為馨香爾。勉勵君陳。使為德也。欲必為明德。惟法周公。汝當庶幾用是周公之道。惟當每日孜孜勤法行之。無敢自寬暇逸豫。教使勤於事也。

凡人未見聖。若不克見。既見聖。亦不克由聖。傳此言凡人有初無終。未見聖道。如不能得見。已見聖道。而不能用之。所以無成。

爾其戒哉。爾惟風。下民惟草。傳汝戒勿為凡人之行。民從上教而變。猶草應風而偃。

不可不慎。圖厥政莫或不艱。有廢有興出入自爾師虞庶言同則繹。傳謀其政無有不先慮其難。有所廢。有所起。出納之事。當用汝衆言度之。衆言同則陳而布之。禁其專。○繹音亦。度待洛反。爾有嘉謀嘉猷則入告爾后于内。爾乃順之于外。傳汝有善謀善道。則入告汝君於内。汝乃順行之於外。曰斯謀斯猷惟我后之德。傳此善謀此善道。惟我君之德。善則稱君。人臣之義。嗚呼臣人咸若時惟良顯哉。傳歎而美之曰。臣於人者。告順此道。是惟良臣。則君顯明於世。王曰。君陳爾惟弘周公丕訓。無依勢作威。無倚法以削。傳 汝爲政。當闡大周公之大訓。無乘勢位作威人上。無倚法制以行刻削之政。寬而有制。從容以和。傳 寬不失制。動不失和。德教之治。○從七容反。殷民在辟。予曰辟。爾惟勿辟。予曰宥。爾惟勿宥。惟厥中。傳 殷人有罪在刑法者。我曰刑之。汝勿刑。我曰赦宥。汝勿宥。惟其當以中正平理斷之。○辟扶亦反。下同。中如字。或竹仲反。斷丁亂反。有弗若于汝政。弗化于汝訓。辟以止辟。乃辟。傳 有不順於汝政。不變於汝教。刑之而懲止。犯刑者乃刑之。狃于姦宄。敗常亂俗。

三細不宥。傳習於姦宄凶惡。毀敗五常之道。以亂風俗之教。罪雖小。三犯不赦。所以絶惡源。○狃，女九反。疏王曰至不宥○正義曰。王呼之曰。君陳。汝今爲政。當弘大周公之大訓。周公既有大訓。汝當遵而行之。使其法更寬大。汝奉周公之訓。無得依恃形勢。以作威於人。無得倚附法制。以行刻削百姓。必當寬容而有法制。使踈而不漏。從容以和協於物。莫爲褊急。此成周殷民。有犯事在於刑法。未斷決者。我告汝曰刑罰之。汝惟勿得刑罰之。我告汝曰赦宥之。汝惟勿得赦宥之。惟其以中正平法斷決之。不得從上意也。其有不順於汝之政令。不化於汝之訓教。其罪既大。當行刑中刑罰一人。可以止息後犯者。故云犯刑者乃刑之。如其罪或輕細。罰不當理。雖刑勿息。故不可輒刑。若有人習於姦宄凶惡。敗五常之道。亂風俗之教。三犯其事者。事雖細小。勿得宥之。以其知而故犯。當殺之以絶惡源也。○傳汝爲至之政○正義曰。君陳之智。必不及周公。而令闡大周公訓者。遵行其法。使廣被於民。卽是闡揚而大之。非遺君陳爲法。使大於周公法也。凡在人上。位貴於人。勢足可畏者。多乘是形勢以作威刑於人。倚附公法以行刻削之政。故禁之也。○傳寬不至之治○正義曰寬不失制。則經寬而有制。動不失和。則經從容以和言動謂從容也。○傳習於至惡源○正義曰。釋言云。狃。復也。孫炎曰。狃。忕前復爲也。古言狃忕。是貫習之義。故以習解狃。習於姦宄凶惡。言爲之不知止也。敗常亂俗。有大有小。罪雖小者。三犯不赦。恐其滋大。所以絕惡源也。此謂所犯小事。言三者。再猶可赦爾。

爾無忿疾于頑。無求備于一夫。傳人有頑嚚不喻。汝當訓之。無忿怒疾之。使人當器之。無責備于一夫。

必有忍。其乃有濟。有容。德乃大。傳爲人君長。必有所含忍。其乃有所成。有所包容。德乃爲大。欲其忍恥藏垢。○長，誅丈反。垢，工口反。**簡厥修，亦簡其或不修。**傳簡別其德行修者，亦別其有不修者。善以勸能，惡以沮否。○別，彼列反。沮，在汝反。否，方九反，又音鄙。**進厥良以率其或不良。**傳進顯其賢良者，以率勉其有不良者，使爲善。

疏「爾無」至「不良」。○正義曰：民者冥也，當以漸教之。故戒君陳：民有不知道者，汝無忿怒疾惡頑嚚之民，當以漸教訓之。無求備於一人，當取其所能。在爲人君，必有所含忍，其事乃有所成；有所寬容，其德乃能大。欲其寬大，不忍褊陿也。汝之爲政，須知民之善惡，簡別其德行修者，亦簡別其有不修德行者，進顯其賢良，以率厲其不良者，欲令其化惡使爲善也。

惟民生厚，因物有遷。傳言人自然之性敦厚，因所見所習之物，有遷變之道，故必慎所以示之。違上所命，從厥攸好。傳人之於上，不從其令，從其所好。故人主不可不慎所好。○好，呼報反。爾克敬典在德，時乃罔不變，允升于大猷。傳汝治人能敬常在道德，是乃無不變化其政教，則信升于大道。惟予一人膺受多福。傳汝能升大道，則惟我一人亦當受其多福，無凶危。其爾之休，終有辭於永世。傳非但我受多福而已，其汝之美名亦終見稱誦於長世，言沒而不朽。○長，如字。朽，許久反。疏惟民至永世。○正義曰：惟民初生，自然之性，皆敦厚矣。因見所習之物，本性乃有遷變。爲惡皆由習效使然。人之情性，好違上所命，命之不必從也。從其君所好。君之所好，民必從之。在上者不可不慎所好也。汝之治民能敬。當從終常在於道德教之。汝以道德教之。是民乃無不變化。民皆變從汝化。則信升于大道矣。汝能如此。惟我一人亦當受其多福無凶危矣。其汝之美名。亦終有稱誦之美辭於長世矣。

顧命第二十四

周書

成王將崩。命召公畢公。傳 二公爲二伯。中分天下而治之。率諸侯相康王作顧命。傳 臨終之命曰顧命。○相。息亮反。顧。工戶反。馬云。成王將崩。顧命康王。命召公畢公。率諸侯輔相之。疏 成王至顧命○正義曰。成王病困將崩。召集羣臣。以言命太保召公。太師畢公。使率領天下諸侯。輔相康王。史敘其事。作顧命。○傳 二公至治之○正義曰。禮記曲禮下文云。九州之長曰牧。五官之長曰伯。是職方。鄭玄云。職。主也。謂爲三公者。是伯分主東西者也。周禮大宗伯云。八命作牧。九命作伯。鄭云。謂上公有功德者。加命爲二伯。此禮文皆伯尊於牧。牧主一州。明伯是中分天下者也。禮言職方。是各主一方也。此二伯即以三公爲之。隱五年公羊傳云。諸公者何。天子三公。天子三公者何。天子之相也。天子之相何以三。自陝而東者。周公主之。自陝而西者。召公主之。一相處乎內。是言三公爲二伯也。公羊傳。漢世之書。陝縣者。漢之弘農郡所治。其地居二京之中。故以爲二伯分掌之界。周之所分。亦當然也。公羊傳所言周召分主。謂成王即位之初。此時周公已薨。故畢公代之。周官篇。三公之次。太師太傅太保。太保最在下。此篇以召公爲先者。三公命數尊卑同也。王就其中委任賢者。任之重者則在前耳。○傳臨終至顧命○正義曰。說文云。顧。還視也。鄭玄云。迴首曰顧。顧是將去之意。此言臨終之命曰顧命。言臨將死去。迴顧而爲語也。

顧命(傳)實命羣臣叙以要言。
惟四月哉生魄王不懌(傳)成王崩年之四月始生魄月
十六日王有疾故不悅懌。○懌音亦。馬本作不釋。云不釋疾不解也。甲子。
王乃洮頮水相被冕服憑玉几(傳)王大發大命臨羣
臣必齊戒沐浴今疾病故但洮盥頮面扶相者被以
冠冕加朝服憑玉几以出命。○洮他刀反徐音逃馬云洮洮髮也頮音悔說
文作沬云古文作頮馬云頮頮面也被皮義反徐扶
僞反注同憑皮冰反下同說文作凭云依倚也字林
同父冰反齊側皆反盥
音管又音灌朝直遥反乃同召太保奭芮伯彤伯畢
公衛侯毛公(傳)同召六卿下至御治事太保畢毛稱

公則三公矣。此先後六卿次第。冢宰第一。召公領之。司徒第二。芮伯爲之。宗伯第三。彤伯爲之。司馬第四。畢公領之。司寇第五。衞侯爲之。司空第六。毛公領之。召。芮。彤。畢。衞。毛。皆國名。入爲天子公卿。○更。音釋。芮。如銳反。彤。徒冬反。

師氏。虎臣。百尹。御事。傳師氏。大夫官。虎臣。虎賁氏。百尹。百官之長。及諸御治事者。

疏顧命至御事。○正義曰。發首至百尹御事。敘王以病召臣爲發言之端。自王曰至冐貢于非幾。是顧命之辭也。茲既受命。至立于側階。言命後王崩。欲宣王命布陳儀衞之事也。自王麻冕已下。敘康王受命之事。○傳實命至要言。○正義曰。王之所命。實普命羣臣。序以要約爲言。直云命召公畢公。傳不於上召公畢公之下而解。於顧命之下言之者。以上欲指明三公。中分天下之事。非是揔語。故命不得言之。顧命是揔命羣臣。非但召畢而已。故於此解也。○傳成王至悅懌○正義曰。成王崩年。經典不載。漢書律歷志云。成王即位三十年。四月庚戌朔。十五日甲子哉生魄。即引此顧命之文。以爲成王即位三十年而崩。此是劉歆說也。孔以甲子爲十六日。則不得與歆同矣。鄭玄云此成王二十八年。傳惟言成王崩年。未知成王即位幾年崩也。志又云死魄。朔也。生魄。望也。明死魄生。從望爲始。故始生魄爲月十六日。即是望之日也。釋詁云。懌。樂也。有疾。故不悅懌。下云病日臻。既彌留。則成王遇病已多日矣。於哉生魄下。始言王不懌者。甲子是發命之日。爲洮頮張本耳。○傳王大發至出命○正義曰。凡有敬事。皆當潔清。王將發大命。臨羣臣。必齊戒沐浴。今以病疾之故。不能沐浴故。但洮頮而已。禮。洗手謂之盥。洗面謂之靧。內則云。子事父母。面垢燂潘請靧。頮是洗面。知洮爲盥手。言水。謂洮盥俱用水。扶相王者。以冕服加王。鄭玄云。相者正王服位之臣。謂太僕或當然也。被以冠冕。以冕服被王首也。加朝服。以服加王身也。謂以袞冕朝諸侯之服加王身也。鄭以爲玄冕。知不然者。以顧命羣臣。大發大命以文武之業。傳社稷之重。不應惟服玄冕而已。覲禮王服袞冕而有玉几。此既憑玉几。明服袞冕也。周禮司几筵云。凡大朝覲。王位設黼扆。扆前南向。設左右玉几。是王見羣臣。當憑玉几以出命。○傳同召至公卿○正義曰。下及御事。蒙此同召之文。故云同召六卿。下及御事也。以王病甚。故同時俱召之。太保是三公官名。畢毛又亦稱公。知此三人是三公也。三人是三公。而與侯伯相次。知六者是六卿。衞侯爲司寇而位第五。知此先後是六卿次第也。以三公尊。故特言公。其餘三卿。舉其本爵。見其以國君入爲卿也。太子三公皆以卿爲之。不復别置其人。高官兼攝下司者。漢世以來謂之爲領。故言召公領之。毛公領之。定四年左傳云。康叔爲司寇。知此六人依周禮次第爲六卿也。王肅云。彤。姒姓之國。其餘五國姬姓。畢。毛。文王庶子。衞侯。康叔所封。武王母弟。依世本史記爲説也。○傳師氏至事者○正義曰。周禮師氏中大夫。掌以美詔王。居虎門之左。司王朝得失之事。帥其屬守王之門。重其所掌。故與虎臣並於百尹之上。特言之。尹。訓正也。故百尹爲百官之長。諸御治事。謂諸掌事者。蓋大夫士皆被召也。王肅云。治事。蓋羣士也。

王曰。嗚呼。疾大漸。惟幾。傳自嘆其疾大進。篤惟危殆。○幾。音機。徐音畿。下同。

病日臻。既彌留。恐不獲誓言嗣。茲予審訓命汝。傳病日至。言困甚。已久留。言無瘳。恐不得結信出言嗣續我志。以此故我詳審教命汝。○瘳。敕留反。

昔君文王武王宣重光。奠麗陳教則肄。傳言昔先君文武布其重光累聖之德。定天命。施陳教則勤勞。○重光。馬云。日月星也。大極上元十一月朔旦冬至。日月如疊璧。五星如連珠。故曰重光。重。直龍反。麗。力馳反。肆，徐以至反。又以制反。**肆不違，用克達殷集大命。**傳文武定命陳教，雖勞而不違道，故能通殷爲周，成其大命。**在後之侗，敬迓天威，嗣守文武大訓，無敢昏逾。**傳在文武後之侗稚，成王自斥。敬迎天之威命，言奉順。繼守文武大教，無敢昏亂逾越，言戰慄畏懼。○侗，徐音同，又勑動反，馬本作詷，云：共也。斥，昌亦反。**今天降疾殆，弗興弗悟，爾尚明時朕言。**傳今天下疾我身，甚危殆，不起不悟，言必死。汝當庶幾明是我言，勿忽略。**用敬保元子釗，弘濟于艱難。**傳用奉我言，敬安太子釗。釗，康王名。大度於艱難，勤德政。○釗。姜遼反。又音昭。徐之肴反。柔遠能邇。安勸小大庶邦。傳言當和遠。又能和近。安小大衆國。勸使爲善。思夫人自亂于威儀。爾無以釗冒貢于非幾。傳羣臣皆宜思夫人。夫人自治正於威儀。有威可畏。有儀可象。然後足以率人。汝無以釗冒進于非危之事。

疏王曰至非幾○正義曰。王召羣臣。既集。乃言而歎曰。嗚呼。我疾大進。益重。惟危殆矣。病日日益至。言病困已甚。病既久留於我身。恐一旦暴死。不得結誓出言語以繼續我志。以此故我今詳審教訓命誥汝等。昔先公文王武王。布其重光累聖之德。安定天命。施陳教誨。則勤勞矣。文武定命陳教。雖勞而不違於道。用能通殷爲周。成其大命。代殷爲主。至文武後之侗稚。成王自謂已也。言已常敬迎天之威命。終當奉順天道。繼守文武大教。無敢昏亂逾越。言常戰慄畏懼。恐墜文武之業。今天降疾於我身。甚危殆矣。不能更起。不復覺悟。言已必死。汝等庶幾明是我言。勿忽略之。用我之語。敬安太子釗。大度於艱難。言當安和遠人。又須能和近人。當爲善政。遠近俱安之。又當安勸小大衆國。於彼小大衆國。皆安之勸之。安之使國得安存。勸之使相勸爲善。汝羣臣等思夫人。夫人衆國。各自治正於威儀。有威有儀。然後可以率人。無威無儀。則民不從命。戒使慎威儀也。汝無以釗冒進於非事危事。欲令戒其不爲惡也。○傳病日至命汝○正義曰。病日至者。言日日益至。徧於身體困甚也。已久留者。言病來多日。無瘳愈也。恐死不得結信出言。嗣續我志。志欲有言。若不能言則不能續志。以此及今能言。故我詳審出言教命汝。言已詳審。欲其敬聽之。○傳今天至忽略○正義曰。孔讀殆上屬爲句。今天下疾我身。甚危殆也。不起。言身不能起。不悟。言心不能覺悟。病者形弱神亂。不起不悟。言必死也。

茲既受命還。傳此羣臣已受賜命。各還本位。**出。**

綴衣于庭越翼日乙丑王崩傳綴衣幄帳羣臣旣退徹出幄帳於庭王寢於北墉下東首反初生於其明日王崩○出如字徐尺遂反綴竹衛反下同王崩馬本作成王崩注安民立政曰成幄於角反下同墉音容本亦作牖首式又反

太保命仲桓南宮毛傳冢宰攝政故命二臣桓毛名

俾爰齊侯呂伋以二干戈虎賁百人逆子釗於南門之外傳臣子皆侍左右將正太子之尊故出於路寢門外使桓毛二臣各執干戈於齊侯呂伋索虎賁百人更新逆門外所以殊之伋爲天子虎賁氏○伋必爾反伋居及反齊侯名太公子

延入翼室恤宅宗傳明

室路寢。延之使居憂。爲天下宗主。丁卯命作冊度。傳三日命史爲冊書法度。傳顧命於康王。○度，度舊音待洛反，恐誤，注云。作冊書法度。音宜如字。傳直專反。疏兹既至冊度○正義曰。此羣臣既受王命還復本位。出連綴之衣。王所坐幄帳。置之於庭。於其明日乙丑王崩矣。太保召公命仲桓南宮毛。使此二人於齊侯呂伋之所。以二干戈。桓毛各執其一。又取虎賁之士百人。迎太子釗於南門之外。逆此太子。使入於路寢明室。令太子在室當喪憂居。爲天下宗主。正其將王之位。以繫羣臣之心也。○傳此羣至本位○正義曰。周禮射人掌國之三公孤卿大夫之位。三公北面。孤東面。卿大夫西面。鄭玄云。不言士者。此與諸侯之賓射。士不與也。凡朝燕及射。臣見於君之禮同。鄭知然者。以周禮司士掌治朝之位。與射人同。是天子之朝位與射禮位同。案燕禮。小臣納卿大夫。卿大夫皆北面。公命爾卿。東方西面。爾大夫。大夫少進。皆北面。大射禮其位亦然。

是諸侯燕位與射位同。故云朝燕及射。臣見於君之
禮同。但天子臣多。故三公北面。孤東面。卿大夫西面。
諸侯臣少。故卿西面。大夫北面。其士與天子同。皆門
內西方東面。其入門當立定位如此。及王呼與言。必
各自前進。已受顧命。退還本位者。謂還本治事之位。
故孔下傳云。朝臣就次。謂退王庭而還治事之處。○
傳綴衣至王崩○正義曰。綴衣者。連綴衣物。出之於
庭。則是從內而出。下云狄設黼扆綴衣。則綴衣是黼
扆之類。黼扆是王坐立之處。知綴衣是施張於王坐
之上。故以爲幄帳也。周禮幕人。掌帷幕幄帟綬之事。
鄭玄云。在旁曰帷。在上曰幕。帷幕皆以布爲之。四合
象宮室曰幄。王所居之帳也。帟。王在幕若幄中坐上
承塵也。幄帟皆以繒爲之。然則幄帳是黼扆之上所
張之物。所言出綴衣於庭。則亦幷出黼扆。故下句云
象王平生之時。更復設之。王發顧命。在此黼扆幄帳
之坐。命訖。乃復反於寢處。以王病重。不復能臨此坐。
故徹出幄帳於庭。將欲爲死備也。傳更解徹去幄帳
之意。以王病困寢不在此。喪大記云。疾病。君大夫徹

懸。士去琴瑟。寢東首於北墉下。廢牀。鄭玄云廢去也。人始生在地。去牀。庶其生氣反也。記言君大夫士。則尊卑皆然。故知此時。王亦寢於北墉下。東首。反初生也。○傳臣子至賁氏○正義曰。天子初崩。太子必在其側。解其迎於門外之意。於時臣子皆侍左右。將正太子之尊。故使太子出於路寢門外。更迎入所以殊之也。經言以二干戈文在齊侯呂伋下。似就齊侯取干戈。傳言使桓毛二臣各執干戈。於齊侯呂伋索虎賁。則是執干戈就齊侯。傳似反於經者。於時新遭大禍。內外嚴戒。桓毛二人。必是武臣宿衞。先執干戈。太保就命使之執干戈以往。傳達其意。故移干戈之文於齊侯之上。傳言是實也。經言於齊侯呂伋下。言以二干戈虎賁百人者。指說迎太子之時。有此備衞耳。非言二人干戈亦是齊侯授也。周禮虎賁氏下大夫。其屬有虎士八百人。知伋爲天子虎賁氏。故就伋取虎賁也。○傳明室至宗主○正義曰。釋言云。翼明也。喪大記云。君大夫卒於路寢。以諸侯薨於路寢。知天子亦崩於路寢。今延太子入室。必延入喪所。知翼室是明室。謂路寢也。路寢之大者。故以明言之。延之使憂居喪主。爲天下宗主也。○傳三日至康王○正義曰。周禮內史掌策命。故命內史爲策書也。經不言命史。史是常職。不假言之。將崩雖口有遺命。未作策書。故以此日作之。既作策書。因作受策法度。下云曰皇后憑王几。宣成王言。是策書也。將受命時。升階即位。及傳命已後。康王荅命。受同祭饗。皆是法度。

越七日癸酉。伯相命士須材。

傳邦伯爲相。則召公於丁卯七日癸酉。召公命士致材木須待以供喪用。○相息亮反。供音恭。

狄設黼扆綴衣。

傳狄下士。扆屏風。畫爲斧文。置戶牖間。復設幄帳。象平生所爲。○黼音甫。徐音補。扆於豈反。屏步經反。畫胡卦反。牖音酉。復扶又反。

疏越七日至綴衣○正義曰。自此以下。至立于側階。惟命士須材。是擬供喪用。其餘皆是將欲傳命布設之士。四坐王之所處者。

器物。國之所寶者。車輅。王之所乘者。陳之所以華國。且以示重顧命。其執兵器立於門內堂階者。所以備不虞。亦爲國家之威儀也。○傳「邦伯至喪用」○正義曰。成王既崩。事皆聽於冢宰。自非召公。無由發命。知伯相。即召公也。王肅云。召公爲二伯相王室。故曰伯相。上言太保命仲桓。此改言伯相者。於此所命士多。非是國相。不得大命諸侯。故改言伯相。以見政皆在焉。於丁卯七日癸酉。則王乙丑崩。於今巳九日矣。於九日始傳顧命。不知其所由也。鄭玄云。癸酉。蓋大斂之明日也。鄭大夫以上殯斂。皆以死之來日數。天子七日而殯。於死日爲八日。故以癸酉爲殯之明日。孔不爲傳。不必如鄭說也。須訓待也。今所命者。皆爲喪事。知命士須材者。召公命士致材木。須待以供喪用。謂椁與明器。是喪之雜用也。案士喪禮。將葬筮宅之後。始作椁及明器。此既殯即須材木者。以天子禮大。當須預營之。故禮記云。虞人致百祀之木。可爲棺椁者斬之。是與士禮不同。顧氏亦云。命士供葬椁之材。○傳「狄下至所爲」○正義曰。禮記祭統云。狄者。樂吏之賤者也。是賤官有名爲狄者。故以狄爲下士。喪大記復魄之禮云。狄人設階。是喪事使狄與此同也。釋宮云。牖戶之間謂之扆。李巡曰。謂牖之東戶之西爲扆。郭璞曰。窗東戶西也。禮云。斧扆者。以其所在處名之。郭璞又云。禮有斧扆形如屏風。畫爲斧文。置於扆地。因名爲扆。是先儒相傳黼扆者。屏風畫爲斧文。在於戶牖之間。考工記云。畫繢之事。白與黑謂之黼。是用白黑畫屏風。置之於扆地。故名此物爲黼扆。上文言出綴衣於庭。此復設黼扆帷幄帳者。象王平生時所爲也。經於四坐之上。言設黼扆綴衣。則四坐皆設之。此經所云狄設。亦是伯相命狄使設之。不言命者。上云命士。此蒙命文。設四坐。及陳寶玉兵器與輅車。各有所司。皆是相命。不言所命之人。從上省文也。

牖間南嚮。敷重篾席。黼純。華玉仍几。傳 篾。桃枝竹。白黑雜繒緣之。華。彩色。華玉以飾憑几。仍。因也。因生時几不改作。此見羣臣覲諸侯之坐。○嚮，許亮反。篾，眠結反。馬云：纖蒻。純，之允反，又之閏反，下同。緣，悅絹反。本或作紃。

西序東嚮，敷重底席綴純，文貝仍几。傳 東西廂謂之序。底，蒻苹。綴，雜彩。有文之貝飾几。此旦夕聽事之坐。○底，之履反。馬云：青蒲也。蒻，音弱。苹，音平。

東序西嚮，敷重豐席畫純，雕玉仍几。傳 豐，莞。彩色爲畫。雕，刻鏤。此養國老饗羣臣之坐。○豐，芳弓反。莞，音官，又音關。鏤，來豆反。

西夾南嚮，敷重筍席玄紛純，漆仍几。傳 西廂夾室之前。筍，蒻竹。玄紛，黑綬。此親屬私宴之坐。故席几質飾。○夾，工洽反，徐音頰，注同。筍，息允反。馬云：箁箬也。徐云：竹子竹爲席。于貧反。紛，孚云反。漆，音七，徐七利反。綬，音受。

越玉五重，陳寶。傳 於東西

序坐北。列玉五重。又陳先王所寶之器物。○越玉馬云。越地所獻玉也。重。直容反。

赤刀大訓弘璧琬琰在西序。傳寶刀。赤刀削。大訓虞書典謨。大璧琬琰之珪。爲二重。○琬紆晚反。琰以冉反。削音笑。

大玉夷玉天球河圖在東序。傳三玉爲三重。夷。常也。球。雍州所貢。河圖。八卦。伏犧王天下。龍馬出河。遂則其文以畫八卦。謂之河圖。及典謨皆歷代傳寶之。○夷玉。馬云。東夷之美玉。說文夷玉。卽珣玗琪。球音求。馬云。玉磬。雍。於用反。本亦作邕。

胤之舞衣大貝鼖鼓在西房。傳胤國所爲舞者之衣。皆中法。大貝如車渠。鼖鼓長八尺。商周傳寶之。西房。西夾坐東。○鼖扶云反，注同。中竹仲反。車尺遮反，車渠車輞也。兌之戈、和之弓、垂之竹矢在東房。傳兌、和，古之巧人。垂，舜共工。所爲皆中法，故亦傳寶之。東房，東廂夾室。○兌徒外反。共音恭。大輅在賓階面，綴輅在阼階面。傳大輅，玉。綴輅，金。面前，皆南向。○阼才故反。向許亮反。先輅在左塾之前，次輅在右塾之前。傳先輅，象。次輅，木。金、玉、象皆以飾車，木則無飾，皆在路寢門内，左右塾前北面。凡所陳列，皆象成王生時華國之事，所以重顧命。○塾音孰，一音育。重直用反。疏「牖間」至「漆仍几」。○正義曰：牖謂窗也。間者，窗東户西，户牖之間也。周禮司几筵云：凡大朝覲、大饗射，凡封國命諸侯，王位設黼扆。扆前南向。設莞筵紛純。加繅席畫純。加次席黼純。左右玉几。彼所設者。即此坐也。又云户牖之間謂之扆。彼言扆前。此言牖間。即一坐也。彼言次席黼純。此言篾席黼純。亦一物也。周禮。天子之席三重。諸侯之席再重。則此四坐所言敷重席者。其席皆敷三重。舉其上席而言重。知其下更有席也。此牖間之坐。即是周禮扆前之坐。篾席之下二重。其次是繅席畫純。其下是莞筵紛純也。此一坐有周禮可據。知其下二席必然。下文三坐。禮無其事。以扆前一坐。敷三重之席。知下三坐必非一重之席。敷三坐。但不知其下二重是何席耳。周禮。天子左右几。諸侯惟右几。此言仍几。則四坐皆左右几也。鄭玄云。左右有几。優至尊也。○傳篾桃至之坐○正義曰。此篾席與周禮次席一也。鄭注彼云。次席。桃枝席。有次列成文。鄭玄不見孔傳。亦言是桃枝席。則此席用桃枝之竹。必相傳有舊說也。鄭注此下則云。篾。析竹之次青者。王肅云。篾席。纖蒻苹席。並不知其所據也。考工記云。白與黑謂之黼。釋器云。緣謂之純。知黼純是白黑雜繒緣之。蓋以白繒黑繪。錯雜彩以緣之。鄭玄注周禮云。斧。謂之黼。其繡白黑采也。以絳帛爲質。其意以白黑之線。縫刺爲黼文以緣席。其事或當然也。華是彩之別名。故以爲彩色。用華玉以飾憑几也。鄭玄云。華玉。五色玉也。仍因也。釋詁文。周禮云。凡吉事變几。凶事仍几。禮之於几有變有仍。故特言仍几。以見因生時几。不改作也。此見羣臣覲諸侯之坐。周禮之文知之。又覲禮。天子待諸侯。設斧扆於户牖之間。左右几。天子衮冕。負斧扆。彼在朝。此在寢爲異。其牖間之坐則同。○傳東西至之坐○正義曰。東西廂謂之序。釋宮文。孫炎曰。堂東西墻。所以別序內外也。禮注。謂蒲席爲蒻苹。孔以底席爲蒻苹。當謂蒲爲蒲蒻之席也。史游急就篇云。蒲蒻藺席。蒲蒻。謂此也。王肅云。底席。青蒲席也。鄭玄云底。致也。篾。纖致席也。鄭謂此底席。亦竹席也。凡此重席。非有明文可據。各自以意說耳。綴者。連綴諸色。席必以彩爲緣。故以綴爲雜彩也。貝者。水虫。取其甲以飾器物。釋魚於貝之下云。餘蚳黃白文。餘泉。白黃文。李巡曰。貝甲以黃爲質。白爲文彩。名爲餘蚳。貝甲以白爲質。黃爲文彩。名爲餘泉。有文之貝飾几。謂用此餘蚳餘泉之貝飾几也。此旦夕聽事之坐。鄭王亦以爲然。牖閒。是見羣臣覲諸侯之坐。見於周禮。其東序西鄉。養國老饗羣臣之坐者。案燕禮云。坐於阼階上。西鄉。則養國老。及饗。與燕禮同。其西序之坐。在燕饗坐前。以其旦夕聽事。重於燕飲。故西序爲旦夕聽事之坐。夾室之坐。在燕饗坐後。又夾室是隱映之處。又親屬輕於燕饗。故夾室爲親屬私宴之坐。案朝士職掌治朝之位。王南面。此西序東鄉者。以此諸坐並陳。避牖閒南鄉。覲諸侯之坐故也。王肅說四坐。皆與孔同。○傳豐莞至之坐○正義曰。釋草云。莞。苻蘺。郭璞曰。今之西方人。呼蒲爲莞。用之爲席也。又云蔍鼠莞。樊光曰。詩云下莞上簟。郭璞曰。似莞而纖細。今蜀中所出莞席是也。王肅亦云。豐席莞。鄭玄云。豐席。刮凍竹席。考工記云。畫繢之事雜五色。是彩色爲畫。蓋以五彩色。畫帛以爲緣。鄭玄云似雲氣畫之爲緣。釋器云。玉謂之彫。金謂之鏤。木謂之刻。是彫爲刻鏤之類。故以刻鏤解彫。蓋雜以金玉。刻鏤爲飾也。○傳西廂至質飾。○正義曰。下傳云。西房。西夾坐東。東房。東廂夾室。然則房與夾室。實同而異名。天子之室有左右房。房。即室也。以其夾中央之大室。故謂之夾室。此坐在西廂夾室之前。故繫夾室言之。釋草云。筍。竹萌。孫炎曰。竹初萌生謂之筍。是筍爲蒻竹。取筍竹之皮以爲席也。紛。則組之小別。鄭玄周禮注云。紛如綬。有文而狹者也。然則紛綬一物。小大異名。故傳以玄紛爲黑綬。鄭於此注云。以玄組爲之緣。周禮大宗伯云。以飲食之禮。親宗族兄弟。鄭玄云。親者使之相親。人君有食宗族飲酒之禮。所以親之也。文王世子云。族食世降一等。是天子有與親屬私宴之事。以骨肉情親。不事華麗。故席几質飾也。○傳於東至器物○正義曰。此經爲下揔目。下復分別言之。越訓於也。於者於其處所。上云西序東嚮。東序西嚮。則序旁已有王之坐矣。下句陳玉復云在西序在東序者。明於東西序坐北也。序者牆之別名。其牆南北長。坐北猶有序牆。故言在西序在東序也。西序二重。東序三重。二序共爲列玉五重。又陳先王所寶之器物。河圖大訓貝鼓戈弓。皆是先王之寶器也。○傳寶刀至二重○正義曰。上言陳寶非寶則不得陳之。故知赤刀爲寶刀也。謂之赤刀者。其刀必有赤處。刀一名削。故名赤刀削也。禮記。少儀記執物授人之儀云。刀授穎。削授拊。鄭玄云。避用時也。穎。鐶也。拊。謂把也。然則刀施鐶。削用把。削似小於刀。相對爲異。散文則通。故傳以赤刀爲赤刀削。吳錄稱吳人嚴白虎聚衆反。遣弟輿詣孫策。策引白削所席。輿體動。曰。我見刃爲然。然赤刀爲赤削。白刃爲白削。是削爲刀之別名明矣。周禮考工記云。築氏爲削。合六而成規。鄭注云。曲刃刀也。又云。赤刀者。武王誅紂時。刀赤爲飾。周正色。不知其言何所出也。大訓。虞書典謨。王肅亦以爲然。鄭云。大訓。謂禮法先王德教。皆是以意言耳。弘。訓大也。大璧。琬琰之圭。爲二重。則琬琰共爲一重。周禮典瑞云。琬圭以治德。琰圭以易行。則琬琰別玉而共爲重者。蓋以其玉形質同。故不別爲重也。考工記。琬圭琰圭皆九寸。鄭玄云。大璧大琰。皆度尺二寸者。孔既不分爲二重。亦不知何所據也。○傳三玉至寶之○正義曰。三玉爲三重。與上共爲五重也。夷。常。釋詁文。禹貢。雍州所貢球琳琅玕。知球是雍州所貢也。常玉天球。傳不解。常天之義。未審孔意如何。王肅云。夷玉。東夷之美玉。天球。玉磬也。亦不解稱天之意。鄭玄云。大玉。華山之球也。夷玉。東北之珣玗琪也。天球。雍州所貢之玉色如天者。皆璞未見琢治。故不以禮器名之。釋地云。東方之美者。有醫無閭之珣玗琪焉。東方實有此玉。鄭以夷玉爲彼玉。未知經意爲然否。河圖八卦。是伏羲氏王天下。龍馬出河。遂則其文。以畫八卦。謂之河圖。當孔之時必有書。爲此說也。漢書五行志。劉歆以爲伏犧氏繼天而王。受河圖。則而畫之。八卦是也。劉歆亦如孔說。是必有書明矣。易繫辭云。古者伏犧氏之王天下也。仰則觀象於天。俯則觀法於地。觀鳥獸之文。與地之宜。近取諸身。遠取諸物。於是始作八卦。都不言法河圖也。而此傳言河圖者。蓋易理寬弘。無所不法。直如繫辭之言。所法已自多矣。亦何妨更法河圖也。且繫辭又云。河出圖。洛出書。聖人則之。若八卦不則河圖。餘復何所則也。王肅亦云。河圖。八卦也。璧玉人之所貴。是爲可寶之物。八卦典謨。非金玉之類。嫌其非寶。故云河圖及典謨。皆歷代傳寶之。此西序東序各陳四物。皆是臨時處置。未必別有他義。下二房各有二物。亦應無別意也。○傳胤國至坐東。○正義曰。以夏有胤侯。知胤是國名也。胤是前代之國。舞衣至今猶在。明其所爲中法。故常寶之。亦不知舞者之衣。是何衣也。大貝必大於餘貝。伏生書傳云。散宜生之江淮取大貝。如大車之渠。是言大小如車渠也。考工記。謂車罔爲渠。大小如車罔。其貝形曲如車罔。故比之也。考工記云。鼓長八尺。謂之鼖鼓。釋樂云。大鼓謂之鼖。此鼓必有所異。周興至此未久。當是先代之器。故云商周傳寶之。西序卽是西夾。西夾之前已有南向坐矣。西序亦陳之。寶近在此坐之西。知此在西房者。在西夾坐東也。○傳兌和至夾室。○正義曰。戈弓竹矢。巧人所作。垂是巧人。知兌和。亦古人之巧人也。垂。舜共工。舜典文。若不中法。卽不足可寶。知所爲皆中法。故亦傳寶之。垂是舜之共工。竹矢蓋舜時之物。其兌和之所作。則不知寶來幾何世也。故皆言傳寶之耳。東夾室無坐。故直言東廂夾室。陳於夾室之前也。案鄭注周禮。宗廟路寢。制如明堂。明堂則五室。此路寢得有東房西房者。鄭志張逸以此問鄭。答云。成王崩在鎬京。鎬京宮室。因文武更不改作。故同諸侯之制。有左右房也。孔無明說。或與鄭異。路寢之制。不必同明堂也。○傳大輅至南向○正義曰。周禮巾車掌王之五輅。玉輅。金輅。象輅。革輅。木輅。是爲五輅也。此經所陳四輅。必是周禮五輅之四。大輅。輅之最大。故知大輅。玉輅也。綴輅。繫綴於下。必是玉輅之次。故爲金輅也。面前者。據人在堂上。面向南方。知面前皆南向。謂轅向南也。地道尊右。故玉輅在西。金輅在東。○傳先輅至顧命○正義曰。此經四輅。兩兩相配。上言大輅綴輅。此言先輅次輅。二者各自以前後爲文。王輅。金即次象。故言先輅象。其木輅在象輅之下。故云次輅木也。又解四輅之名。金玉象皆以飾車。三者以飾爲之名。木則無飾。故指木爲名耳。鄭玄周禮注云。革輅。輓之以革而漆之。木輅不輓以革。漆之而已。以直漆其木。故以木爲名。木輅之上。猶有革輅。不以次輅爲革輅者。禮五輅而此四輅。於五之內必將少一。蓋以革輅是兵戎之用。於此不必陳之。故不云革輅而以木輅爲次。馬融王肅皆云。不陳戎輅者。兵事非常。故不陳之。孔意或當然也。鄭玄以綴次是從後之言。二者皆爲副貳之車。先輅是金輅也。綴輅是玉輅之貳。次輅是金輅之貳。不陳象輅革輅木輅者。王於朝祀而已。未知孔鄭誰得經旨。成王殯在路寢。下云二人執惠立于畢門之內。畢門是路寢之門。知此陳設車輅皆在路寢門內也。釋宮云。門側之堂謂之塾。孫炎曰。夾門堂也。塾前陳車。必以轅向堂。故知左右塾前皆北面也。左塾者。謂門內之西。右塾者門內之東。故以北面言之。爲左右所陳坐位器物。皆以西爲上。由王殯在西序故也。其執兵宿衛之人。則先東而後西者。以王在東。宿衛敬新王故也。顧氏云。先輅在左塾之前。在寢門內之西北面。對玉輅。次輅在右塾之前。在寢門內之東。對金輅也。凡所陳列。自狄設黼扆已下。至此。皆象成王生時華國之事。所以重顧命也。鄭玄亦云。陳寶者。方有大事以華國也。周禮典路云若有大祭祀則出路大喪大賓客亦如之是大喪出輅爲常禮也二人雀弁執惠立于畢門之內【傳】士衛殯與在廟同故雀韋弁惠三隅矛路寢門一名畢門○弁皮彦反徐扶變反四人綦弁執戈上刃夾兩階戺【傳】綦文鹿子皮弁亦士堂廉曰戺士所立處○綦音其馬本作騏云青黑色夾徐工洽反戺音俟徐音士廉力占反稜也一人冕執劉立于東堂一人冕執鉞立于西堂【傳】冕皆大夫也劉鉞屬立於東西廂之前堂一人冕執戣立于東垂一人冕執瞿立于西垂【傳】戣瞿皆戟屬立于東西下之階上○戣音逵瞿其俱反徐音衢一人冕執鋭立于側階

傳銳，矛屬也。側階北下立階上。○銳，以稅反。疏二人至側階。○正義曰：禮大夫服冕，士服弁也。此所執者凡有七兵，立於畢門之內及夾兩階立堂下者，服爵弁綦弁者，皆士也，以其去殯遠，故使士爲之。其在堂上服冕者，皆大夫也，以其去殯近，皆使大夫爲之。先門，次階，次堂，從外向内而敘之也。次東西垂，次側階，又從近向遠而敘之也。在門者兩守門，兩廂各一人，故二人。在階者兩廂各二人，故四人。禮記明堂位三公在中階之前。考工記夏后氏世室九階，鄭玄云：南面三，三面各二。鄭玄又云：宗廟及路寢制如明堂，則路寢南面亦當有三階矣。此惟四人夾兩階，不守中階者，路寢制如明堂，惟鄭玄之說耳。路寢三階不書，亦未有明文。縱有中階，中階無人升降，不須以兵衞之。○傳士衞至畢門。○正義曰：士入廟助祭，乃服雀弁，於此服雀弁者，士衞主殯，與在廟同，故爵韋弁也。鄭玄云：赤黑白雀，言如雀頭色也。雀弁同如冕，黑色，但無藻耳。然則雀弁所用當與冕同。阮諶二禮圖云：雀弁以三十升布爲之。此傳言雀韋弁者。蓋以周禮司服云。凡兵事。韋弁服。此人執兵。宜以韋爲之。異於祭服。故言雀韋弁。下云綦弁。孔言鹿子皮爲弁。然則下言冕執兵者。不可以韋爲冕。未知孔意如何。天子五門。臯。庫。雉。應。路也。下云王出在應門之内。出畢門始至應門之内。知畢門即是路寢之門。一名畢門也。此經所陳七種之兵。惟戈。經傳多言之。考工記有其形制。其餘皆無文。傳惟言惠三隅矛。鋭亦矛也。戣瞿皆戟屬。不知何所據也。劉鉞屬者。以劉與鉞相對。故言屬。以似之而别。又不知何以爲異。古今兵器名異體殊。此等形制。皆不可得而知也。鄭玄云。惠狀蓋斜刃。宜芟刈。戈即今之句子戟。劉蓋今鑱斧。鉞。大斧。戣瞿蓋今三鋒矛。鋭。矛屬。凡此七兵。或施矜。或著柄。周禮戈長六尺六寸。其餘未聞長短之數。王肅惟云皆兵器之名也。○

(傳)綦文至立處○正義曰。鄭玄云。青黑曰綦。王肅云。綦赤黑色。孔以爲綦文鹿子皮弁。各以意言。無正文也。大夫則服冕。此服弁。知亦士也。堂廉曰戺。相傳爲然。廉者。稜也。所立在堂下。近於堂稜。○(傳)冕皆至前堂○正義曰周禮司服云大夫之服自玄冕而下知服冕者皆大夫也鄭玄云序內半以前曰堂謂序內簷下自室壁至於堂廉中半以前揔名爲堂此立於東堂西堂者當在東西廂近階而立以備升階之人也○傳戣瞿至階上○正義曰釋詁云疆界邊衛圉垂也則垂是遠外之名此經所言冕則在堂上弁則在堂下此二人服冕知在堂上也堂上而言東垂西垂知在堂上之遠地當於序外東廂西廂必有階上堂知此立於東西堂之階上也○傳銳矛至階上○正義曰鄭王皆以側階爲東下階也然立于東垂者已在東下階上何由此人復共並立故傳以爲北下階上謂堂北階北階則惟堂北一階而已側猶特也

王麻冕黼裳由賓階隮傳王及羣臣皆吉服用西階升不敢當主

卿士邦君麻冕蟻裳入卽位傳公卿大夫及諸侯皆同服亦廟中之禮蟻裳名色玄○蟻魚綺反

太保太史太宗皆麻冕彤裳。傳執事各異裳。彤，纁也。太宗，上宗，卽宗伯也。太保承介圭，上宗奉同瑁，由阼階隮。傳大圭尺二寸，天子守之，故奉以奠康王所位。同，爵名。瑁，所以冒諸侯圭，以齊瑞信，方四寸，邪刻之。用阼階升，由便不嫌。○冒，莫報反。太史秉書，由賓階隮，御王册命。傳太史持册書顧命，進康王，故同階。疏「王麻」至「册命」。○正義曰：此將傳顧命，布設位次，卽上所作法度也。凡諸行禮，皆賤者先置，此必卿下士邦君，卽位既定，然後王始升階，但以君臣之序，先言王服，因服之下，卽言升階，從省文。卿士邦君無所執事，故直言卽位而已。太保、太史、太宗，皆執事之人，故别言衣服，各有所職，不得卽言升階，故别言所執，各從升階爲文次也。卿士王臣。故先於邦君。太史乃是太宗之屬。而先於太宗者。太史之職掌冊書。此禮主以爲冊命。太史所掌事重。故先言之。○傳王及至當主○正義曰。禮績麻三十升以爲冕。故稱麻冕。傳嫌麻非吉服。故言王及羣臣。皆吉服也。王麻冕者。蓋衮冕也。周禮司服。享先王則衮冕。此禮授王冊命。進酒祭王。且衮是王之上服。於此正王之尊。明其服必衮冕也。其卿士邦君。當各以命服。服卽助祭之冕矣。衮。鄭玄周禮注云。衮之衣五章。裳四章。則衮衣之裳。非獨有黼。言黼裳者。以裳之章色。黼黻有文。故特取爲文。詩采菽之篇。言王賜諸侯云。玄衮及黼。以黼有文。故特言之。鄭玄於此注云。黼裳者。冕服有文者也。是言貴文。故稱之。禮。君升阼階。此用西階升者。以未受顧命。不敢當主也。○傳公卿至色玄○正義曰。卿士。卿之有事者。公則卿兼之。此行大禮。大夫亦與焉。略舉卿士爲文。公與大夫必在。故傳言公卿大夫及諸侯。皆同服。言同服吉服。此亦廟中之禮也。言其如助祭。各服其冕服也。禮無蟻裳。今云蟻者。裳之名也。蟻者。蚍蜉蟲也。

此蟲色黑，知蟻裳色玄，以色玄如蟻，故以蟻名之。禮祭服皆玄衣纁裳，此獨云玄裳者，卿士邦君於此無事，不可全與祭同，改其裳以示變於常也。太保、太史有所主者，則純如祭服，暫從吉也。入即位者，鄭玄云卿西面，諸侯北面。鄭玄惟據經卿士邦君言之，其公亦北面，孤東面也。○傳「執事」至「宗伯」○正義曰：此三官各皆執事，俱彤裳，而言各異裳者，各自異於卿士邦君也。彤，赤也。禮祭服纁裳，纁是赤色之淺者，故以彤爲纁，言是常祭服也。太宗與下文上宗一人，即宗伯之卿也。○傳「大圭」至「不嫌」○正義曰：考工記玉人云「鎮圭尺有二寸，天子守之」，鎮圭，圭之大者。介訓大也，故知是彼鎮圭天子之所守，故奉之以奠康王所位，以明正位爲天子也。禮又有大圭長三尺，知介圭非彼三尺圭者，典瑞云「王搢大圭，執鎮圭，以朝日」，玉人云「大圭長三尺，天子服之」，彼搢於紳帶，是天子之笏，不是天子所守，故知非彼三尺之大圭也。上宗奉同瑁，則下文云「天子受同瑁」，太保必奠於位，其奉介圭，下文不言受介圭者，以同瑁升在手中，故不得執

之。太保必奠於其位。但文不見耳。禮於奠爵無名同
者。但下文祭酢皆用同奉酒。知同是酒爵之名也。王
人云。天子執冒四寸以朝諸侯。鄭玄注云。名玉曰冒
者。言德能覆蓋天下也。四寸者。方以尊接卑。以小爲
貴。禮天子所以執瑁者。諸侯即位。天子賜之以命圭。
圭頭邪鋭。其瑁當下邪刻之。其刻闊狹長短如圭頭。
諸侯來朝。執圭以授天子。天子以冒之刻處冒彼圭
頭。若大小相當。則是本所賜。其或不同。則圭是僞作。
知諸侯信與不信。故天子執瑁所以冒諸侯之圭以
齊瑞信。猶今之合符。然經傳惟言圭之長短。不言闊
狹。瑁方四寸容彼圭頭。則圭頭之闊無四寸也。天子
以一瑁。冒天下之圭。則公侯伯之圭闊狹等也。此瑁
惟冒圭耳。不得冒璧。璧亦稱瑞。不知所以齊信。未得
而聞之也。阼階者。東階也。謂之阼者。鄭玄云。冠禮注
云。阼。猶酢也。東階所以荅酢賓客。是其義也。禮。凶事
設洗於西階西南。吉事設洗於東階東南。此太保上
宗。皆行吉事。盥洗在東。故用阼階升。由便。以卑不嫌
爲主人也。鄭玄云。上宗猶太宗。變其文者。宗伯之長。

大宗伯一人。與小宗伯二人。凡三人。使其上二人也。一人奉同。一人奉瑁。傳無明解。當同於鄭也。○傳太史至同階○正義曰。訓御爲進。太史持策書顧命欲以進王。故與王同升西階。鄭玄云。御。猶嚮也。王此時正立賓階上少東。太史東面於殯。西南而讀策書。以命王嗣位之事。孔雖以御爲進。其意當如鄭言。不言王面北可知也。篇以顧命爲名。指上文爲言顧命策書。稟王之意爲言。亦是顧命之事。故傳言策書顧命。

曰。皇后憑玉几。道揚末命。命汝嗣訓。傳冊命之辭。大君成王。言憑玉几所道。稱揚終命。所以感動康王。命汝繼嗣其道。言任重。因以託戒。○憑。皮冰反。**臨君周邦。率循大卞。**傳用是道臨君周國。率羣臣。循大法。○卞。皮彥反。徐扶變反。**燮和天下。用答揚文武之光訓。**傳言用和道和天下。用對揚聖祖文武之大教。敘成王意。王再拜興。

答曰。眇眇予末小子。其能而亂四方。以敬忌天威。傳言微微我淺末小子。其能如父祖治四方。以敬忌天威德乎。謙辭託不能。○眇。彌小反。疏曰皇至光訓○正義曰。此卽丁卯命作之册書也。誥康王曰。大君成王病困之時。憑玉几所道。稱揚將終之教。命汝繼嗣其道。代爲民主。用是道以臨君周邦。率羣臣。循大法。用和道和天下。用對揚聖祖文武之大教。敘成王之意。言成王命汝如此也。○傳册命至託戒○正義曰。言憑玉几所道。以示不憑玉几。則不能言。所以感動康王。令其哀而聽之。不敢忽也。以訓爲道。命汝繼嗣其道。繼父道爲天下之主。言所任者重。因以託戒也。○傳用是至大法○正義曰。卞之爲法。無正訓也。告以爲法之道。令率羣臣循之。明所循者法也。故以大卞爲大法。王肅亦同也。

乃受同瑁。王三宿。三祭。三咤。傳 王受瑁爲主。受同以祭。禮成於三。故酌者實三爵於王。王三進爵。三祭酒。三奠爵。告已受羣臣所傳顧命。○咤。陟嫁反。字亦作宅。又音妬。徐又音託。又豬夜反。說文作詫。丁故反。奠爵也。馬作詫。與說文音義同。上宗曰饗。傳 祭必受福。讚王曰饗福酒。太保受同降。傳 受王所饗同。下堂反於篚。盥以異同秉璋以酢。傳 太保以盥手洗異同。實酒。秉璋以酢祭。半圭曰璋。臣所奉。王已祭。太保又祭。報祭曰酢。○酢。才各反。授宗人同。拜。王答拜。傳 宗人。小宗伯。佐太宗者。太宗供主。宗人供太保。拜曰已傳顧命。故授宗人同。拜。王答拜。尊所受命。**太保受同祭嚌。**傳 太宗既拜而祭。既祭受福。嚌至齒。則王亦至齒。王言饗。太保言嚌。互相備。○嚌。才細反。互。音戶。**宅授宗人同拜王答拜。**傳 太保居其所。授宗人同。拜。白成王以事畢。王答拜。敬所白。○宅。如字。馬同。徐殆故反。**太保降收。**傳 太保下堂。則王亦可知。有司於此盡收徹。○徹。丑列反。又徐直列反。疏 乃受至降收。○正義曰。王受冊命之時。立於西階上少東北面。太史於柩西南東面。讀策書。讀冊既訖。王再拜。上宗於王西南北面。奉同瑁以授王。王一手受同。一手受瑁。王又以瑁受宗人。王乃執同就樽於兩楹之間。酌酒。乃於殯東西面立。三進於神坐前。祭神如前祭几前。祭酒。酹地而奠爵。訖。復位再拜。王又於樽所。別以同酌酒。祭神如前。復三祭。故云三宿。三祭。三咤。然後酌福酒以授王。上宗讚王曰。饗福酒。王再拜受酒。跪而祭。先嚌至齒。興。再拜。太保受同。降自東階。反於篚。又盥以異同。執璋升自東階。適樽所酌酒。至殯東西報祭之。欲祭之時。授宗人同。拜。白王柩云。已傳顧命訖。王則答拜。拜柩。尊所受命。太保乃於宗人處受同。祭柩如王禮。但一祭而已。祭訖。乃受福。祝酌同。以授太保。宗人讚太保曰。饗福酒。太保再拜受同。亦祭先而嚌至齒。興。再拜訖。於所居位授宗人同。太保更拜。白柩以事畢。王又答拜。拜柩。敬所白。王與太保。降階而下堂。有司於是收徹器物。○傳王受至顧命。○正義曰。天子執瑁。故受瑁爲主。同是酒器。故受同以祭。鄭玄云。王既對神。則一手受同。一手受瑁。然既受之後。王受同而祭。則瑁以授人。禮成於三。酌者實三爵於王。當是實三爵而續送。三祭各用一同。非一同而三反也。釋詁云。肅。進也。宿即肅也。故以宿爵而續送。祭各用一同。爲一進。三宿謂三進爵。從立處而三進至神所也。三祭酒。三酹酒於神坐也。每一酹酒。則一奠爵。

三奠爵於地也。爲此祭者。告神言已已受羣臣所傳顧命。白神使知也。經典無此咤字。咤爲奠爵。傳記無文。正以既祭必當奠爵。既言三祭。知三咤爲三奠爵也。王肅亦以咤爲奠爵。鄭玄云。徐行前曰肅。卻行曰咤。王徐行前三祭。又三卻。復本位。與孔異也。○傳祭必至福酒○正義曰。禮於祭末必飲神之酒。受神之福。其人祭則有受嘏之福。禮特牲少牢。主人受嘏福。是受神之福也。其告祭小祀。則不得備儀。直飲酒而已。此非大祭。故於王三奠爵訖。上宗以同酌酒進王。讚王曰。饗福酒也。王取同嚌之。乃以同授太保也。○傳受王至於篚○正義曰。上宗讚王以饗福酒也。卽云太保受同。明是受王所饗同也。祭祀飲酒之禮。爵未用。皆實於篚。既飲皆反於篚。知此下堂反於篚也。○傳太保至曰酢○正義曰。祭祀以變爲敬。不可卽用王同。故太保以盥手。更洗異同。實酒於同中。乃秉璋以酢祭於上。祭後更復報祭。猶如正祭大禮之亞獻也。周禮典瑞云。四圭有邸以祀天。兩圭有邸以祀地。圭璧以祀日月。璋邸射以祀山川。從上而下。遞減其半。知半圭曰璋。祭統云。君執圭瓚。太宗執璋瓚。謂亞獻用璋瓚。此非正祭。亦是亞獻之類。故亦執璋。若助祭公侯伯子男。自得執圭璧也。秉璋以酢。是報祭之事。王已祭。太保又報祭也。酢訓報也。故報祭曰酢。飲酒之禮。稱獻酢者。亦是報之義也。〇傳宗人至受命〇正義曰。上宗爲大宗伯。知宗人爲小宗伯也。太保所以拜者。白成王。言已已傳顧命訖也。將欲拜。故先授宗人同。拜者自爲拜神。不拜康王。但白神。言已傳顧命之事。先告王已受顧命。王答拜者。尊所受之命。亦告神使知。故答拜也。王既祭。則奠同於地。太保不敢奠於地。故以同授宗人。然後拜也。太保既酢祭而拜。則王之奠爵。每奠必拜。於王祭不言拜者。祭酒必拜。乃是常禮。於王不言拜。於太保言拜者。足以見王拜也。〇傳太保至相備〇正義曰。太保受同者。謂太保既拜之後。於宗人邊受前所受之同。而進以祭神。既祭神之後。遂更受福酒。嚌以至齒。禮之通例。啐入口是嚌。至於齒。示飲而實不飲也。太保報王之祭。事與王祭禮同。而史錄其事。二文不等。故傳辨其意。

於太保。言齊至齒。則王饗福酒。亦齊至齒也。於王言上宗曰饗。則太保亦應有宗人曰饗。二文不同。互見以相備。○傳太保至所白○正義曰。宅訓居也。太保居其所。於受福酒之處。足不移。爲將拜。故授宗人同。祭祀既畢而更拜者。白成王以事畢也。既拜。白成王以傳顧命事畢。則王受顧命亦畢。王答拜。敬所白也。

諸侯出廟門俟。傳言諸侯則卿士已下亦可知。殯之所處故曰廟。待王後命。○處，昌呂反。

疏諸侯出廟門俟○正義曰。廟門謂路寢門也。出門待王後命。即作後篇。後篇云。二伯率諸侯入應門。則諸侯之出應門之外。非出廟門而已。以其在廟行事。事畢出於廟門。不言出廟門即止也。

尚書註疏卷第十八

尚書注疏彙校卷十八

周官第二十二

一葉五行經　**周官第二十二**　「二十」，石作「廿」。

一葉九行注　**成王雖作洛邑。**　「洛」，纂作「各」。

一葉九行注　**猶還西周。**　「西周」下王、纂、平、殿、庫有釋文「還音旋，徐音全」六字。○山井鼎《考文》：補脱還音旋，徐音全〔據經典釋文〕。謹按註「猶還西周」。○浦鏜《正字》：「還音旋，徐音全」六字脱。

一葉十行注　**言周家設官分職用人之法。**　「法」，毛作「灋」。○盧文弨《拾補》：言周家設官分職用人之法。毛本「法」作「灋」，雜出。

一葉十行疏　**「成王至周官○正義曰」至「故事就豐宣之故也」。**　○浦鏜《正字》：「成王」至「故也」三百九十八字當在上序下。○盧文弨《拾補》：成王至周官。自此至「大事就豐宣之故也」止，當在序傳之下，官本已移正。○「成王至周官」至「故事就豐宣之故也」，定本在上序傳「猶還西周」下。《定本校記》：周官。此經傳〔足利〕八行本在「作周官」下。今從殿本、浦氏。

一葉十一行疏　及其即位之後。　「及」，平作「反」。「位」，單、八、平作「政」。○山井鼎《考文》：及其即位之後。宋板「位」作「政」。○盧文弨《拾補》：及其即政之後。毛本「政」作「位」。「位」當作「政」。○阮元《校記甲》：及其即位之後。「位」，宋板作「政」。○阮元《校記乙》：及其即位之後。宋板「位」作「政」。

一葉十三行疏　據金縢之經。　「縢」，平作「滕」。

一葉十四行疏　淮夷於攝政之時。　「於」，要、薈作「于」。

一葉十六行疏　罔不承德。是安寧之狀也。　「罔不」，阮作「六服」。○盧文弨《拾補》：罔不承德。是安寧之狀也。「罔不」，元本作「六服」。○阮元《校記甲》：罔不承德。「罔不」，十行本作「六服」，非也。○阮元《校記乙》：六服承德。岳（毛）本「六服」作「罔不」。案：「六服」非也。

一葉十七行疏　傳成王至西周○正義曰。以洛誥之文言王在新邑。　「以洛」上「傳成王至西周○正義曰」，殿、庫作「成王雖作洛邑，猶還西周者」。

一葉十八行疏　史記周本紀云。　「紀」，平、十作「記」。

一葉十八行疏　綜其實不然。　「實」，平作「寔」。

二葉一行疏　成王使召公卜居九鼎焉。　○浦鏜《正字》：成王使召公卜居，居九鼎焉。脱一「居」字。○盧文弨《拾補》：成王使召公卜居九鼎焉。浦云「居」字本重。○《定本校記》：成王使召公卜居九鼎焉。浦氏云「居」字當重。

二葉二行疏　至於宗周。　「於」，薈作「于」。

二葉二行疏　宗周即鎬京也。　「即」上要無「宗周」二字。

二葉二行疏　文無豐鎬之字。　「字」，要作「事」。

二葉三行疏　舊都不毁。　「都」，八、要作「就」。

二葉三行疏　故事就豐宣之故也。　「故」，單、八、平、要作「大」。○山井鼎《考文》：故事就豐宣之故也。〔宋板〕「故事」作「大事」。○浦鏜《正字》：故事就豐宣之故也。疑。○盧文弨《拾補》：大事就豐宣之故也。毛本「大」作「故」。「故」當作「大」。○阮元《校記甲》：故事就豐宣之故也。「故」，宋板作「大」。

二葉四行疏　成王即政之初。　「即」上平無「成王」二字。

二葉六行疏　以誥羣臣。　「誥」，八、要作「詔」。○山井鼎《考文》：以誥羣臣。〔宋板〕「誥」作「詔」。○盧文弨《拾補》：以詔羣臣。毛本「詔」作「誥」。「誥」當作「詔」。○阮元《校記甲》：以誥羣臣。「誥」，宋板作「詔」。○《定本校記》：以誥羣臣。「誥」，〔足利〕八行本誤作「詔」。

二葉七行疏　是説用人之法。　○浦鏜《正字》：是説用人之法。「用」，監本誤「周」。○阮元《校記甲》：是説用人之法。「用」，監本誤作「周」。

二葉九行注　即政撫萬國。　「萬」，王作「万」。

二葉十行注　侯服甸服。　「服」下王、纂、殿、庫有釋文「行，下孟反」四字，平有釋文「巡行，下孟反」五字。○山井鼎《考文》：[補脱]巡行，下孟反〔據經典釋文〕。○浦鏜《正字》：「巡行，下孟切」五字脱。

二葉十行經　四征弗庭。　○山井鼎《考文》：四征弗庭。〔古本〕「弗」作「不」。篇内除「不庭」外皆作「弗」。

二葉十一行注　所以安其兆民。　○山井鼎《考文》：「安其兆民」下、「言多」下、「言協服」下，〔古本〕共有「也」字。

二葉十三行注　還歸於豐△。　「豐」，王作「豊」。

二葉十三行注　督正治理職司之百△官。　「百」，王作「日」。

二葉十四行疏　巡<行天下侯服甸服。　「巡」下八有一字空白。○物觀《補遺》：巡行天下。宋板「巡」、「行」間空一字。○阮元《校記甲》：巡行天下。宋板「巡」、「行」間空一字。○阮元《校記乙》：巡行天下。宋板「巡」下空一字。

二葉十六行疏　檢△成王政之序。　「檢」，平作「撿」。

二葉十七行疏　王來自△奄至于△宗周。　「自」，殿作「白」。「于」，單、八作「於」。

二葉十八行疏　五月即△歸其間未得巡守於△四方也。　「即」，毛作「節」。「守」下要無「於」字。○物觀《補遺》：五月節歸。〔宋板〕「節」作「即」。○浦鏜《正字》：年初始叛，五月即歸。「即」，毛本誤「節」。○盧文弨《拾補》：年初始叛，五月即歸。毛本「即」作「節」。「節」當作「即」。○阮元《校記甲》：五月節歸。「節」，宋板、十行、閩、監俱作「即」，是也。

三葉一行疏　所過<諸侯爾未△是用四仲之月大巡守也。　「過」下單、八、平、要有「之」字。「未」，八作「末」。

三葉二行疏　惟伐淮△夷。　「淮」，單作「准」。

三葉二行疏　言<萬國四征。　「言」下平有一字空白。

三葉三行疏　四面至言多。「面」，阮作「方」。

三葉五行疏　楚語云。「云」，庫作「曰」。

三葉五行疏　十日百姓。「日」，平作「曰」。

三葉五行疏　千品萬官。「千」，平作「于」。

三葉六行疏　夷鎮蕃三服。「鎮」，十作「鎮」。

三葉八行疏　督正也。「督」，平作「督」。

三葉八行疏　是董得爲督。「督」，平作「督」。

三葉八行疏　督正治理職司之百官。「督」，平作「督」。

三葉九行注　言當順古大道。「言當」，平作「當言」。

三葉十行注　必于未亂未危之前。○山井鼎《考文》：必于未亂。〔古本〕「于」作「於」。○盧文弨《拾補》：必於未亂未危之前。毛本「於」作「于」。「于」當作「於」。

三葉十行注　思患預防之。「預」，岳作「豫」。

三葉十一行疏　家不安則危。○浦鏜《正字》：邦不安則危。「邦」誤「家」。○盧文弨《拾補》：家不安則危。浦云「家」是「邦」之誤。○阮元《校記甲》：家不安則危。「家」，纂傳作「邦」。按：浦鏜亦謂「家」宜作「邦」。○阮元《校記乙》：家不安則危。纂傳「家」作「邦」。

按：浦鏜亦謂「家」宜作「邦」。○《定本校記》：家不安則危。浦氏云：「邦」誤「家」。

三葉十二行疏　安其國於未危之前。「於」，薈作「于」。○阮元《校記甲》：安其國於未危之前。「前」，纂傳作「始」。按：上句作「前」，則此句當作「始」。○阮元《校記乙》：安其國於未危之前。纂傳「前」作「始」。按：上句作「前」，則此句當作「始」。

三葉十三行疏　標此二句於前。「標」，單、八、平作「摽」。「於」，薈作「于」。

三葉十三行疏　必於未亂未危之前爲之者。「於」，薈作「于」。

三葉十六行注　象天之有五行。○山井鼎《考文》：象天之有五行。〔古本〕下有「也」。

三葉十七行注　外內咸治。○《定本校記》：外內咸治。「外內」二字，內野本、神宮本倒。

三葉十七行注　言有法。○山井鼎《考文》：言有法。〔古本〕下有「之者」二字。○阮元《校記甲》：言有法。「法」，葛本誤作「治」。古本下有「之者」二字。

三葉十七行釋文　長。竹丈反。「長」上平、殿、庫有「之」字。「竹」，纂、平、十、永、閩、殿、庫、阮作「丁」。「丈」，十、永作「文」。○阮元《校記甲》：之長，丁丈反。「丁」，毛本作「竹」。

三葉十七行釋文　助長。並同。「長」下纂、平、殿、庫有「君長」二字。纂、平無「並」字。

○山井鼎《考文》：補脱「君長」〔據經典釋文〕。謹按當在「官長、助長」下。○浦鏜《正字》：長，竹丈切。下官長、助長、君長，並同。脱「君長」二字。○阮元《校記甲》：下官長、助長、君長同。「君長同」，十行本、毛本俱作「竝同」。

三葉十七行經　庶政惟和。「惟」下王有「復」字。

三葉十八行注　萬國皆安。「萬」，王作「万」。

四葉一行注　所以爲正治。「正」，八、李、王、纂、平、岳作「至」。○山井鼎《考文》：所以爲正治。〔古本〕「正」作「至」，宋板同。〔古本〕「治」下有「之」字。○浦鏜《正字》：萬國皆安所以爲至治。「至」誤「正」。○盧文弨《拾補》：所以爲至治。毛本「至」作「正」。「正」當作「治」。○阮元《校記甲》：所以爲正治。「正」，古、岳、宋板俱作「至」。「治」下古本有「之」字。○阮元《校記乙》：所以爲正治。古本、岳本、宋板「正」作「至」。「治」下古本有「之」字。

四葉四行疏　曰唐虞至其人。「唐」下單、八無「虞」字。

四葉四行疏　乃追述前代之法。「述」，八作「逆」。○《定本校記》：乃追述前代之法。「述」，〔足利〕八行本誤作「逆」。

四葉四行疏　止△而復言。　「止」，平作「正」。

四葉六行疏　外主方△岳之事。　「方」，十、永、閩、阮作「太」。○阮元《校記甲》：外主方岳之事。「方」，十行、閩本俱作「太」。○阮元《校記乙》：外主太岳之事。閩本同。毛本「太」作「方」。

四葉六行疏　外有州牧△侯伯。　「牧」，平作「牧」。

四葉六行疏　牧△一州之長。　「牧」，八作「使」。

四葉八行疏　皆明開△官司。　「開」，薈作「開」。

四葉九行疏　不散△則亂。　「散」，單、八、平、十、永、閩、毛、殿、庫、阮作「散」。

四葉九行疏　有君則有臣△也。　「臣」，八作「巨」。

四葉十二行疏　羣臣佐主△。　「主」，平作「王」。○盧文弨《拾補》：五行佐天，羣臣佐主。「主」疑「王」。

四葉十二行疏　左傳<。少昊立五鳩氏。　「傳」下單、八、平有「說」字，殿、庫有「云」字。○山井鼎《考文》：左傳少昊立五鳩氏。〔宋板〕「左傳」下有「說」字。○盧文弨《拾補》：左傳說，少昊立五鳩氏。毛本脱「說」字。○阮元《校記甲》：左傳，少昊立五鳩氏。「傳」下宋板有「說」字。

四葉十三行疏　肇十有二州。「肇」，單作「肁」。

四葉十五行疏　禮記明堂位云。「堂」下要無「位」字。

四葉十六行經　祇勤于德。「祇」，庫作「祗」。

四葉十七行注　敬勤於德。「於」，庫作「于」。

四葉十八行釋文　逮。音代。「逮」上平有「不」字。

四葉十八行釋文　一音大計反。「一音」，纂作「又」。

四葉十八行釋文　懈。佳賣反。「懈」，王、十、永作「解」。

五葉一行經　仰惟前代時若訓迪厥官。○山井鼎《考文》：訓迪厥官。〔古本〕「厥」作「其」。「以利口亂厥官」同。

五葉一行注　言仰惟先代之法是順。○《定本校記》：言仰惟先代之法是順。「先」，内野本、神宫本作「前」。

五葉一行注　訓蹈其所建官而則之。「訓」，八、李、平、岳、殿、庫作「順」。○山井鼎《考文》：是順訓蹈其所建官。〔古本〕「訓」作「順」，宋板同。○盧文弨《拾補》：言仰惟先代之法是順，順蹈其所建官而則之。當于上「順」字下絶句。下「順」屬下讀，俗本誤「訓」。○阮元《校記甲》：訓蹈其所建官而則之。「訓」，古、岳、宋板俱作「順」。按：疏云：「若與訓，倶訓爲順也。」明傳中兩「順」字一釋「若」，一釋「訓」耳。○阮元《校記乙》：訓蹈其所建官而則之。古本、岳本、宋板「訓」作「順」。按：疏云：「若與訓，倶訓爲順也。」明傳中兩「順」字一釋「若」，一釋「訓」耳。

五葉二行注　準擬夏殷而蹈之。○山井鼎《考文》：準擬夏殷而蹈之。〔古本〕「蹈」下有「行」字。○盧文弨《拾補》：準擬夏殷而蹈行之。毛本脱「行」字。○阮元《校記甲》：準擬夏殷而蹈之。「蹈」下古本有「行」字。○《定本校記》：準擬夏殷而蹈之。「蹈」下内野本、神宫本、足利本、觀智院本有「行」字，清原宣賢手鈔本引家本亦有。

五葉三行經　太傅。「傅」，李作傅。

五葉四行注　傅。傅相天子。二「傅」字李皆作「傅」。

五葉四行注　保安天子於德義者。「子」，纂作「予」。

五葉六行釋文　相。息亮反。「相」上平有「傅」字。

五葉七行注　不必備員。「員」，李作「具」。

五葉七行注　惟其人有德乃處之。○浦鏜《正字》：惟其人有德乃處之。案：經傳通解「乃」下有「以」字。○盧文弨《拾補》：惟其人有德乃處之。浦云：經傳通解「乃」下有「以」字。

五葉七行釋文　處。昌呂反。　「呂」，王、纂、平、十、永、閩作「慮」。○阮元《校記甲》：處，昌呂反。阮本「慮」作「呂」。葉本、十行本俱作「慮」。○張鈞衡《校記》：處，昌慮反。阮本「慮」作「呂」。

五葉七行經　少傅。　「傅」，李作「傅」。

五葉八行經　曰三孤。　「孤」，八作「抓」。

五葉八行注　名曰三孤。　「孤」，八、要作「抓」。

五葉八行注　孤。特也。　○《定本校記》：孤，特也。神宮本、觀智院本無「也」字。

五葉九行注　特置此三者。　○山井鼎《考文》：特置此三者。〔古本〕「三」下有「人」字。○阮元《校記甲》：特置此三者。○盧文弨《拾補》：特置此三人者。毛本脱「人」字，古本有。○《定本校記》：特置此三者。内野本、神宮本、觀智院本「三者」，古本作「三人者」。「者」作「人」。足利本「者」上有「人」字，清原宣賢手鈔本引家本亦然。

五葉九行釋文　少。詩照反。　「照」，十作「照」。

五葉十二行注　稱太宰。主國政治。　「太」，李作「大」。「主」，十、永作「王」。

五葉十三行注　言任大。　○山井鼎《考文》：言任大。〔古本〕下有「者也」二字。○阮元《校記甲》：言任大。古本下有「者也」二字。

五葉十四行注　使小大皆協睦。　「小大」，平作「下大」，毛作「大小」。「大」下八、李、纂、平、岳無「皆」字。○山井鼎《考文》：使大小皆協睦。〔古本〕無「皆」字，宋板同。〔古本〕「睦」下有「之」字。○浦鏜《正字》：使大小皆協睦。「皆」，衍字。○岳本《考證》：使小大協睦。殿本「協睦」上有「皆」字。○盧文弨《拾補》：使大小協睦。「大小」古本倒。「大小」下毛本有「皆」字，衍。○阮元《校記甲》：使大小皆協睦。「大小」二字岳、葛、十行、閩、監、纂傳俱倒。古、岳、宋板、纂傳俱無「皆」字。「睦」下古本有「之」字。○阮元《校記乙》：使大小皆協睦。葛本、閩本、明監本、纂傳同。古本、岳本、宋板、纂傳無「皆」字。古本「睦」下有「之」字。毛本「大小」二字倒，下疏同。

五葉十五行釋文　徐音饒。　「徐」下纂有「又」字。

五葉十六行注　主國禮。治天地神祇人鬼之事。　「地神」，薈作「神地」。「祇」，王、十、永、閩、毛、殿、庫作「祇」。○阮元《校記甲》：主國禮，治天地神祇人鬼之事。「天地神祇」，纂傳作「天神地祇」。○阮元《校記乙》：主國禮，治天地神祇人鬼之事。纂傳「天地神祇」作「天神地祇」。

五葉十七行注　及國之吉凶賔軍嘉五禮。　「賔軍」，纂作「軍賔」。○阮元《校記甲》：及國之吉凶賓軍嘉五禮。「賓軍」二字纂傳倒。疏同。○阮元《校記乙》：及國之吉凶賓軍嘉五禮。纂傳「賓軍」二字倒，疏同。

六葉二行經　刑暴亂。「暴」，毛作「㬥」。○盧文弨《拾補》：刑暴亂。毛本「暴」作「㬥」，非。若從説文當作「㬥」。

六葉三行注　夏司馬討惡助長物。「助」，王作「助」。○山井鼎《考文》：夏司馬討惡。〔古本〕「夏」下有「官」字。○阮元《校記甲》：夏司馬討惡。「夏」下古本有「官」字。○阮元《校記乙》：夏司馬討惡。古本「夏」下有「官」字。○《定本校記》：夏司馬討惡。「夏」下内野本、足利本有「官」字。

六葉三行注　秋司寇刑姦順時殺。「殺」下王、纂、平、殿、庫有釋文「慝，吐得反」四字。○山井鼎《考文》：秋司寇刑姦順時殺。〔古本〕作「秋官司寇刑姦惡順時教殺之」。又：[補脱]慝，吐得反〔據經典釋文〕。○阮元《校記甲》：秋司寇刑姦順時殺。古本作「秋官司寇刑姦惡順時教殺之」。阮元《校記乙》同。○《定本校記》：秋司寇刑姦。「秋」下内野本、足利本有「官」字。

六葉四行注　以居民士農工商四人。「工」，十作「二」。○山井鼎《考文》：士農工商四人。〔古本〕「人」作「民」。○盧文弨《拾補》：士農工商四人。古本「人」作「民」。○阮元《校記甲》：以居民士農工商四人。「人」，古本、纂傳俱作「民」。○《定本校記》：以居民士農工商四人。「民」字，内野本、觀智院本無，清原宣賢手鈔本引家本亦無。「人」字，内野本、足利本、觀智院本作「民」。

六葉五行注　授之土。　「土」，十作「士」。○山井鼎《考文》：授之土。〔古本〕下有「也」字。

六葉六行注　能吐生百穀。故曰土。　「穀」，八、李、王、纂、平、十、永、毛、庫作「榖」。「土」，十作「士」。○《定本校記》：故曰土。内野本、觀智院本無「故」字。

六葉七行注　六卿各率其屬官大夫士。　「夫」，岳作「天」。「士」，平作「主」。○山井鼎《考文》：六卿各率。「卿」下〔古本〕有「者」字。○阮元《校記甲》：六卿各率其屬官大夫士。「卿」下古本有「者」字。

六葉七行注　以倡道九州牧伯爲政。　「道」，纂作「導」。○山井鼎《考文》：九州牧伯。〔古本〕「州」下有「之」字。○阮元《校記甲》：以倡道九州牧伯爲政。「道」，纂傳作「導」。「州」下古本有「之」字。○《定本校記》：以倡道九州牧伯爲政。「州」下内野本、足利本、觀智院本有「之」字。

六葉九行疏　「今予至厥官○正義曰」至「俱訓爲順也」。　疏文「今予至厥官○正義曰」至

「俱訓爲順也」一節疏，定本移至上傳「準擬夏殷而蹈之」後。○《定本校記》：今予小子。此節疏，〔足利〕八行本在後文「阜成兆民」下，今移。

六葉九行疏　今予至厥官。「厥官」，平作「北民」。

六葉十行疏　猶不能及於唐虞。「於」，庫作「于」。

六葉十行疏　順蹈其前代建官而法則之。「順」，毛作「訓」。○浦鏜《正字》：是順，訓蹈其前代建官而法則之。「訓」，監本誤「順」。○盧文弨《拾補》：順蹈其前代建官而法則之。毛本「順」作「訓」。案：下云「若與訓，俱訓爲順也」，則作「順」字是。○阮元《校記甲》：訓蹈其前代建官而法則之。「訓」，十行、閩、監俱作「順」。按：諸本傳雖作「訓」，疏仍作「順」，獨毛本作「訓」。宋板傳既作「順」，則疏亦必作「順」，不與毛本同。山井鼎失校。○阮元《校記乙》：順蹈其前代建官而法則之。閩本、明監本同。案：諸本傳「順」作「訓」，疏仍作「順」。獨毛本作「訓」。宋板傳既作「順」，則疏亦必作「順」，不與毛本同。山井鼎失校。

六葉十一行疏　準擬行夏殷之官爾。「爾」，平作「少」。

六葉十一行疏　師天至堪之。「天」，平作「大」。

六葉十二行疏　傳於保下。言保安天下於德義。　「傳」，毛、殿、庫作「傅」。○物觀《補遺》：傳於保下言。〔宋板〕「傳」作「傅」。○盧文弨《拾補》：傳於保下，言保安天子於德義。毛本「傳」作「傅」。「傳」當作「傅」。○阮元《校記甲》：傳於保下，言保安天子於德義。「傳」，宋板、十行、閩、監俱作「傅」，是也。

六葉十二行疏　摠上三者言皆然也。　「摠」，毛、殿、庫作「總」。

六葉十四行疏　因其並釋師保。　「釋」，要作「擇」。

六葉十四行疏　於孤云寅亮天地。　「孤」，要作「抓」。

六葉十五行疏　以孤副貳三公。　「孤」，要作「抓」。

六葉十六行疏　撮引周禮爲之摠目。　「摠」，毛、殿、庫作「總」。

六葉十七行疏　大宰卿一人。　「大」，單、八、平、十、永、毛、庫、阮作「太」。

六葉十八行疏　百官摠焉。則謂之冢。　「摠」，毛、殿、庫作「總。」

六葉十八行疏　大宰職云。　「大」，平、永、毛、庫作「太」。

六葉十八行疏　三曰禮典。以統百官。　「曰」，毛作「日」。○浦鏜《正字》：三曰禮典，以統百物。「曰」，毛本誤「日」。

七葉一行疏　百官是宗伯之事也。　○浦鏜《正字》：百官是宗伯之事也。上疑脱「統」字。「也」字疑衍。○盧文弨《拾補》：百官是宗伯之事也。浦云「百」上疑脱「統」字，「也」字疑衍。

七葉三行疏　使帥其屬而掌邦教。　「帥」，庫作「率」。

七葉三行疏　大宰職云。　「大」，平、閩、庫、阮作「太」。

七葉四行疏　以擾萬民。　「萬」，平作「万」。

七葉四行疏　傳亦以擾爲安。　「傳」，永作「傅」，閩作「傅」。

七葉五行疏　使小大協睦也。　「小大」，毛作「大小」。「大」，十作「犬」。○阮元《校記甲》：使大小協睦也。「大小」二字，十行、閩、監俱倒。

七葉七行疏　六曰以俗教安。則民不偷。　「偷」，單作「愉」。○浦鏜《正字》：六曰以俗教安，則民不偷。經文「偷」作「愉」，音「偷」。

七葉七行疏　七曰以刑教中。則民不暴。　○浦鏜《正字》：七曰以刑教中，則民不暴。經文「暴」作「虣」。

七葉八行疏　十有一曰以賢制爵。　「十」，十作「一」。

七葉十行疏　以佐王和邦國。　「佐」，永作「佐」。

七葉十一行疏　掌建邦之天神人鬼地祇之禮。　「祇」，十、永、毛、殿、庫、阮作「祗」。○浦鏜《正字》：掌建邦之天神人鬼地祇之禮。「祇」，經作「示」。

七葉十二行疏　吉禮之別十有二。　「十有」，單、八作「有十」。○山井鼎《考文》：吉禮之別十有二。〔宋板〕「十有二」作「有十二」。○阮元《校記甲》：吉禮之別十有三。「十有三」，宋板作「有十二」，是也。○阮元《校記乙》：吉禮之別十有二。閩本作「十有三」，非也。

七葉十二行疏　摠有三十六禮。　「摠」，毛、殿、庫作「總」。

七葉十三行疏　大宰職云。　「大」，平、十、永、閩、庫、阮作「太」。

七葉十三行疏　以諧萬民。　「萬」，平作「万」。

七葉十三行疏　其職又有玉作六瑞。　「又」，單作「乂」。「玉」，八作「王」。

七葉十五行疏　以佐王平邦國。　「佐」，永作「佐」。

七葉十五行疏　其職主戎馬之事。　「其」，毛作「以」。○浦鏜《正字》：其職主戎馬之事。「其」，毛本誤「以」。○盧文弨《拾補》：其職主戎馬之事。毛本「其」作「以」。「以」當作「其」。○阮元《校記甲》：以職主戎馬之事。「以」，十行、閩、監俱作「其」，是也。○阮元《校記乙》：其職主戎馬之事。閩本、明監本同。毛本「其」誤「以」。

七葉十六行疏　軍師之通名也。　○《定本校記》：軍師之通名也。「之」，疑當作「可」。

七葉十六行疏　馮弱犯寡則眚之。　「眚」，十作「青」。

七葉十七行疏　負固不服則侵之。　平「負」作「貟」，「固」作「國」。○物觀《補遺》：負固不服。〔宋板〕「負」作「貞」。○阮元《校記甲》：負固不服。「負」，宋板作「貞」，誤。○《定本校記》：負固不服則侵之。「負」，〔足利〕八行本誤作「貞」。

七葉十八行疏　使帥其屬而掌邦禁。　「帥」，永作「師」。

七葉十八行疏　以佐王刑邦國。　「佐」，永作「佐」。

八葉一行疏　是主寇賊法禁。治姦慝之人。　「禁」、「治」間八有一字空白。「治」，平作「治」。○物觀《補遺》：禁治姦慝之人。〔宋板〕「禁」、「治」間空一字。○盧文弨《拾補》：治姦慝之人。宋本「治」上空一字，或是「詰」字。○阮元《校記甲》：是主寇賊法禁，治姦慝之人。宋板「禁」、「治」二字間空一字。○阮元《校記乙》：是主寇賊法禁，治姦慝之人。宋板「禁」下空一字。

八葉四行疏　以養萬民。　「萬」，平作「万」。

八葉五行疏　事職掌百工器用耒耜弓車之屬。　「耒」，平作「耒」。

八葉五行疏　與此主土居民。「土」，十作「上」。

八葉五行疏　冬官既亡。「冬」，平作「各」。

八葉六行疏　足明冬官本有主土居民之事也。「足」，殿、庫作「是」。「土」，十作「士」。

八葉七行疏　授之土也。「土」，十作「士」。

八葉七行疏　故曰土也。「土」，十作「上」。

八葉九行疏　五服。侯甸男采衛。○山井鼎《考文》：五服，侯甸男采衛。〔古本〕下有「也」字。「大夫以上」下同。宋板「以」作「已」。

八葉九行注　六年一朝會京師。「師」下王、纂、殿、庫有釋文「朝，直遥反」四字，平有釋文「一朝，直遥反」五字。○山井鼎《考文》：補脱　一朝，直遥反〔據經典釋文〕。

八葉十一行注　故曰時巡。○《定本校記》：故曰時巡。内野本、觀智院本無「巡」字，清原宣賢手鈔本引家本亦無。

八葉十一行注　考正制度禮法于四岳之下。「正」，平作「王」。

八葉十一行注　如虞帝巡守然。「帝」，王作「舜」。「然」下王、纂、殿、庫有釋文「守，音狩，下同。本亦作狩」九字，平有釋文「巡守，音狩，下同。本亦作狩」十字。○山井鼎《考文》：

巡守，音狩，下同。本亦作狩。謹按 注十二年一巡守（據經典釋文）。○阮元《校記甲》：周制十二年一巡守。陸氏曰：守，音狩，下同。本亦作狩。

八葉十二行經　諸侯各朝于方岳。「于」，毛作「於」。

八葉十二行注　各朝于方岳之下。「于」，毛作「於」。○《定本校記》：各朝于方岳之下。内野本、觀智院本無「朝」字，清原宣賢手鈔本引家本亦無。

八葉十三行注　大明考績黜陟之法。「法」下纂有釋文「黜，丑律反，貶下也」七字。

八葉十六行疏　要服六歲一見。「六」，庫作「五」。

八葉十七行疏　間朝以講禮。「間」，單作「閒」。

八葉十八行疏　自古以來。「以」，單、八、平、十、永、阮作「已」。

八葉十八行疏　恒由是興。「由」，毛作「繇」。○阮元《校記甲》：恒繇是興。「繇」，十行、閩、監俱作「由」。下「所繇」，下傳「繇志」、「繇勤」，並同。○阮元《校記乙》：恒由是興。閩本、明監本同。毛本「由」作「繇」。下「所由」，下傳「由志」、「由勤」，並同。

九葉一行疏　不知異之所由。「知」，平作「由」。「由」，毛作「繇」。

九葉二行疏　事相當也。「相」上要無「事」字。

九葉二行疏　諸侯各朝於方岳。　「於」，要作「于」。
九葉三行疏　若周無此禮。　「禮」，要作「理」。
九葉三行疏　何所畏懼而敬以從命乎。　「乎」，八作「十」。
九葉四行疏　不得爲前代之法。　「不」下「得」字八作一字墨丁，要無「得」字。
九葉四行疏　明周有此法。　「周」上平無「明」字。
九葉四行疏　禮文不具爾。　「禮」下「文」字八作一字墨丁。
九葉五行疏　大宗伯云。　「大」，八作「太」。
九葉六行疏　何必不是再朝而會乎。　平「朝」作「會」，「會」作「殷」。
九葉六行疏　何必不是再會而盟乎。　「會」，要作「朝」。
九葉七行疏　應六服俱來。　「應」，平作「惡」。
九葉九行疏　是周制十二年一巡守也。　「二」，十、閩作「三」。
九葉九行疏　故云時巡。　「云」，庫、阮作「曰」。
九葉十行疏　考正制度禮法于四岳之下。　「于」，毛作「於」。
九葉十一行經　欽乃攸司。　「攸」，纂作「有」。

九葉十二行注　有官君子。大夫以上。　「以」，八、李、王、纂、平、岳、殿、庫作「巳」。○浦鏜《正字》：有官君子，大夫以上。「以」當作「巳」。○盧文弨《拾補》：有官君子，大夫巳上。毛本「巳」作「以」。「以」當作「巳」。○阮元《校記甲》：大夫以上。「以」，宋板作「巳」。

九葉十二行注　使敬汝所司。　○《定本校記》：使敬汝所司。内野本、觀智院本無「汝」字，清原宣賢手鈔本引家本亦無。

九葉十二行注　慎汝出令。　○《定本校記》：慎汝出令。内野本、觀智院本無「汝」字，清原宣賢手鈔本引家本亦無。

九葉十三行注　從政之本。　○山井鼎《考文》：從政之本。〔古本〕下有「也」字。○阮元《校記甲》：從政之本。「本」下古本有「也」字。

九葉十四行注　亂之道。　「道」下王、纂、殿、庫有釋文「上，時掌反」四字，平有釋文「巳上，時掌反」五字。○山井鼎《考文》：亂之道。〔古本〕下有「也」字。又：補脱巳上，時掌反〔據經典釋文〕。謹按註「大夫以上」。○浦鏜《正字》：「上，時掌切」四字脱。

九葉十五行注　從政以公平滅私情。則民其信歸之。　「情」，平、殿、庫作「欲」。○山井鼎《考文》：則民其信歸之。〔古本〕下有「也」字。○物觀《補遺》：滅私情則民。〔古本〕「則民」作「凡制」。○阮元《校記甲》：則民其信歸之。「則民」，古本作「凡制」。

九葉十七行注　必以古義議度終始。「終始」，要作「始終」。○《定本校記》：必以古義議度終始。内野本無「義」字。清原宣賢手鈔本引家本無「議」字。

九葉十七行釋文　度。待洛反。「度」上平有「議」字。「待」，纂作「徒」。

九葉十七行經　其爾典常作之師。○《定本校記》：其爾典常作之師。内野本、觀智院本無「之」字。

九葉十八行注　當以儀典常故事爲師法。「儀」，八、李、王、纂、平、岳、永、殿、庫、阮作「舊」，要作「𦾔」。「法」，十作「决」。○山井鼎《考文》：當以儀典常故事爲師法。〔宋本〕「儀」作「舊」。宋板同。○盧文弨《拾補》：當以舊典常故事爲師法。毛本「舊」作「儀」。「儀」當作「舊」。○阮元《校記甲》：當以儀典常故事爲師法。「儀」，古、岳、宋板、十行、纂傳俱作「舊」，與疏合。

十葉一行注　無以利口辯佞。王「無」作「无」，「佞」作「倿」。「辯」，李作「辨」。

十葉一行疏　凡我有官君子。「官」下單、八有「之」字。

十葉三行疏　不惟反之而不用。○浦鏜《正字》：不惟反之而不用。下疑有脱落。○盧文弨《拾補》：不惟反之而不用。「用」下疑脱一「反」字。

十葉三行疏　**是去而後反也。**　○山井鼎《考文》：是去而後反也。〔宋板〕「後」作「復」。○盧文弨《拾補》：是去而復反也。毛本「復」作「後」。「後」當作「復」。○阮元《校記甲》：是去而後反也。「後」，宋板作「復」。按：「後」字非也。阮元《校記乙》同。○《定本校記》：是去而後反也。「後」，〔足利〕八行本作「復」。

十葉五行疏　**無以利口辯佞亂其官。**　「辯」，十、永作「辨」。

十葉五行疏　**使之號令在下。**　「號」，平作「号」。

十葉七行疏　**令既出口。**　「既」，永、阮作「曁」。○阮元《校記甲》：令既出口。「既」，十行本誤作「曁」。○阮元《校記乙》：令曁出口。毛本「曁」作「既」。案：「曁」字誤。

十葉十行疏　**凡欲制斷當今之事。**　「凡」，單作「几」。

十葉十一行經　**蓄疑敗謀。**　「疑」，岳作「疑」。

十葉十一行經　**不學牆面。**　「牆」，平作「牆」。

十葉十一行經　**莅事惟煩。**　「莅」，王作「涖」。

十葉十二行注　**必亂其政。**　○物觀《補遺》：必亂其政。〔古本〕無「必」字。○阮元《校記甲》：必亂其政。古本無「必」字。

十葉十三行釋文　莅音利。　「莅」，王作「涖」，纂作「位」。

十葉十五行注　舉其掌事者。　「舉」，十作「斈」。○山井鼎《考文》：舉其掌事者。〔古本〕下有「也」字。○阮元《校記甲》：舉其掌事者。古本下有「也」字。○《定本校記》：舉其掌事者。内野本無「其」字。

十葉十六行注　功高由志。　「由」，毛作「繇」。○盧文弨《拾補》：功高由志。毛本「由」作「繇」。「繇」當作「由」。下同。

十葉十六行注　乃無後難。　「無」，王作「无」。

十葉十七行注　言多疑必致患。　「患」下平、殿、庫有「也」字。

十葉十七行疏　又戒羣臣使彊於割斷。　「羣」，十作「羣」。

十葉十八行疏　不能恪勤。　「恪」，十、永作「格」。

十葉十八行疏　如面向牆。　「向牆」，庫作「牆向」。

十葉十八行疏　無所覩見。　○山井鼎《考文》：無所覩見。〔宋板〕「覩」作「都」。○阮元《校記甲》：無所覩見。「覩」，宋板作「都」。盧文弨云：疑是「都無所見」。○阮元《校記乙》：無所覩見。宋板「覩」作「都」。盧文弨云：疑是「都無所見」。○《定本校記》：無所覩見。「覩」，〔足利〕八行本誤作「都」。

十一葉一行疏　戒汝卿之有事者。　○山井鼎《考文》：戒汝卿之有事者。〔宋板〕「之」作「士」。○盧文弨《拾補》：戒汝卿之有事者。宋本「之」作「士」。○阮元《校記甲》：戒汝卿之有事者。「之」，宋板作「士」。按：「之」字非也。阮元《校記乙》同。○《定本校記》：戒汝卿之有事者。「之」，〔足利〕八行本誤作「士」。

十一葉三行注　貴不與驕期而驕自至。　「與」，王作「与」。

十一葉三行注　富不與侈期。　「與」，王作「与」。

十一葉四行經　無載爾僞。　○山井鼎《考文》：無載爾僞。〔古本〕「無」作「亡」。

十一葉五行注　無行姦僞。　「無」，王作「无」。

十一葉六行注　爲德。直道而行。　○山井鼎《考文》：爲德直道而行。〔古本〕「道」作「德」。

謹按　恐非。

十一葉六行注　而名且美。　「且」，八、李、王、纂、岳、殿、庫作「日」，平作「曰」。○山井鼎《考文》：而名且美。〔古本〕「且」作「日」，宋板同。○盧文弨《拾補》：於心逸豫而名曰美。毛本「曰」作「且」。「且」當作「曰」。○阮元《校記甲》：而名且美。「且」，古、岳、葛本、宋板、纂傳俱作「日」。○阮元《校記乙》：而名且美。古本、岳本、葛本、宋板、纂傳「且」

作「日」。

十一葉六行注　爲僞。飾巧百端。　「巧」，平作「功」。○浦鏜《正字》：爲僞，飾巧百端。監本「僞」誤「爲」。

十一葉七行注　於心勞苦。　「於」，毛作「爲」。○物觀《補遺》：爲心勞苦。〔古本〕「爲」作「於」，宋板同。○浦鏜《正字》：於心勞苦而事日拙。毛本「於」誤「爲」。○盧文弨《拾補》：於心勞苦。毛本「於」作「爲」。「爲」當作「於」。○阮元《校記甲》：爲心勞苦。「爲」，古、岳、葛本、宋板、十行、閩、監、纂傳俱作「於」，與疏合。

十一葉七行注　而事日拙不可爲。　○山井鼎《考文》：不可爲。〔古本〕下有「之」字。○盧文弨《拾補》：而事日拙不可爲之。毛本脱「之」字，古本、宋板皆有。○阮元《校記甲》：不可爲。古本下有「之」字。

十一葉八行經　弗畏入畏。　○山井鼎《考文》：弗畏入畏。〔古本〕作「弗畏入可畏」。○阮元《校記甲》：弗畏入畏。「入」下古本有「可」字，乃衍文。○阮元《校記乙》：弗畏入畏。古本「入」下衍「可」字。

十一葉八行注　當思危懼。　○山井鼎《考文》：當思危懼。〔古本〕「思」上有「常」字。○物觀《補遺》：當思危懼。宋板「懼」作「惟」。○盧文弨《拾補》：當常思危懼。毛本脱

「常」字，古本有。○阮元《校記甲》：當思危懼。「當」下古本有「常」字。「懼」，宋板作「惟」。按：當从宋本，以「惟」字下屬。○阮元《校記乙》：當思危懼。古本「當」下有「常」字。「懼」，宋板作「惟」。按：當从宋本，以「惟」字下屬。○《定本校記》：當思危懼。「當」下内野本、足利本、觀智院本有「常」字。「懼」字，〔足利〕八行本誤作「惟」。

十一葉八行注　無所不畏。　「無」，王作「无」。

十一葉八行注　若乃不畏。　「若」，平作「君」，閩作「苦」。

十一葉九行經　不和政庬。　「庬」，石、八、平、十、永、阮作「厖」，李、王作「厐」。

十一葉十行注　庬。亂也。　「庬」，八、平、永、阮作「厖」，李、王、十作「厐」。○物觀《補遺》：和諧庬亂也。〔古本〕「也」上有「者」字。○阮元《校記甲》：庬，亂也。「也」上古本有「者」字，非也。

十一葉十行釋文　庬。武江反。　「庬」，王、纂作「厐」，平、十、永、薈、阮作「厖」。

十一葉十二行注　惟亦汝之功能。　「惟亦」，王、纂作「亦惟」。○山井鼎《考文》：惟亦汝之功能。〔古本〕下有「也」字。「厭我周德」下、下註「馯貊之屬」下並同。○盧文弨《拾補》：所舉能修其官，惟亦汝之功能。「亦」字疑衍。

十一葉十二行注　**舉非其人**。　「非」，毛作「匪」。○阮元《校記甲》：舉匪其人。「匪」，岳、葛、十行、閩、監、纂傳俱作「非」。

十一葉十二行注　**亦惟汝之不勝其任**。　○《定本校記》：亦惟汝之不勝其任。「亦惟」二字，内野本、清原宣賢手鈔本倒，觀智院本「惟」下復有「亦」字。

十一葉十四行注　**歎而勑之**。　○《定本校記》：歎而勑之。内野本、觀智院本無「之」字。

十一葉十五行注　**治汝所有之職**。　○阮元《校記甲》：治汝所有之職。「職」，纂傳作「政」。

十一葉十六行注　**則天下萬國**。　○《定本校記》：則天下萬國。内野本無「則」字。

十一葉十六行注　**惟乃無厭我周德**。　「無」，王作「无」。

十一葉十七行釋文　**長。直良反**。　「良」，纂作「艮」。「長，直良反」，平作「長安，上直良反」。

十一葉十七行釋文　**厭。於豔反**。　「豔」下「反」字十爲空白。

十一葉十七行疏　**「傳爲德至可爲○正義曰」至「申説無載爾僞也」**。　○盧文弨《拾補》：傳爲德至可爲。自此至末，當在「作德，心逸日休」傳下。○疏文「傳爲德至可爲○正義曰」至「申説無載爾僞也」，定本移於上文注「不可爲」下。《定本校記》：作德，心逸日休。此節疏，〔足利〕八行本在後文「萬邦惟無斁」下，今移。

十二葉一行疏　申説無載爾僞也。　「無」，平作「无」。

十二葉二行經　成王既伐東夷。　「成」，十、永、阮作「武」。

十二葉二行注　馯貊之屬。　「貊」，十作「貃」，阮作「貎」。○阮元《校記甲》：駒麗扶餘馯貊之屬。「貊」，十行本誤作「貎」。○阮元《校記乙》：駒麗扶餘馯貎之屬。岳本「貎」作「貊」。「貎」字誤也。○張鈞衡《校記》：駒麗扶餘馯貊之屬。阮本「貊」作「貎」，誤。

十二葉四行釋文　麗。力支反。　「麗」下平無「力支反」三字。

十二葉五行釋文　北方豸種。　「豸」，平、十、永、閩作「豕」。○浦鏜《正字》：貊，説文作貉。北方豸種。「種」，説文作「穜」，本字，以「種」爲「穜稑」字。

十二葉五行釋文　貉之言貊。貊。惡也。　○浦鏜《正字》：貊之爲言惡也。誤「貉之言貊，貊惡也」。

十二葉六行注　同姓諸侯爲卿大夫。　「爲」下要無「卿」字。

十二葉七行注　以幣賄。　「幣」，平作「幤」。

十二葉七行注　賜肅慎之來賀。　「來賀」，八、李、纂、平、岳作「夷亡」，要作「夷長」。○山井鼎《考文》：賜肅慎之來賀。〔古本〕作「賜肅慎之夷也亡」，宋板同，但無「也」字。[謹按]極是。○浦鏜《正字》：以幣賄賜，肅慎之夷亡。「夷亡」誤「來賀」。○盧文弨《拾補》：以幣賄賜肅慎之夷。毛本「夷」作「來」。「來」當作「夷」。古本「夷」下有「也」字。下「賀」字古本、宋本竝作「亾」。○阮元《校記甲》：以幣賄賜肅慎之來賀。「來賀」，古本作「夷也亾」。岳本、宋板、纂傳作「夷亾」。疏標起訖亦作「夷亡」。史記集解引孔傳云：賄，賜也。孔疏述傳云：「以幣賜肅慎氏之夷也。」疏又云：「王賜以財賄。」蓋以財賄賜人。因訓賄爲賜。財賄即幣也。言幣言賜，即不必更言賄矣。竊疑孔傳此句上當有「賜，賄也」三字，此句衍「賄」字。阮元《校記乙》同。

十二葉七行釋文　俾。必爾反。馬本作辨。　「俾」，平作「裨」。「爾」，王作「尔」。「本」，閩作「木」。「辨」，纂、平、十、永作「辦」，阮作「辯」。○阮元《校記甲》：俾，馬本作辨。「辨」，十行本作「辦」字。按：「辦」字是也。段玉裁云：古俾、平、苹、辨皆訓使。故堯典「平秩」，馬本作「苹」，而訓使，今文則作「辨秩」。雒誥「平來」亦作「辨來」。此皆雙聲也。

十二葉八行疏　東北遠夷。　「北」，十作「比」。

十二葉十行疏　成王伐淮夷。滅徐奄。　「徐」，閩作「除」。

十二葉十一行疏　故以爲海東諸夷駒麗扶餘馯貊之屬。　「貊」，十作「貃」。

十二葉十一行疏　**此皆於孔君之時。**　「皆」，永作「喈」。「於」，要作「于」。

十二葉十二行疏　**鄭玄云北方白貉。**　「白」，單、八、平、要、永、庫、阮作「曰」。○山井鼎《考文》：北方白貉。〔宋板〕「白」作「曰」。○浦鏜《正字》：鄭玄云北方曰貊。「曰」誤「白」。○盧文弨《拾補》：北方曰貉。毛本「曰」作「白」。「白」當作「曰」。○阮元《校記甲》：北方白貉。「白」，宋板、十行俱作「曰」，是也。○阮元《校記乙》：北方曰貉。宋板同。毛本作「白」，誤。

十二葉十二行疏　**扶餘韓。無此馯。**　「韓」、「無」二字十作墨丁。

十二葉十二行疏　**多方云。**　「方」上平無「多」字。

十二葉十三行疏　**言滅奄即來。**　「即」，十作「而」。

十二葉十四行疏　**遂通道於九夷八蠻。於是肅慎氏來賀。貢楛矢。**　「楛」，八、要作「梏」。○浦鏜《正字》：遂通道云云。于是肅慎氏來賀，貢楛矢。國語無「遂」、「來賀」三字，「八蠻」作「百蠻」。○盧文弨《拾補》：武王克商，遂通道於九夷八蠻，於是肅慎氏來賀，貢楛矢。「遂」，國語無。「八」，國語作「百」。「來賀」二字，國語無。

十二葉十五行疏　**成王即政。**　「即」，要作「既」。

十二葉十五行疏　明知遠夷亦叛。「夷」，要作「者」。

十二葉十五行疏　蓋成王親伐淮夷而滅之。「成」，平作「武」。

十二葉十六行疏　又遠於所伐諸夷。「於」，要作「于」。

十二葉十七行疏　文王諏於蔡原。「諏」，毛作「諏」。

十二葉十七行疏　重之以周召畢榮。○浦鏜《正字》：重之以周召畢榮。下脱一「榮」字。○盧文弨《拾補》：重之以周召畢榮。浦云「榮」下脱一「榮」字。

十二葉十八行疏　是彼榮公以否。「彼」，平作「被」。「以」，庫作「與」。

十三葉一行疏　故並云卿大夫。「並」，薈作「爲」。

十三葉三行注　致政老歸。○山井鼎《考文》：致政老歸。〔古本〕下有「之」字。○阮元《校記甲》：致政老歸。古本下有「之」字。

十三葉四行注　示終始念之。「終始」，纂作「始終」。

十三葉五行釋文　近。附近之近。「近」上平有「使」字。

十三葉六行注　斥及奄君巳定亳姑。「斥」，八、李、王、纂、平、岳、殿作「并」，庫作「並」。○盧文弨《拾補》：并及奄君巳定亳姑。毛本「并」作「斥」。「斥」當作「并」。○阮元《校記甲》：斥「姑」，永作「姑」。○山井鼎《考文》：斥及奄君。〔古本〕「斥」作「并」，宋板同。○盧文弨及奄君已定亳姑。「斥」，古、岳、宋板、纂傳俱作「并」。○阮元《校記乙》：斥及奄君已定亳姑。古本、岳本、宋板、纂傳「斥」作「并」。

十三葉七行注　言所遷之功成。○山井鼎《考文》：言所遷之功成。〔古本〕下有「也」字。

十三葉七行疏　周公既致政於王。「於」，庫作「于」。

十三葉七行疏　將没。「没」，要作「歿」。

十三葉八行疏　遺言欲得葬於成周。「於」，要作「于」。

十三葉八行疏　以成周是巳所營。「營」，八作「⿱𤇾官」。

十三葉八行疏　成王葬於畢。「於」，要作「于」。

十三葉九行疏　又周公徙奄君於亳姑。「於」，要作「于」。

十三葉十行疏　史敘其事。「敘」，平作「鈙」。

十三葉十行疏　文武葬於畢。「武」，平作「王」。

十三葉十一行疏　致政老歸。「政」下平有「至」字。

十三葉十一行疏　今言周公在豐。「在」，平作「去」。

十三葉十二行疏　告老歸於豐。「於」，要作「于」。

十三葉十四行疏　恐天下迴心趣向之。　「迴」，要作「回」，毛作「刃」。○物觀《補遺》：天下刃心。〔宋板〕「刃」作「迴」。○浦鏜《正字》：嫌之魯恐天下迴心趣向之。「迴」，毛本誤「刃」。○盧文弨《拾補》：嫌之魯恐天下迴心趣向之。「迴」，毛本作「刃」，宋、元本作「迴」。「刃」當作「迴」。○阮元《校記甲》：恐天下刃心趣向之。「刃」，宋板、十行、閩、監俱作「迴」。按：「刃」字誤。○阮元《校記乙》：恐天下迴心趣向之。宋板、閩本、明監本同。毛本「迴」作「刃」。按：「刃」字誤。

十三葉十四行疏　死則奔喪爲主。　「主」，阮作「王」。○張鈞衡《校記》：死則奔喪爲主。阮本「主」作「王」，誤。

十三葉十四行疏　所以一天下之心于周室。　「一」，平作「示」。「于」，毛作「於」。

十三葉十六行疏　故傳原其意而爲之説。　「原」，永作「原」。

十三葉十七行疏　令告周公之柩以葬畢之義。　「令」，單、八、平、要、永、殿、庫、阮作「今」。○山井鼎《考文》：令告周公之柩。〔宋板〕「令」作「今」。○盧文弨《拾補》：今告周公之柩以葬畢之義。毛本「今」作「令」。「令」當作「今」。○阮元《校記甲》：令告周公之柩以葬畢之義。「令」，宋板、十行俱作「今」。按：「今」字是。

十三葉十八行疏　并言及奄君已定於毫姑。　「於」，要作「于」。

君陳第二十三

十四葉一行經　君陳第二十三　「二十」，石作「廿」。「二十三」，永作「二十二」。

十四葉三行經　周公既没。　「没」，要作「殁」。

十四葉三行注　成王重周公所營。　○浦鏜《正字》：成王重周公所營。「營」，監本誤「管」。

十四葉六行釋文　鄭注禮記云。　「鄭」上纂、平有「君陳」二字。

十四葉八行經　惟孝友于兄弟。　○山井鼎《考文》：惟孝友于兄弟。〔古本〕「惟孝」下有「于孝」二字，作「惟孝于孝友于兄弟」。謹按論語引之。足利所藏古本論語及皇侃義疏本作「惟孝于孝」，足利本論語作「孝于惟孝」，潘岳閑居賦作「孝乎惟孝」。「乎」、「于」通用，固無意義也，所引之文少有異耳。據斯數者，今本尚書脱「孝乎」二字明矣。至朱熹解論語，云孝乎爲句，則妄之甚也。○盧文弨《拾補》：惟孝友于兄弟。古本「孝」下有「于孝」二字。考文云：足利所藏古本論語及皇侃義疏本引書皆作「惟孝于孝」。○阮元《校記甲》：惟孝友于兄第。「孝」下古本有「于孝」二字。山井鼎曰：足利所藏古本論語及皇侃義疏本作

「惟孝于孝」。足利本論語作「孝于惟孝」。潘岳閒居賦作「孝乎惟孝」。「乎」、「于」通用，固無意義也。所引之文少有異耳。據斯數者，今本尚書脱「孝乎」二字明矣。按：今皇疏本亦作「孝于惟孝」。山井鼎於論語考文亦祇言古本「乎」作「于」，不言作「惟孝于孝」，與此不合。要之閒居賦最爲近之。「孝乎惟孝」者，猶言君子人與君子人也。故曰「美大孝之辭」。以「乎」爲「于」已不可通，若作「惟孝于孝」，更無是理。古本之謬，往往類此。阮元《校記乙》同。○《定本校記》：惟孝。「孝」下内野本、足利本、觀智院本有「于孝」二字，清原宣賢手鈔本引家本亦有。

十四葉九行注　必友于兄弟。　○物觀《補遺》：必友于兄弟。〔古本〕「兄」上有「其」字。○阮元《校記甲》：必友于兄弟。「兄」上古本有「其」字。○《定本校記》：必友于兄弟。「兄」上内野本、足利本、觀智院本有「其」字，清原宣賢手鈔本引家本亦有。

十四葉九行注　正此東郊。　「正」，岳作「止」。

十四葉十一行經　兹率厥常。　○山井鼎《考文》：兹率厥常。〔古本〕「厥」作「其」。「圖厥政」、「惟厥中」、「簡厥修」、「進厥良」並同。

十四葉十二行注　當愼汝所主。　○《定本校記》：當愼汝所主。内野本無「當」字，清原宣賢手鈔本引家本亦無。

十四葉十四行釋文　懋。音茂。治。直吏反。下注政治同。「茂」下纂無「治。直吏反。下注政治同」九字。

十四葉十四行疏　「周公至君陳○正義曰」至「周之東郊也」。○浦鏜《正字》：王若曰節疏「周公」至「東郊也」百九十六字當在上序下。○盧文弨《拾補》：周公至君陳。自此至「是言成周之邑爲周之東郊也」止，當在序傳之下。○疏文「周公至君陳○正義曰」至「周之東郊也」兩節定本移於上文注「作書命之」下。《定本校記》：周公既没。此節疏，〔足利〕八行本在後文「惟民其乂」下，今從殿本、浦氏。

十四葉十四行疏　周公至君陳。「君陳」，平作「其乂」。

十四葉十五行疏　周公既没。「没」，要作「殁」。

十四葉十五行疏　正此東郊成周之邑。「此」，要、十作「北」。

十四葉十六行注　以策書命之。○浦鏜《正字》：以策書命之。「書」，監本誤「晝」。

十四葉十七行疏　而特命君陳大其事者。「特」，十、永作「持」。

十四葉十八行疏　分居正東郊成周之邑里官司也。「東郊」下要無「成周之邑里官司也」八字。

十四葉十八行疏　即畢命所云。　「云」，十、永、阮作「去」。○阮元《校記甲》：即畢命所云。「云」，十行本誤作「去」。○阮元《校記乙》：即畢命所去。毛本「去」作「云」。案：「去」字誤。

十五葉一行疏　今河南洛陽。　「陽」下要有「縣」字。

十五葉二行疏　「傳臣名至名篇○正義曰」至「孔未必然矣」。○浦鏜《正字》：「傳臣名」至「未必然矣」五十九字當在上「君陳」傳下。○盧文弨《拾補》：傳臣名至名篇。自此至「孔未必然矣」止，當在標目「君陳」傳下。○疏文「傳臣名至名篇○正義曰」至「孔未必然矣」，定本移於上文注「因以名篇」下。《定本校記》：君陳。此節疏〔足利〕八行本在後文「惟民其乂」下，今從殿本、浦氏。

十五葉二行疏　鄭玄注中庸云。君陳蓋周公子者。　「蓋」，十作「盖」。○殿本《考證》：鄭元注中庸云，君陳蓋周公子者。臣召南按：坊記引「嘉謀嘉猷」之文，而康成注之，非中庸也。孔疏「注中庸」三字誤，應作「注坊記」。○浦鏜《正字》：鄭玄注中庸云，君陳蓋周公子者。按：此見坊記注，作「中庸」，誤。○盧文弨《拾補》：鄭玄注坊記云，君陳蓋周公子者。毛本「坊記」作「中庸」，誤。浦改。○《定本校記》：鄭玄注中庸云。浦氏云「中庸」當作「坊記」。

十五葉三行疏　周公既没△。「没」，要作「殁」。

十五葉三行疏　猶若△蔡叔既没△。「若」，平作「告」。「没」，要作「殁」。

十五葉三行疏　孔未△必然矣。「未」，要作「末」。

十五葉六行疏　推△此親親之心。「推」，平作「惟」。

十五葉七行經　至治馨△香。「馨」，閩作「聲」。○阮元《校記甲》：我聞曰至治馨香。「馨」，閩、葛俱誤作「聲」。

十五葉七行經　黍稷△非馨。「稷」，要作「⿰木畟」。

十五葉七行注　所聞之△古聖賢之言ˇ。上「之」，八、李、王、纂、平、要、岳、永、殿、庫作「上」。○山井鼎《考文》：所聞之古聖賢之言。〔古本〕上「之」作「上」，宋板同。〔古本〕「言」下有「也」字。下註「有初無終」下同。○盧文弨《拾補》：所聞上古聖賢之言。毛本「上」作「之」。「之」當作「上」。○阮元《校記甲》：所聞之古聖賢之言。「之」，古、岳、宋板、纂傳俱作「上」。「言」下古本有「也」字。阮元《校記乙》同。

十五葉八行注　政△治之至者。○阮元《校記甲》：政治之至者。「政」，纂傳作「致」，誤。

十五葉八行注　動於△神明。「於」，要作「于」。

十五葉九行注　勵之以德ˇ。ˇ「德」下平、殿、庫有「也」字，纂有釋文「治，直吏反。下注政治同」九字。

十五葉十行經　爾尚式時周公之猷訓。　○《定本校記》：爾尚式時周公之猷訓。内野本、觀智院本無「訓」字，清原宣賢手鈔本引家本亦無。

十五葉十行經　無敢逸豫。　○山井鼎《考文》：無敢逸豫。〔古本〕「無」作「亡」。「爾無忿疾于頑」同。

十五葉十一行注　無敢自寬暇逸豫。　「無」，王作「无」。「暇」，李作「暇」。○《定本校記》：無敢自寬暇逸豫。内野本、觀智院本無「暇」字。

十五葉十二行釋文　孜。音兹。　「孜」下平復有「孜」字。

十五葉十二行疏　有至美治之善者。　○《定本校記》：有至美治之善者。「美」字疑衍。

十五葉十五行經　若不克見。　○山井鼎《考文》：若不克見。〔古本〕「不」作「弗」。下文皆同。

十六葉十六行注　此言凡人有初無終。　「無」，王作「无」。

十五葉十六行注　而不能用之。　「而」，八、李、王、纂、平、岳、永、殿、庫、阮作「亦」。○山井鼎《考文》：已見聖道而不能用之。〔古本〕「而」作「亦」，宋板同。○盧文弨《拾補》：已見聖道亦不能用之。毛本「亦」作「而」。「而」當作「亦」。○阮元《校記甲》：而不能用之。

亦不能用「而」，古、岳、宋板、十行、纂傳俱作「亦」。按：「而」字非也。○阮元《校記乙》：亦不能用之。古本、岳本、宋板、纂傳同。毛本「亦」誤作「而」。

十五葉十七行注　所以無成。「無」，王作「无」。

十五葉十八行注　汝戒勿爲凡人之行。○山井鼎《考文》：凡人之行。〔古本〕下有「也」字。○阮元《校記甲》：汝戒勿爲凡人之行。「行」下古本有「也」字。「先慮其難」下同。○《定本校記》：汝戒勿爲凡人之行。「凡」，内野本作「小」。

十六葉一行注　不可不慎。「慎」下王、纂、平、殿、庫有「行，下孟反。下德行同。應，應對之應」十三字釋文，上「行」字上平、殿、庫有「之」字。○山井鼎《考文》：補脱之行，下孟反。下德行同。應，應對之應〔據經典釋文〕。○浦鏜《正字》：「行，下孟切。下德行同。應，應對之應」一十三字脱。

十六葉二行注　無有不先慮其難。「無」，王作「无」。

十六葉三行注　出納之事。○物觀《補遺》：出納之事。〔古本〕「納」作「入」。○阮元《校記甲》：出納之事。「納」，古本作「入」。○《定本校記》：出納之事。「納」，内野本、足利本作「入」。

十六葉四行注　衆言同則陳而布之。　○物觀《補遺》：陳而布之。〔古本〕「布」作「有」。○阮元《校記甲》：則陳而布之。「布」，古本作「有」。

十六葉四行注　禁其專。　「禁」，王作「禁」。○山井鼎《考文》：禁其專。〔古本〕下有「之」字。○阮元《校記甲》：禁其專。古本下有「之」字。

十六葉四行釋文　繹。音亦。　「繹」，十作「釋」。

十六葉四行釋文　度待洛反。　「度」下平有「之上」二字。

十六葉四行經　爾有嘉謀嘉猷。　「謀」下閩無「嘉」字。

十六葉四行經　則入告爾后于内。　「后」，平作「告」。

十六葉五行注　則入告汝君於内。　○山井鼎《考文》：則入告汝君於内。〔古本〕「則」下有「當以」二字。○盧文弨《拾補》：則入告汝君於内。古本「則」下有「當以」二字。○阮元《校記甲》：則入告汝君於内。「則」下古本有「當以」二字。○《定本校記》：則入告汝君於内。「則」下内野本、足利本、觀智院本有「當以」二字，清原宣賢手鈔本引家本亦有。

十六葉六行注　汝乃順行之於外。　○山井鼎《考文》：汝乃順行之於外。〔古本〕「乃」下有「后」字。○盧文弨《拾補》：汝乃順行之於外。「乃」下古本有「后」字。○阮元《校記甲》：汝乃順行之於外。「乃」下古本有「后」字。○《定本校記》：汝乃順行之於外。「乃」

下内野本、足利本、觀智院本有「後」字，清原宣賢手鈔本引家本亦有。

十六葉七行注　善則稱君。人臣之義。○《定本校記》：善則稱君，人臣之義。内野本、觀智院本無「人臣」二字。

十六葉七行經　嗚呼。「嗚」，永作「鳴」。

十六葉八行注　歎而美之曰。○《定本校記》：歎而美之曰。内野本、觀智院本無「而」字，清原宣賢手鈔本引家本亦無。

十六葉九行注　皆順此道。「順」上要無「皆」字。

十六葉九行注　則君顯明於世。「於」，薈作「于」。

十六葉十一行注　無乘勢位作威人上。○山井鼎《考文》：作威人上。〔古本〕「人」作「民」。下「殷人有罪」同。○盧文弨《拾補》：無乘勢位作威人上。古本「人」作「民」，下「殷人有罪」、「言人自然之性」、「人之於上」、「汝治人」竝同。○阮元《校記甲》：無乘勢位作威人上。「人」，古本作「民」。下「殷人有罪」同。阮元《校記乙》同。○《定本校記》：無乘勢位作威人上。「人」，内野本、足利本、觀智院本作「民」。

十六葉十四行注　殷人有罪在刑法者。○《定本校記》：殷人有罪在刑法者。「人」，内野本、足利本、觀智院本作「民」。

十六葉十五行注　汝勿刑。　○山井鼎《考文》：汝勿刑。〔古本〕下有「也」。「汝勿宥」下、下註「其乃有所成」下同。

十六葉十六行注　惟其當以中正平理斷之。　○浦鏜《正字》：惟其當以中正平法斷之。「法」誤「理」，從疏校。○盧文弨《拾補》：惟其當以中正平理斷之。浦云「理」當從疏作「法」。

十六葉十六行釋文　辟。扶亦反。　「扶」，纂作「婢」。○阮元《校記甲》：辟，扶亦反。毛居正曰：「反」作「又」，誤。

十六葉十六行釋文　中。如字，或竹仲反。　「中」上平有「厥」字。「竹」，王、纂、平、永、閩、殿、庫、阮作「丁」，十作「下」。○阮元《校記甲》：厥中，或丁仲反。「丁」，毛本作「竹」。

十六葉十六行經　有弗若于汝政。　○《定本校記》：有弗若于汝政。内野本無「政」字，清原宣賢手鈔本引家本亦無。

十六葉十七行經　弗化于汝訓。　○《定本校記》：弗化于汝訓。内野本無「汝」字，清原宣賢手鈔本引家本亦無。

十六葉十七行注　有不順於汝政。　「於」，要作「于」。

十六葉十八行注　刑之而懲止。　「懲」，王作「懲」。

十七葉二行注　三犯不赦。　「三」，纂作「二」。

十七葉二行注　所以絶惡源。　「源」，平作「原」。

十七葉二行釋文　所以絶惡源。○狃。女九反。　「狃」上永無「○」。○張鈞衡《校記》：狃，女九反。上脱「○」。

十七葉三行疏　汝今爲政。　「汝」，永作「女」。

十七葉五行疏　莫爲褊急。　「褊」，平作「徧」，十、永作「猵」。

十七葉六行疏　我告汝曰赦宥之。汝惟勿得赦宥之。　「我告汝曰赦宥之」下平無「汝惟勿得赦宥之」七字。

十七葉七行疏　其有不順於汝之政令。　「於」，要作「于」。

十七葉七行疏　其罪既大。　「大」，永作「太」。

十七葉七行疏　當行刑中刑罰一人。　○浦鏜《正字》：當行刑中。「中」疑「罰」字誤。○盧文弨《拾補》：當用刑罰。毛本「罰」作「中」，譌。○《定本校記》：當行刑中。浦氏云：「中」疑「罰」字誤。

十七葉八行疏　雖刑勿息。故不可輒刑。　○浦鏜《正字》：雖刑勿息，故不可輒刑。「息」疑。

十七葉十行疏　即是闡揚而大之。　「闡」，十作「闡」。

十七葉十行疏　非遺君陳爲法。　「遺」，要作「遺」。

十七葉十一行疏　故禁之也。　「之」下要無「也」字。

十七葉十三行疏　狃。忕前復爲也。　「忕」，單、八作「忲」。○浦鏜《正字》：狃，忕前事復爲也。脱「事」字，從爾雅疏校。○盧文弨《拾補》：狃，忕前復爲也。浦云「前」下爾雅疏有「事」字。

十七葉十三行疏　古言狃忕。　「忕」，單、八、薈作「忲」。

十七葉十三行疏　是貫習之義。　「貫」，單、八、平、殿、庫作「慣」。

十七葉十四行疏　三犯不赦。　「犯」，平作「狃」。

十七葉十五行經　爾無忿疾于頑。無求備于一夫。　「夫」，毛作「大」。○物觀《補遺》：無求備于一大。〔古本〕「大」作「夫」。宋板同。○浦鏜《正字》：無求備于一夫。「夫」，毛本誤「大」。○阮元《校記甲》：爾無忿疾于頑，無求備于一大。「大」，古本、唐石經、岳、葛、宋板、十行、閩、監俱作「夫」，是也。○阮元《校記乙》：爾無忿疾于頑，無求備于一夫。古本、唐石經、岳本、葛本、宋板、閩本、明監本同，毛本「夫」誤「大」。○《定本校記》：無求備于一夫。「夫」，内野本作「人」。

十七葉十六行注　無忿怒疾之。　○《定本校記》：無忿怒疾之。内野本無「怒」字，清原宣賢手鈔本引家本亦無。

十七葉十七行注　無責備于一夫。　○《定本校記》：無責備於一夫。「夫」，内野本、觀智院本作「人」。

十八葉一行釋文　長。誅丈反。　「長」上平有「君」字。「誅」，殿、庫作「丁」。○山井鼎《考文》：長，誅丈反。經典釋文「誅」作「丁」。○阮元《校記甲》：君長，丁丈反。「丁」，葉本、十行本、毛本俱作「誅」字。按：「誅丈」即「丁丈」。釋文惟此及冏命作「誅長」，餘竝作「丁長」。（彙校者案：下二「長」當作「丈」。）

十八葉一行釋文　垢。工口反。　纂無「垢工口反」四字。○阮元《校記甲》：垢，工口反。「工口反」三字，葉本空缺。

十八葉二行注　亦別其有不修者。　○《定本校記》：亦別其有不修者。内野本、觀智院本無「有」字，清原宣賢手鈔本引家本亦無。

十八葉三行釋文　沮。在汝反。　「沮」，纂作「阻」。

十八葉四行注　進顯其賢良者。　「其」，十作「有」。

十八葉五行疏　民者真也。當以漸教之。　「真」，單作「寘」，八、殿作「寘」，平作「冥」，庫作「寘」。「漸」，十作「斯」。○山井鼎《考文》：民者真也。宋板「真」作「寘」。○浦鏜《正字》：民者真也，當以漸教之。「真」當「冥」字誤。○盧文弨《拾補》：民者冥也。毛本「冥」作「真」。「真」當作「冥」。○阮元《校記甲》：民者真也。「真」，宋板作「寘」。案：嚴杰云：宋本是也。鄭注論語泰伯可證。鄭注呂刑亦可證。阮元《校記乙》同。

十八葉五行疏　汝無忿怒疾惡頑嚚之民。　「嚚」，八作「囂」。

十八葉六行疏　無求備於一人。　「於」，阮作「于」。

十八葉六行疏　當取其所能。在爲人君。　「君」下單、八、殿、庫有「長」字。○山井鼎《考文》：在爲人君。〔宋板〕「君」下有「長」字。○盧文弨《拾補》：當取其所能任爲人君長。毛本「任」作「在」，譌。毛本脱「長」字。○阮元《校記甲》：在爲人君。「君」下宋板有「長」字。○《定本校記》：當取其所能在。「在」字疑譌。盧氏云當作「任」。

十八葉七行疏　欲其寬大不褊隘也。　「褊」，永作「徧」。

十八葉八行疏　欲令其化惡使爲善也。　「使」，永作「所」。

十八葉八行注　言人自然之性敦厚。　○山井鼎《考文》：言人自然。〔古本〕「人」作「民」。○阮元《校記甲》：言人自然之性敦厚。「人」，古本作「民」。下傳「人之於上」、「汝治人能敬」同。阮元《校記乙》同。○《定本校記》：言人自然之性敦厚。「人」，内野本、足利本、觀智院本作「民」。

十八葉九行注　有遷變之道。　「遷變」，纂、庫作「變遷」。

十八葉十行注　人之於上。　○物觀《補遺》：人之於上。〔古本〕「人」作「民」。○《定本校記》：人之於上。「人」，内野本、足利本、觀智院本作「民」。

十八葉十一行注　故人主不可不慎所好。　○山井鼎《考文》：不可不慎所好。〔古本〕下有「之」字。○阮元《校記甲》：故人主不可不慎所好。「所」上纂傳有「其」字，「好」下古本有「之」字，非也。

十八葉十二行注　汝治人能敬常在道德。　○山井鼎《考文》：汝治人。〔古本〕「人」作「民」。○物觀《補遺》：能敬常在道德。〔古本〕「常」下有「常」字。○阮元《校記甲》：常在道德。古本重「常」字。○《定本校記》：汝治人能敬常在道德。「人」，内野本、足利本、觀智院本作「民」。「常」字，内野本、足利本、觀智院本重，清原宣賢手鈔本引家本亦然。

十八葉十三行注　是乃無不變化，其政教。　○山井鼎《考文》：是乃無不變化。〔古本〕下有「也」字。

十八葉十三行注　則信升于大道。　「于」，毛、阮作「於」。「大」，王作「天」。○山井鼎《考文》：升於大道。〔古本〕下有「者」字。物觀《補遺》：古本、宋板「於」作「于」。○阮元《校記甲》：則信升於大道。古本下有「者」字。

十八葉十四行注　亦當受其多福無凶危。　「當」上王無「亦」字。○山井鼎《考文》：凶危。〔古本〕作「凶厄」。○阮元《校記甲》：無凶危。「危」，古本作「厄」。○《定本校記》：無凶危。「危」，内野本、足利本作「厄」。

十八葉十五行經　終有辭於永世。　○山井鼎《考文》：有辭於永世。〔古本〕「辭」作「詞」。○盧文弨《拾補》：終有辭于永世。古本「辭」作「詞」。毛本「于」作「於」。「於」當作「于」。○阮元《校記甲》：終有辭於永世。「辭」，古本作「詞」。阮元《校記乙》同。

十八葉十五行注　非但我受多福而已。　「但」，平、阮作「伹」。○山井鼎《考文》：非但我受多福而已。〔古本〕「但」作「怛」，宋板同。謹按恐非。○阮元《校記甲》：非但我受多福而已。「但」，古本、宋板俱作「怛」，非也。阮元《校記乙》同。○《定本校記》：非但我受多福而已。「但」，〔足利〕八行本誤作「怛」。

十八葉十六行注　其汝之美名。亦終見稱誦於長世。　「見」，毛作「凡」。○物觀《補遺》：凡稱誦於長世。〔古本〕「凡」作「見」。○浦鏜《正字》：其汝之美名，亦終見稱誦於長世。「見」，毛本誤「凡」。○盧文弨《拾補》：其汝之美名，亦終見稱誦於長世。毛本「見」作「凡」。「凡」當作「見」。○阮元《校記甲》：凡稱誦於長世。「凡」，古、岳、葛本、十行、閩、監、纂傳俱作「見」。○阮元《校記乙》：見稱誦於長世。古本、岳本、葛本、閩本、明監本、纂傳同。毛本「見」作「凡」。

十八葉十六行注　言没而不朽。　「没」上纂無「言」字。

十八葉十七行釋文　長，如字。朽，許久反。　「長」下平有「世上」二字。

十八葉十七行疏　因見所習之物。　○阮元《校記甲》：因見所習之物。按：傳「見」上有「所」字。阮元《校記乙》同。○《定本校記》：因見所習之物。阮氏云：按：傳「見」上有「所」字。

十八葉十七行疏　本性乃有遷變。　「本性」下「乃有」二字八爲空白。○山井鼎《考文》：本性乃有遷變爲惡。〔宋板〕「本性乃」作「乃性皆」。○阮元《校記甲》：本性乃有遷變爲惡。「本性乃」，宋板作「乃性皆」。○《定本校記》：本性乃有遷變。〔足利〕八行本作「乃性皆有遷變」，恐非。

十九葉一行疏　**汝之治民能敬。當從終常在於道德教之。**　○浦鏜《正字》：當從終常在於道德教之。「當從」下疑脱「始至」二字。○盧文弨《拾補》：當從始至終常在於道德教之。毛本脱「始至」二字，浦補。○阮元《校記甲》：常在於道德教之。許宗彦云：「教之」二字因下句而衍。○阮元《校記乙》：常在於道德教之。許宗彦云：「教之」二字因下句誤衍。○《定本校記》：能敬當從終常在於道德教之。「當從」，疑當作「常道」。

十九葉二行疏　**民皆變從汝化。**　「皆」，平作「能」。

十九葉二行疏　**則信升于大道矣。**　「于」，單、八、平、毛作「於」。

十九葉二行疏　**惟我一人亦當受其多福無凶危矣。**　「當」，平作「常」。

顧命第二十四

十九葉四行經　**顧命第二十四**　「二十」，石作「廿」。

十九葉七行注　**中分天下而治之。**　「之」下王、纂、殿、庫有釋文「治，直吏反」四字，平有釋文「而治直吏反」五字。○山井鼎《考文》：補脱而治，直吏反〔據經典釋文〕。

十九葉七行注　臨終之命ˇ曰顧命。　○山井鼎《考文》：曰顧命。〔古本〕上有「故」字。○盧文弨《拾補》：臨終之命曰顧命。古本「命」下有「故」字。○阮元《校記甲》：曰顧命。「曰」上古本有「故」字。○《定本校記》：臨終之命曰顧命。「曰」上内野本、足利本、觀智院本有「故」字，清原宣賢手鈔本引家本亦有。

十九葉八行釋文　顧。工户反ˇ。馬云△。　「工户反」下纂有「命」字，平有「命，臨終之命。顧命」七字，殿、庫有「命，臨終之命曰顧命」八字。「云」，平作「曰」。

十九葉八行釋文　成王將崩。顧命△康王。　「命」，王、纂、平、殿、庫作「念」。○山井鼎《考文》：成王將崩，顧命康王。經典釋文「命」作「念」。○浦鏜《正字》：顧念康王。「念」誤「命」。○阮元《校記甲》：顧念康王。「念」，十行本、毛本俱誤作「命」。

十九葉十行疏　禮記曲禮下文△云。　「下」下單、八、要無「文」字。○山井鼎《考文》：禮記曲禮下文云。宋板無「文」字。○盧文弨《拾補》：禮記曲禮下云。毛本「云」上衍「文」字。宋本無。○阮元《校記甲》：禮記曲禮下文云。宋板無「文」字。阮元《校記乙》同。

十九葉十行疏　職。主△也。　「主」，薈作「王」。

十九葉十一行疏　是伯分主東△西者也。　「東」，要、庫作「東」。

十九葉十一行疏　周禮大宗伯云。「大」，平作「太」。

十九葉十一行疏　謂上公有功德者。「上」下平無「公有」二字。

十九葉十二行疏　牧主一州。「牧」，八、要作「故」。○物觀《補遺》：牧牧主一州。宋板下「牧」作「故」。○阮元《校記甲》：牧主一州。「牧」，宋板作「故」。○《定本校記》：牧主一州。「牧」，〔足利〕八行本誤作「故」。

十九葉十三行疏　自陝而東者。周公主之。○浦鏜《正字》：自陝而東者，周公主之。「陝」誤「陜」。「隘」字下並同。○盧文弨《拾補》：自陝而東者，周公主之。毛本「陝」從「夾」作「陜」，譌。下同。

十九葉十四行疏　漢世之書。「漢」下要無「世」字。

十九葉十四行疏　漢之弘農郡所治。「弘」，要作「宏」。

十九葉十五行疏　周之所分。「之」，阮作「公」。

十九葉十五行疏　公羊傳所言周召分主。「主」，平作「王」。

十九葉十五行疏　謂成王即位之初。「王」，永作「玉」。

十九葉十六行疏　太保最在下。「最」上要無「太保」二字。

十九葉十八行疏　迴顧而爲語也。　○阮元《校記甲》：迴顧而爲語也。「爲語」，纂傳作「發命」。阮元《校記乙》同。

二十葉三行注　月十六日。　○山井鼎《考文》：月十六日。〔古本〕下有「也」字。

二十葉四行經　甲子。王乃洮類水。　「乃」上八、要無「王」字。○物觀《補遺》：甲子王乃。〔宋板〕無「王」字。○阮元《校記甲》：王乃洮類水。宋板無「王」字。阮元《校記乙》同。○《定本校記》：王乃洮類水。〔足利〕八行本脱「王」字。

二十葉四行經　相被冕服。　「被」，要作「披」。

二十葉四行注　王大發大命。臨羣臣。必齊戒沭浴。　「大」，岳作「將」。「齊」，李、纂、平、要、十、永、閩、毛、薈作「齋」。「沭」，八、李、平、岳、十、永、閩、毛、庫、阮作「沐」。○浦鏜《正字》：王大發大命。臨羣臣，必齋戒沐浴。「大發」，按疏當「將發」誤。續通解無此字。「齋」，釋文作「齊」。○阮元《校記甲》：王大發大命。「大」，岳本作「將」。按：疏述注作「將」，其標目仍作「大」。又云：「顧命羣臣大發大命」，恐俱因注之誤而誤也。續通解及纂傳載此注俱直云「王發大命」，無「將」字。阮元《校記乙》同。○《定本校記》：王將發大命。「將」，各本作「大」，與疏標題不合，今從岳本、足利本。

二十葉五行注　扶相者被以冠冕。「被」，要作「披」。

二十葉六行釋文　頮。音悔。説文作沬。云古文作頮。「沬」，閩、毛、庫作「沬」。○阮元《校記甲》：頮，説文作沬，云古文作頮。「頮」，葉本作「須」。按：今本説文作「須」，是誤字。文選報任少卿書注所引可證也。

二十葉七行釋文　憑。皮冰反。下同。説文作凭。云依倚也。「冰」，閩作「氷」。「倚」，王、平、殿、庫作「几」，纂作「凡」。○山井鼎《考文》：憑，説文作凭，云依倚也。〔經典釋文〕「倚」作「几」。○浦鏜《正字》：憑，依几也。「几」誤「倚」。○阮元《校記甲》：憑，皮冰反，依几也。按：經典凡「馮河」、「馮依」字皆作「馮」，不作「憑」。今本作「憑」，段玉裁云此開寶中所改也。「几」，十行本、毛本俱誤作「倚」。

二十葉八行釋文　朝。直遥反。「朝」上平有「加」字。

二十葉八行經　乃同召太保奭。芮伯。彤伯。「彤伯」上要無「芮伯」二字。

二十葉九行注　同召六卿。下至御治事。○山井鼎《考文》：同召六卿，下至御治事。〔古本〕無「治」字。「事」下有「也」。「六卿次第」下、「虎臣虎賁氏」下、下註「久留言無瘳」下、「成王自斥」下、「言奉順」下並同。○阮元《校記甲》：下至御治事。古本無「治」字。按：疏作「下及御事」。今本因下傳而誤。○阮元《校記乙》：下至御治事。古本無「治」字。

按：疏作「下及御事」。殆因下傳而誤。○《定本校記》：下至御治事。内野本、足利本、觀智院本無「治」字，清原宣賢手鈔本引家本亦無。

二十葉十行注　此先後六卿次第。「此」，李作「比」。

二十葉十一行注　司徒第二。「徒」，永作「從」。

二十葉十三行釋文　彤。徒冬反。○阮元《校記甲》：彤，葉本作「肜」。

二十葉十五行注　及諸御治事者。注文「及諸御治事者」下王、纂、殿、庫有釋文「賁，音奔。之長，丁丈反」七字，平有釋文「賁，音奔。之長，丁丈反」八字。○山井鼎《考文》：補脱賁，音奔。之長，丁丈反〔據經典釋文〕。

二十葉十五行疏　「顧命至御事○正義曰」至「故於此解也」。「顧命」下單無「至御事」三字。○浦鏜《正字》：疏「顧命」至「於此解也」。二十二十四字當在上「顧命」傳下。「至御事」三字誤衍。○盧文弨《拾補》：顧命至御事。自此至「故於此解也」止，當在上「顧命」傳下。浦云「至御事」三字衍。○阮元《校記甲》：顧命至御事。此下兩段疏一本在篇題下。浦鏜云：「至御事」三字誤衍。阮元《校記乙》同。○「顧命至御事○正義曰」至「故於此解也」，該段疏文定本在孔傳「敘以要言」下，但「顧命」下無「至御事」三字。《定本校記》：顧命。此節疏〔足利〕八行本在後文「師氏虎臣百尹御事」下，今從殿本、浦氏。又：「命」下〔足利〕八行本擠入「至御事」三字，非。今從單疏。（彙校者案：《正字》「二十二十四」當作「一百七十一」。）

二十葉十六行疏　自王曰。至冒貢于非幾。「幾」，毛作「機」。○浦鏜《正字》：自王曰，至冒貢于非機。「機」，當從監本，依經文作「幾」。○盧文弨《拾補》：自王曰。至冒貢于非機。毛本「冒」譌作「肙」。元本、監本「機」譌作「幾」。○阮元《校記甲》：自王曰。至冒貢于非機。「機」，十行、閩、監、纂傳俱作「幾」，與經合。

二十葉十六行疏　至立于側階。「于」，十作「干」。

二十葉十八行疏　於顧命之下言之者。「於」，薈作「于」。

二十一葉一行疏　以上欲指明三公。中分天下之事。「三」，單、八、平、十、永、閩、阮作「二」。○物觀《補遺》：三公中分。〔宋板〕「三」作「二」。○盧文弨《拾補》：以上欲指明二公，中分天下之事。毛本「二」作「三」。「三」當作「二」。○阮元《校記甲》：以上欲指明三公，中分天下之事。「三」，宋板、十行、閩本俱作「二」，是也。○阮元《校記乙》：以上欲指明二公，中分天下之事。宋板、閩本同。毛本「二」誤作「三」。

二十一葉一行疏　非是摠語。故命不得言之。　「摠」，毛、殿、庫作「總」。○《定本校記》：非是摠語，故命不得言之。「命」字疑衍。或云「故」當作「顧」。

二十一葉一行疏　顧命是摠命羣臣。非但召畢而已。　「摠」，毛、殿、庫作「總」。

二十一葉二行疏　傳成王至悦懌。　「懌」，阮作「謂」。○阮元《校記甲》：傳成王至悦懌。「懌」，十行本誤作「謂」。○阮元《校記乙》：傳成王至悦謂。案：「謂」當作「懌」，形近之譌。○張鈞衡《校記》：傳成王至悦懌。阮元「懌」作「謂」，誤。

二十一葉二行疏　漢書律歷志云。成王即位三十年。　「歷」，單、八作「曆」。○殿本《考證》：漢書律歷志云成王即位三十年四月庚戌朔十五日甲子哉生魄即引此顧命之文以爲成王即位三十年而崩此劉歆説也。臣召南按：孔疏説漢志尚脱七年。劉歆以周公攝政七年，至還政始爲成王元年。故順數云後三十年。其説雖陋，然成王始終三十七年自明也。疏未明晰。○盧文弨《拾補》：引齊召南説同。

二十一葉二行疏　四月庚戌朔。　「戌」，單、八、平、要、十、永、閩作「戍」。

二十一葉三行疏　此是劉歆説也。　「此」下殿、庫無「是」字。

二十一葉三行疏　則不得與歆同矣。　「不」下要無「得」字。「歆」上要有「劉」字。

二十一葉四行疏　鄭玄云此成王二十八年。　「王」，十作「玉」。

二十一葉五行疏　即是望之日也。　「即是」，要作「是即」。

二十一葉五行疏　釋詁云。懌。樂也。　「懌」，阮作「釋」。

二十一葉六行疏　則成王遇病。　「病」，單、八、要作「疾」。

二十一葉六行疏　爲洮頮張本耳。　「頮」，殿作「頮」。

二十一葉七行疏　王大發至出命。　「大發」，單、八、平作「將」。

二十一葉七行疏　皆當潔清。　「潔」，單、八、永作「絜」。

二十一葉七行疏　必齋戒沐浴。　「齋」，庫作「齊」。「沐」，平、要、永、殿、薈作「沭」。

二十一葉七行疏　今以病疾之故。　「病疾」，要、永作「疾病」。

二十一葉七行疏　不能沐浴。　「沐」，要、永、殿、薈作「沭」。

二十一葉八行疏　但洮頮而已。　「但」，十作「伹」。

二十一葉八行疏　洗面謂之靧。　「之」上平重「謂」字。

二十一葉八行疏　面垢煙潘請靧。　「靧」上要無「請」字。

二十一葉八行疏　頮是洗面。　「是」上平無「頮」字。

二十一葉九行疏　言水。謂涉盟俱用水。　「謂」，要作「爲」。○《定本校記》：言水，謂涉盟俱用水。「盥」，疑當作「頮」。

二十一葉九行疏　以冕服加王。　「冕」，單作「冕」。

二十一葉九行疏　被以冠冕。　「冕」，單作「冕」。

二十一葉十行疏　以冕服被王首也。　「冕」，單、平作「冕」。「王」，單作「玉」。

二十一葉十行疏　謂以衮冕朝諸侯之服加王身也。　「冕」，單作「冕」。

二十一葉十行疏　鄭以爲玄冕。　「冕」，單作「冕」。

二十一葉十行疏　知不然者。　「知」，毛作「如」。○物觀《補遺》：如不然。〔宋板〕「如」作「知」。○浦鏜《正字》：知不然者。「知」，毛本誤「如」。○盧文弨《拾補》：知不然者。毛本「知」作「如」。「如」當作「知」。○阮元《校記甲》：如不然者。「如」，宋板、十行、閩、監俱作「知」，是也。

二十一葉十一行疏　不應惟服玄冕而已。　「冕」，單作「冕」。

二十一葉十一行疏　覲禮王服衮冕而有玉几。　「覲」，殿作「覲」。「冕」，單作「冕」。

二十一葉十二行疏　明服衮冕也。　「冕」，單作「冕」。

二十一葉十二行疏　**周禮司几筵云。**　「几」，閩作「凡」。

二十一葉十二行疏　**凡大朝覲。**　「凡」，八、平作「几」。「大」上要無「凡」字。

二十一葉十二行疏　**王位設黼扆。**　○浦鏜《正字》：覲王位設黼扆。「扆」，周禮作「依」，音於豈切。下「儀禮設斧扆」同。

二十一葉十二行疏　**扆前南向。**　「扆」，要作「前」。○阮元《校記甲》：扆前南向。「向」，纂傳作「面」。

二十一葉十三行疏　**正義曰下及御事。**　「下及御事」上要有「召畢毛以三公領卿芮彤衛以國君入爲卿」十七字。

二十一葉十五行疏　**故特言公。**　「特」，永、阮作「待」。○阮元《校記甲》：故特言公。「特」，十行本誤作「待」。○阮元《校記乙》：故待言公。毛本「待」作「特」。案：「待」字誤也。

二十一葉十六行疏　**大子三公。**　「大」，單、八、平、要、十、永、閩、毛、殿、庫、阮作「天」。

二十一葉十七行疏　**依周禮次第爲六卿也。**　「第」，平作「弟」。

二十一葉十八行疏　**其餘五國姬姓。**　「姬」，阮作「姒」。○阮元《校記甲》：其餘五國姬姓。「姬」，十行本誤作「姒」。○阮元《校記乙》：其餘五國姒姓。案：「姒」當作「姬」，形近之譌。○張鈞衡《校記》：其餘五國姬姓。阮本「姬」作「姒」，誤。

二十二葉一行疏　掌以美詔王。　「美」，要作「美」。○浦鏜《正字》：掌以美詔王。「美」，周禮作「媺」。

二十二葉一行疏　司王朝得失之事。　○浦鏜《正字》：司王朝得失之事。經作「掌國中失之事」。注：「中，中禮者也。失，失禮者也。」故書「中」爲「得」。

二十二葉一行疏　故與虎臣並於百尹之上。　「與」，阮作「於」。「於」，庫作「于」。○張鈞衡《校記》：故與虎臣。阮本「與」作「於」，誤。

二十二葉二行疏　謂諸掌事者。　「謂諸」，要作「諸謂」。

二十二葉二行疏　蓋大夫士皆被召也。　「夫」下單、八、要無「士」字。○山井鼎《考文》：蓋大夫士皆被召也。〔宋板〕無「士」字。○浦鏜《正字》：蓋大夫士皆被召也。續通解本無「士」字。○盧文弨《拾補》：蓋大夫皆被召也。毛本「夫」下衍「士」字。○阮元《校記甲》：蓋大夫士皆被召也。宋板無「士」字。按：續通解亦無「士」字。阮元《校記乙》同。

二十二葉三行經　疾大漸。　「大」，十作「太」。

二十二葉三行注　惟危殆。　「惟」，纂作「推」。

二十二葉四行釋文　幾。音機。徐音畿。下同。　「徐」下平有「亦」字。

二十二葉四行經　既彌留。恐不獲誓言嗣。　「獲」，閩作「穫」。○山井鼎《考文》：恐不獲誓言嗣。〔古本〕「不」作「弗」。「肄肄不違」同。

二十二葉五行注　言無瘳。　「無」，王作「无」。「瘳」，十作「廖」。

二十二葉九行釋文　重光。馬云。日月星也。太極上元十一月朔旦冬至。日月如疊璧。五星如連珠。故曰重光。重。直龍反。　上三十七字纂、平作「重光，上直龍反。馬云：日月星也。太極上元十一月朔旦冬至，日月如疊璧，五星如連珠，故曰重光」。「旦」，平作「日」。「疊」，平作「壘」。○阮元《校記甲》：重光，上直龍反，日月如疊璧。十行本、毛本俱作「重，直龍反」，在「故曰重光」下。「璧」，葉本作「壁」，非。

二十二葉十行釋文　麗。力馳反。　「馳」，平作「支」。

二十二葉十行釋文　肄。徐以至反。又以制反。　「又」下纂有「音」字。

二十二葉十行經　用克達殷集大命。　○盧文弨《拾補》：用克達殷集大命。石經「達」作「通」，「集」作「就」。

二十二葉十一行注　故能通殷爲周。　「通」，王作「適」，平、十、永、阮作「適」。○阮元《校記甲》：故能通殷。「通」，十行本誤作「適」。○阮元《校記乙》：故能適殷。毛本「適」作「通」。「適」字誤也。

二十二葉十二行經　在後之侗。　○盧文弨《拾補》：在後之侗。石經作「在夏后之詷」。說文同。

二十二葉十三行注　成王自斥。　「斥」，纂作「斤」。○盧文弨《拾補》：成王自斥。古本「斥」下有「也」字。此等必當有，今本一例删去，失之。

二十二葉十五行釋文　馬本作詷。　「詷」，平作「銅」。

二十二葉十五行釋文　斥。昌亦反。　「斥」，平作「厈」。「昌」，庫作「昌」。

二十二葉十六行注　今天下疾我身甚危殆。　○《定本校記》：今天下疾我身甚危殆。内野本、觀智院本無「危」字，清原宣賢手鈔本引家本亦無。

二十二葉十七行注　勿忽略。　○山井鼎《考文》：勿忽略。〔古本〕下有「之」字。○阮元《校記甲》：勿忽略。古本下有「之」字。

二十二葉十八行注　釗。康王名。　○山井鼎《考文》：釗，康王名。〔古本〕下有「也」字。

二十二葉十八行注　大度於艱難。　「度」，八、王、纂、岳作「渡」。○山井鼎《考文》：大度於艱難。〔古本〕「度」作「渡」，宋板同。○阮元《校記甲》：大度於艱難。「度」，古、岳、宋板俱作「渡」。按：續通解亦作「渡」。纂傳作「度」。○阮元《校記乙》：大度於艱難。古本、岳本、宋板「度」作「渡」。按：續通解亦作「渡」。纂傳作「度」。疏内同。

二十三葉一行釋文　又音昭。「昭」，毛作「招」。

二十三葉三行經　思夫人自亂于威儀。「于」，纂作「於」。

二十三葉三行注　羣臣皆宜思夫人。夫人自治正於威儀。○《定本校記》：羣臣皆宜思夫人。夫人自治正於威儀。内野本、觀智院本不疊「夫人」。

二十三葉五行注　汝無以釗冒進于非危之事。「無」，王作「无」。「事」下王、纂、平、殿、庫有釋文「夫人，如字，注同。冒，亡報反，一音墨，馬、鄭、王作勗。貢，如字，馬、鄭、王作贛，音勑用反，馬云陷也」三十四字。王「夫」下無「人」字，「勑」上無「音」字。「冒，亡報反」，平作「冒，工報反」。○物觀《補遺》：補脱夫人，如字，註同。冒，亡報反，一音墨，馬、鄭、王作勗。貢，如字，馬、鄭、王作贛，音勑用反，馬曰陷也〔據經典釋文〕。○浦鏜《正字》：「夫人，如字，注同。冒，亡報切，一音墨，馬、鄭、王作勗。貢，如字，馬、鄭、王作贛，音勑用切，馬云陷也」三十四字脱。

二十三葉七行疏　不得結誓。出言語以繼續我志。「得」、「結」間八有二字空格。○物觀《補遺》：不得結誓。〔宋板〕「得」、「結」間空二字。○盧文弨《拾補》：不得結誓，出言語。宋本「結」下空二字。或當有「信」字。○阮元《校記甲》：不得結誓出言語。宋板

「得」、「結」二字間空二字。盧文弨云此無脱文，但「結誓」疑當作「結信誓」。○阮元《校記乙》：不得結誓出言語。宋板「得」下空二字。盧文弨云此無脱文，但「結誓」疑當作「結信誓」。

二十三葉七行疏　昔先公文王武王。「公」，單、八、平、永、阮作「君」。○山井鼎《考文》：昔先公文王武王。〔宋板〕「公」作「君」。○浦鏜《正字》：昔先君文王武王。「君」誤「公」。○盧文弨《拾補》：昔先君文王武王。毛本「君」作「公」。「公」當作「君」。○阮元《校記甲》：昔先公文王武王。「公」，宋板、十行俱作「君」。按：「公」字誤。○阮元《校記乙》：昔先君文王武王。毛本「君」誤作「公」。

二十三葉八行疏　則勤勞矣。「勤」，平作「力」。

二十三葉八行疏　文武定命陳教。「武」，十作「王」。

二十三葉八行疏　代殷爲主。「代」，毛作「伐」。○物觀《補遺》：伐殷爲主。〔宋板〕「伐」作「代」。○浦鏜《正字》：代殷爲主。「代」，毛本誤「伐」。○盧文弨《拾補》：代殷爲主。毛本「代」作「伐」。「伐」當作「代」。○阮元《校記甲》：伐殷爲主。「伐」，宋板、十行、閩、監俱作「代」。○阮元《校記乙》：代殷爲主。宋板、閩本、明監本同。毛本「代」作「伐」。

二十三葉九行疏　言巳常敬迎天之威命。　「威」，毛作「成」。○物觀《補遺》：天之成命。〔宋板〕「成」作「威」。○浦鏜《正字》：言巳常敬迎天之威命。「威」，毛本誤「成」。○盧文弨《拾補》：言己常敬迎天之威命。毛本「威」作「成」。「成」當作「威」。○阮元《校記甲》：言巳常敬迎天之成命。「成」，宋板、十行、閩、監俱作「威」。按：「成」字非也。○阮元《校記乙》：言巳常敬迎天之威命。宋板、閩本、明監本同。毛本「威」作「成」，非也。

二十三葉九行疏　繼守文武大教。　「大」，十作「太」。

二十三葉十行疏　言常戰慄畏懼。　「常」，阮作「當」。○阮元《校記甲》：言常戰慄畏懼。「常」，十行本誤作「當」。○阮元《校記乙》：言當戰慄畏懼。毛本「當」作「常」。案：所改是也。

二十三葉十一行疏　大度於艱難。　「度」，單、八、十、永、閩、阮作「渡」。○阮元《校記甲》：大度於艱難。「度」，十行、閩本俱作「渡」，與宋本注同。

二十三葉十一行疏　遠近俱安之。　「安」，平作「定」。○浦鏜《正字》：遠近俱安之。「遠」，監本誤「還」。○阮元《校記甲》：遠近俱安之。「遠」，監本誤作「還」。

二十三葉十二行疏　又當安勸小大衆國。　「當」上永無「又」字。

二十三葉十四行疏　汝無以釗冒進於非事危事。　「於」，庫作「于」。

二十三葉十四行疏　欲令戒其不爲惡也。　「戒」下平無「其」字。

二十三葉十五行疏　恐死不得結信出言。　「不」上八重「死」字。○物觀《補遺》：恐死不得。〔宋板〕「死」、「不」間空一字。○阮元《校記甲》：恐死不得結信出言。宋板「死」、「不」間空一字。阮元《校記乙》同。

二十三葉十六行疏　則不能續志。　「能」，單、八、平、永、阮作「得」。○山井鼎《考文》：不能續志。〔宋板〕「能」作「得」。○盧文弨《拾補》：若不能言，則不得續志。毛本「得」作「能」。「能」當作「得」。○阮元《校記甲》：則不能續志。「能」，宋板、十行俱作「得」。○阮元《校記乙》：則不得續志。宋板同。毛本「得」作「能」。

二十三葉十六行疏　以此及今能言。　「此」上八無「以」字。

二十三葉十六行疏　故我詳審出言教命汝。　阮「詳審」作「詩蓄」，「汝」作「彼」。○阮元《校記甲》：故我詳審出言教命汝。「詳審」，十行本誤作「詩蓄」。○阮元《校記乙》：故我詩蓄出言教命汝。毛本「詩蓄」作「詳審」。案：「詩蓄」無解，是形近之譌。○張鈞衡《校記》：故我詳審出言教命汝。阮本「詳審」作「詩蓄」，「汝」作「彼」，均誤。

二十三葉十八行疏　**言必死也。**　「死」，毛作「殆」。○物觀《補遺》：必殆也。〔宋板〕「殆」作「死」。○浦鏜《正字》：不起不悟，言必死也。「死」，毛本誤「殆」。○盧文弨《拾補》：言必死也。毛本「死」作「殆」。「殆」當作「死」。○阮元《校記甲》：言必殆也。「殆」，宋板、十行、閩、監俱作「死」。○阮元《校記乙》：言必死也。宋板、閩本、明監本同。毛本「死」作「殆」。

二十三葉十八行經　**茲既受命還。**　○盧文弨《拾補》：茲既受命還。石經「既」作「即」。

二十三葉十八行注　**此羣臣已受賜命。各還本位。**　「賜」，八、李、王、纂、平、要、岳作「顧」。○山井鼎《考文》：此羣臣已受賜命。〔古本〕「賜」作「顧」，宋板同。○浦鏜《正字》：此羣臣已受顧命，各還本位。「顧」誤「賜」。○盧文弨《拾補》：此羣臣已受顧命，各還本位。毛本「顧」作「賜」。「賜」當作「顧」。○阮元《校記甲》：此羣臣已受賜命。「賜」，古、岳、宋板、續通解、纂傳俱作「顧」，是也。○阮元《校記乙》：此羣臣已受賜命。古本、岳本、宋板、續通解、纂傳「賜」作「顧」，是也。

二十四葉一行經　**出綴衣于庭。**　「于」，要作「於」。

二十四葉一行注　**綴衣幄帳羣臣既退。**　「幄」，李作「握」。○山井鼎《考文》：「綴衣幄帳」下、「東首反初生」下、「明日王崩」下、「桓毛名」下，〔古本〕共有「也」字。

二十四葉二行注　王寢於北墉下。　「北」，要作「此」。「墉」，李、十作「牖」。○阮元《校記甲》：王寢於北墉下。陸氏曰：「墉」，本亦作「牖」。按：「墉」、「牖」字相似。鄭注喪大記兩存之。續通解、纂傳引此注俱作「牖」。阮元《校記乙》同。

二十四葉三行釋文　綴。竹衛反。　「竹」，王、纂、平、岳、十、永、閩、殿、庫、阮作「丁」。○物觀《補遺》：綴，竹衛反。〔經典釋文〕「竹」作「丁」。○阮元《校記甲》：綴，丁衛反。「丁」，毛本作「竹」。

二十四葉三行釋文　注安民立政曰成。　「注」下王、纂、平、殿、庫有「云」字。○物觀《補遺》：註安民立政。〔經典釋文〕「註」上有「云」字。（彙校者案：「上」字當作「下」。）○阮元《校記甲》：王崩，注云安民立政曰成。十行本、毛本俱脱「云」字。

二十四葉四行釋文　本亦作牖。　「牖」，王作「牗」。

二十四葉四行釋文　首。式又反。　「首」，毛、阮作「音」。「式」，王、纂、平、殿、庫作「手」，十、永、阮作「毛」。○山井鼎《考文》：音式又。〔經典釋文〕作「首手又」。○浦鏜《正字》：首，式又切。「首」，毛本誤「音」。○阮元《校記甲》：首，手又反。十行本「手」誤「毛」。毛本「首手」作「音式」，非也。

二十四葉六行經　逆子釗於南門之外。　「於」，石、八、李、王、纂、要、岳作「于」。○山井鼎《考文》：逆子釗於南門之外。〔古本〕「於」作「于」，宋板同。○盧文弨《拾補》：逆子釗于南門之外。毛本「于」作「於」。「於」當作「于」。

二十四葉六行注　臣子皆侍左右。　「侍」，要作「待」。

二十四葉六行注　將正太子之尊。　「正」，岳作「止」。

二十四葉七行注　於齊侯呂伋。　○《定本校記》：於齊侯呂伋。「侯」，〔足利〕八行本誤作「使」。

二十四葉八行注　索虎賁百人。　○山井鼎《考文》：索虎賁百人。〔古本〕下有「氏」字。謹按恐非。○阮元《校記甲》：索虎賁百人。「賁」下古本有「氏」字，非。○《定本校記》：索虎賁百人。「百人」二字内野本、觀智院本作「氏」，清原宣賢手鈔本引家本亦然。

二十四葉八行注　所以殊之。　○山井鼎《考文》：「所以殊之」下、「明室路寢」下，〔古本〕共有「也」字。下註「邦伯爲相則召公」下、「狄下士」下、「篾桃枝竹」下、「綴雜彩」下並同。

二十四葉九行釋文　俾。必爾反。　「爾」，王作「尒」。

二十四葉十行注　延之使居憂。　○《定本校記》：延之使居憂。「居憂」二字，内野本、觀智院本倒。

二十四葉十一行釋文　度。舊音待洛反。　「待」，王、纂、十、永、閩、阮作「杜」。○阮元《校記甲》：度，舊音待洛反。「待」，葉本作「杜」字。按：「待洛」即「杜洛」。

二十四葉十二行疏　「茲既至册度○正義曰。此羣臣既受王命還復本位」至「延之使憂居喪主。爲天下宗主也」。　「册度」，單、八作「宅宗」。○疏文「茲既至册度○正義曰：此羣臣既受王命還復本位」至「延之使憂居喪主，爲天下宗主也」，定本移至上注「爲天下宗主」下。「册度」，定本作「宅宗」。《定本校記》：丁卯，命作册度。此經傳〔足利〕八行本在疏「茲既至宅宗」上，今移。

二十四葉十二行疏　此羣臣既受王命還復本位。　「還復」，毛作「復還」。○物觀《補遺》：復還本位。〔宋板〕作「還復本位」。○盧文弨《拾補》：此羣臣既受王命還復本位。毛本「還復」作「復還」，從宋、元本乙。○阮元《校記甲》：復還本位。「復還」二字，宋板、十行、閩本俱倒。○阮元《校記乙》：還復本位。宋板、閩本同。毛本「還復」二字倒。

二十四葉十三行疏　王所坐幄帳。　「坐」，平作「在」。

二十四葉十三行疏　使此二人於齊侯吕伋之所。　○浦鏜《正字》：使此二人於齊侯吕伋之所。「二」，監本誤「三」。

二十四葉十五行疏　**令太子在室當喪憂居。**「喪」，十作「〇」。

二十四葉十六行疏　**周禮射人掌國之三公孤卿大夫之位。**「孤」，八作「抓」。

二十四葉十六行疏　**孤東面。**「孤」，八作「抓」。

二十四葉十七行疏　**臣見於君之禮同。**「於」，薈作「于」。

二十四葉十七行疏　**以周禮司士掌治朝之位。**平「士」作「土」，「治」作「洛」。

二十四葉十八行疏　**爾大夫。**「夫」，平作「天」。

二十五葉一行疏　**是諸侯燕位與射位同。**「諸」上要無「是」字。

二十五葉一行疏　**故三公北面。**「北面」，要作「面北」。

二十五葉一行疏　**孤東面。**「孤」，八、平作「抓」。

二十五葉二行疏　**其士與天子同。**「士」，要、十作「事」。

二十五葉二行疏　**其入門當立定位如此。**「此」，阮作「是」。

二十五葉三行疏　**故孔下傳云。朝臣就次。**「下」，毛作「子」。〇物觀《補遺》：孔子傳。〔宋板〕「子」作「下」。〇浦鏜《正字》：故孔下傳云，朝臣就次云云。「下」，毛本誤「子」。〇盧文弨《拾補》：故孔下傳云。毛本「下」作「子」。「子」當作「下」。〇阮元《校記甲》：故孔子傳云。「子」，宋板、十行、閩、監俱作「下」，是也。

二十五葉四行疏　出之於庭。　「於」，庫作「于」。

二十五葉四行疏　下云。狄設黼扆。綴衣。　○阮元《校記甲》：下云，狄設黼扆，綴衣。「云」，纂傳作「文」。阮元《校記乙》同。

二十五葉五行疏　知綴衣是施張於王坐之上。　「知」，永作「短」。

二十五葉六行疏　帷幕皆以布爲之。　「皆」上要無「帷幕」二字。

二十五葉六行疏　四合象宮室曰幄。　「宫」，八作「官」。

二十五葉六行疏　帟。王在幕居幄中。坐上承塵也。　「在」，要作「布」。「居」，單、八、平、要作「若」。○山井鼎《考文》：帟，王在幕居幄中，坐上承塵也。〔宋板〕「居」作「若」。○浦鏜《正字》：帟，主在幕若幄中，坐上承塵也。「主」誤「王」，「若」誤「居」。○盧文弨《拾補》：帟，主在幕若幄中，坐上承塵也。毛本「主」譌作「王」，浦改。毛本「若」作「居」。「居」當作「若」。○阮元《校記甲》：帟，王在幕居幄中，坐上承塵也。「居」，宋板作「若」，與周禮注本文合。阮元《校記乙》同。

二十五葉七行疏　所言出綴衣於庭。　「所」，單、八、平、要、十、永、閩、阮作「此」。○物觀《補遺》：所言出綴衣。〔宋板〕「所」作「此」。○浦鏜《正字》：此言出綴衣於庭。「此」誤「所」。○盧文弨《拾補》：此言出綴衣於庭。毛本「此」作「所」。「所」當作「此」。○阮元

《校記甲》：所言出綴衣於庭。「所」，宋板、十行、閩本、纂傳俱作「此」，不誤。

二十五葉九行疏　喪大記云。疾病。　「疾病」，要作「病疾」。

二十五葉九行疏　君大夫徹懸。　「夫」，要作「父」，十作「天」。

二十五葉十行疏　寢東首於北墉下。　「墉」，平、要作「牖」。

二十五葉十行疏　記言君大夫士。　「士」，平作「土」。

二十五葉十一行疏　王亦寢於北墉下。　「北」，要作「此」。「墉」，平作「牖」。

二十五葉十二行疏　將正太子之尊。　「正」，殿、薈作「王」。

二十五葉十四行疏　内外嚴戒。　○盧文弨《拾補》：内外嚴戒。「嚴戒」當乙轉。

二十五葉十五行疏　太保就命使之執干戈以往。　「執」，單、八、平、十、永、閩、阮作「就」。「往」，十作「住」。○物觀《補遺》：使之執干戈。〔宋板〕「執」作「就」。○阮元《校記甲》：執干戈以往。「執」，宋板、十行、閩本俱作「就」。按：續通解作「執」。○阮元《校記乙》：就干戈以往。毛本「就」作「執」。按：續通解作「執」。○《定本校記》：使之就干戈以往。「就」，監本作「執」，是也。

二十五葉十六行疏　亦是齊侯授也。　「授」，要作「受」。

二十五葉十七行疏　正義曰釋言云。翼。明也。　○浦鏜《正字》：釋言云：翼，明也。「翼」，爾雅作「翌」。

二十五葉十八行疏　喪大記云。君大夫卒於路寢。　「大夫」，單、八作「夫人」，平作「大人」。○山井鼎《考文》：喪大記云：君大夫卒於路寢。〔宋板〕「大夫」作「夫人」。○浦鏜《正字》：喪大記云：君夫人卒於路寢。「夫人」誤「大夫」。○盧文弨《拾補》：喪大記云：君夫人卒於路寢。毛本「夫人」作「大夫」。當作「夫人」。○阮元《校記甲》：君大夫卒於路寢。「大夫」，宋板及續通解俱作「夫人」。按：作「大夫」非也。阮元《校記乙》同。

二十六葉一行疏　路寢之大者。　○《定本校記》：路寢之大者。「寢」字疑當重。

二十六葉一行疏　延之使憂居喪主。爲天下宗主也。　○阮元《校記甲》：延之使憂居喪主，爲天下宗主也。續通解作「延使之居憂，爲天下喪主也」。按：兩本疑俱有脱誤。阮元《校記乙》同。

二十六葉二行疏　史是常職。不假言之。將崩。雖口有遺命。　「將」上單、八有「王之」二字。○山井鼎《考文》：將崩，雖口有遺命。〔宋板〕「將」上有「王之」二字。○盧文弨《拾補》：史是常職，不假言之。毛本「之」下脱「王之」二字，宋本有。○阮元《校記甲》：將崩，雖口有遺命。宋板「將」上有「王之」二字。阮元《校記乙》同。

二十六葉三行疏　故以此日作之。　「以」，單、八作「於」。○山井鼎《考文》：故以此日作之。〔宋板〕「以」作「於」。○盧文弨《拾補》：故於此日作之。毛本「於」作「以」。「以」當作「於」。○阮元《校記甲》：故以此日作之。「以」，宋板作「於」。按：宋本是也。阮元《校記乙》同。

二十六葉三行疏　下云曰皇后憑玉几。　「玉」，平作「王」。

二十六葉四行疏　康王答命。　「答」，單、八、平、十、永、閩、毛、阮作「荅」。

二十六葉四行疏　皆是法度。　○阮元《校記甲》：皆是法度。纂傳下有「也」字。

二十六葉六行釋文　相。息亮反。　「相」上平有「伯」字。

二十六葉六行經　狄。設黼扆。　○盧文弨《拾補》：狄，設黼扆。石經「扆」作「衣」。

二十六葉七行注　置户牖間。　「間」，岳作「閒」，毛作「問」。○殿本《考證》：置户牖間。臣召南按：周禮司几筵賈公彦疏引此注曰「其置竟户牖間」，似賈所見本「置」字上有「其」字，下有「竟」字。○阮元《校記甲》：置户牖間。齊召南云：周禮司几筵賈疏引此注曰「其置竟户牖間」，似賈所見本「置」字上有「其」字，下有「竟」字。阮元《校記乙》同。

二十六葉八行釋文　屏。步經反。　「步」，平作「少」。

二十六葉八行疏　越七日至綴衣。　「至綴衣」，單、八、平作「癸酉」。「綴衣」，十、永、阮作「癸酉」。○阮元《校記甲》：越七日至綴衣。「綴衣」，十行本誤作「癸酉」。○阮元《校記乙》：越七日至癸酉。各本「癸酉」皆作「綴衣」。「癸酉」誤也。

二十六葉九行疏　其餘皆是將欲傳命布設之士。　「士」，單、八、毛、殿、庫作「事」。○浦鏜《正字》：其餘皆是將欲傳命布設之事。「事」，監本誤「士」。○阮元《校記甲》：其餘皆是將欲傳命布設之事。「事」，十行、閩、監俱誤作「士」。○阮元《校記乙》：其餘皆是將欲傳命布設之士。閩本、明監本同。毛本「士」作「事」，是也。下「皆爲喪士」同。

二十六葉十行疏　其執兵器立於門内堂階者。　「於」，阮作「于」。

二十六葉十一行疏　事皆聽於冢宰。　「皆」，要作「既」。

二十六葉十二行疏　王肅云。　「王」，永作「玉」。

二十六葉十二行疏　於此所命士多。　「士」，單、八、平、要作「事」。○山井鼎《考文》：於此所命士多。〔宋板〕「士」作「事」。○盧文弨《拾補》：於此所命事多。毛本「事」作「士」。「士」當作「事」。○阮元《校記甲》：於此所命士多。「士」，宋板作「事」，不誤。

二十六葉十四行疏　蓋大斂之明日也。　○阮元《校記甲》：蓋大斂之明日也。「斂」，纂傳作「殯」。

二十六葉十四行疏　鄭大夫以上殯斂。　「鄭」下單、八、平、要、殿、庫有「以」字。「以」，單、八、平、要、永、殿、庫、阮作「已」。○山井鼎《考文》：鄭大夫以上。〔宋板〕鄭下有「以」字。「以」作「已」。○盧文弨《拾補》：鄭以大夫已上殯斂。毛本脱「以」字，「已」作「以」。「以」當作「已」。○阮元《校記甲》：鄭大夫以上。「鄭」下宋板有「以」字。「以上」，宋板、十行俱作「已上」。按：宋本是也。

二十六葉十六行疏　今所命者。皆爲喪事。　「事」，永、阮作「士」。○阮元《校記甲》：今所命者，皆爲喪事。「事」，十行本亦誤作「士」。

二十六葉十六行疏　須待以供喪用。謂椁與明器。　「謂」，十作「爲」。

二十六葉十八行疏　狄者。樂吏之賤者也。　「之」下八有「至」字。○物觀《補遺》：樂吏之賤者也。〔宋板〕「賤」上有「至」字。○浦鏜《正字》：狄者，樂吏之賤者也。「狄」，記作「翟」。○阮元《校記甲》：樂吏之賤者也。「賤」上宋板有「至」字，乃衍文。○《定本校記》：狄者，樂吏之賤者也。「賤」上〔足利〕八行本衍「至」字。

二十七葉二行疏　牖户之間謂之扆。　「間」，單作「閒」。

二十七葉三行疏　屏風。畫爲斧文。　「風」上永無「屏」字。「文」，平作「又」。

二十七葉四行疏　在於户牖之間。「間」，八作「閒」。

二十七葉五行疏　此復設黼扆帷幄帳者。「帷」，永作「惟」。○《定本校記》：此復設黼扆帷幄帳者。「帷」字疑衍。

二十七葉六行疏　不言命者。「不」，毛作「下」。○浦鏜《正字》：不言命者。「不」，毛本誤「下」。○盧文弨《拾補》：不言命者。毛本「不」譌作「下」。○阮元《校記甲》：下言命者。「下」，十行、閩、監、纂傳俱作「不」。按：「下」字誤。○阮元《校記乙》：不言命者。閩本、明監本、纂傳同。毛本「不」誤「下」。

二十七葉六行疏　此蒙命文。○《定本校記》：此蒙命文。「文」，〔足利〕八行本誤作「又」。

二十七葉七行疏　皆是相命。「皆」下平無「是」字。

二十七葉七行經　牖間南嚮。「間」，石、八、岳作「閒」。

二十七葉七行經　敷重篾席。「篾」，十作「篋」。○阮元《校記甲》：敷重篾席。孫志祖云：玉篇首部蔑字下引書曰：布重蔑席。阮元《校記乙》同。○汪文臺《識語》：敷重篾席。孫志祖云：玉篇首部蔑字下引書曰：布重蔑席。案：此亦本說文。

二十七葉八行注　篾。桃枝竹。「篾」，十、阮作「篋」。「枝」，李、平、阮作「枝」。

二十七葉八行注　白黑雜繒緣之。　○阮元《校記甲》：白黑雜繒緣之。陸氏曰：「緣」，本或作「純」。阮元《校記乙》同。

二十七葉八行注　華。彩色。　○阮元《校記甲》：華，彩色。「彩」，葛本作「采」。按：「采」、「彩」，正俗字。

二十七葉九行注　此見羣臣覲諸侯之坐。　「覲」，平作「親」。

二十七葉十行釋文　嚮。許亮反。　○阮元《校記甲》：嚮。盧文弨云：字本作「鄉」。

二十七葉十行釋文　篾。眠結反。　「篾」，十作「篾」。「眠」，殿作「眠」。○阮元《校記甲》：篾。段玉裁云：當作「蔑」。

二十七葉十一行經　敷重厎席。　「厎」，王、要、十、永、閩、毛、薈作「底」。○浦鏜《正字》：敷重厎席。「厎」，毛本誤「底」，下同。

二十七葉十一行經　文貝仍几。　「貝」，平、要作「具」。

二十七葉十二行注　厎。蒻苹。　「厎」，王、要、十、永、閩、毛、薈作「底」。

二十七葉十二行注　有文之貝飾几。　「貝」，要作「具」，十、毛作「具」。「几」，王作「凡」。○浦鏜《正字》：綴雜彩有文之貝飾几。「貝」，毛本誤「具」。○阮元《校記甲》：有文之具飾几。「具」，岳本、十行、閩、監、纂傳俱作「貝」，是也。○阮元《校記乙》：有文之貝飾几。

岳本、閩本、明監本、纂傳同。毛本「貝」作「具」，非。

二十七葉十二行注　此旦夕聽事之坐。　「旦」下八、要無「夕」字。

二十七葉十二行釋文　底。之履反。　「底」，王、永、閩、毛、薈作「底」。「履」，纂作「復」。「反」，十、永作「云」。

二十七葉十三行釋文　青蒲也。　「青」，平作「貴」。

二十七葉十三行經　雕玉仍几。　「雕」，石、八作「彫」。○《定本校記》：彫玉仍几。内野本、觀智院本無「玉」字，清原宣賢手鈔本引家本亦無。

二十七葉十四行注　豐。莞。彩色爲畫。　「莞」，李、纂作「筦」。○《定本校記》：豐，莞。「莞」，〔足利〕八行本誤作「筦」。

二十七葉十四行注　雕。刻鏤。　「雕」，八作「彫」。

二十七葉十五行釋文　莞。音官。又音關。　「莞」，王作「萓」，纂作「筦」。「官」，纂作「管」。「關」，平作「閔」，十作「閞」，永、閩作「開」。

二十七葉十五行經　西夾南嚮。　「嚮」，要作「嚮」。

二十七葉十六行注　西廂夾室之前。　「廂」，纂作「箱」。

二十七葉十六行注　玄粉。黑綬。　「粉」，八、纂、平、要、岳、十、永、庫、阮作「紛」。○山井鼎《考文》：玄粉，黑綬。［正誤］「粉」當作「紛」。物觀《補遺》：古本、宋板「粉」作「紛」。○物觀《補遺》：玄粉，黑綬。〔古本〕「粉」作「紛」。宋板同。○浦鏜《正字》：玄紛，黑綬。「紛」誤從米。○《四庫考證》：西夾南嚮。傳：玄紛，黑綬。刊本「紛」訛「粉」，据毛本改。○《薈要》案語：玄紛，黑綬。刊本「紛」訛「粉」，今改。○盧文弨《拾補》：玄紛，黑綬。毛本「紛」譌作「粉」。○阮元《校記甲》：元粉，黑綬。「粉」，古、岳、宋板、十行、閩本、纂傳俱作「紛」，是也。○阮元《校記乙》：元紛，黑綬。古本、岳本、宋板、閩本、纂傳同。毛本「紛」作「粉」，非。

二十七葉十七行釋文　夾。工洽反。　「工」，薈作「江」。「洽」，平、十作「治」。

二十七葉十七行釋文　筍。息允反。馬云。筶箬也。徐云。竹子竹爲席。　○阮元《校記甲》：筍，徐云：竹子竹爲席。按：下「竹」字疑當作「可」。

二十七葉十八行注　於東西序坐北。列玉五重。又陳先王所寶之器物。　「北」，李、十、永作「此」。「玉」，李作「王」。「又」，十作「文」。「王」，李作「玉」。

二十八葉一行釋文　越玉。　「越」，平作「越」。「越」下纂無「玉」字。

二十八葉二行釋文　重。直容反。　「重」上平、殿、庫有「五」字。

二十八葉二行經　在西序。　「在西序」，要作「之珪爲」。

二十八葉二行注　寶刀。赤刀削。　「寶」，王作「宝」。「刀削」，八、王、岳作「刄削」。○山井鼎《考文》：寶刀，赤刀削。〔古本〕下「刀」作「刅」。宋板同。○浦鏜《正字》：寶刀，赤刀削。「削」字，監本誤。○岳本《考證》：寶刀，赤刃削。「刃」，諸本並作「刀」，誤。○盧文弨《拾補》：寶刀，赤刃削。毛本「刄」作「刀」。「刀」當作「刄」。○阮元《校記甲》：赤刀削。「刀」，古、岳、宋板、續通解俱作「刃」，纂傳作「刀」。按：「刀」字誤。○阮元《校記乙》：赤刀削。古本、岳本、宋板、續通解「刀」作「刃」。案：「刀」字非也，毛本、纂傳並誤。○《定本校記》：寶刀，赤刃削。内野本無「刃」字。

二十八葉三行注　大訓虞書典謨。　○山井鼎《考文》：虞書典謨。〔古本〕下有「也」字。

二十八葉三行注　大璧琬琰之珪。爲二重。　十「璧」作「壁」，「二」作「五」。○山井鼎《考文》：琬玉之珪。〔古本〕「珪」作「圭」。○阮元《校記甲》：大璧琬玉之珪。「珪」，古本、纂傳俱作「圭」。○阮元《校記乙》：大璧琬玉之珪。古本、纂傳「珪」作「圭」。（彙校者案：「琬玉」乃「琬琰」諱改。）

二十八葉四行注　三玉爲三重。　「三玉」，平作「三王」，要作「二玉」。○物觀《補遺》：三玉爲三重。〔古本〕「玉」作「寶」。○阮元《校記甲》：三玉爲三重。「玉」，古本作「寶」。

二十八葉五行注　球。雍州所貢。　○阮元《校記甲》：球，雍州所貢。陸氏曰：「雍」，本亦作「邕」。按：説文有「雝」，無「雍」。雝𪄳，乃鳥名也。「雍州」字當以「邕」爲正，今皆作「雍」，此乃僅見。阮元《校記乙》同。

二十八葉五行注　河圖。八卦。　○山井鼎《考文》：河圖，八卦。〔古本〕下有「也」字。

二十八葉五行注　伏犧王天下。　「犧」，八作「羲」，李、要作「羲」，毛作「羲」。「犧」下八、李、王、纂、平、要、岳有「氏」字。○山井鼎《考文》：伏犧王天下。〔古本〕「犧」下有「氏」字，宋板同。宋板「犧」作「羲」。○盧文弨《拾補》：伏羲氏王天下。古本「羲」作「犧」，元本及後疏亦同。毛本脱「氏」字，古本、宋本皆有。○阮元《校記甲》：伏羲王天下。山井鼎曰：宋板「犧」作「羲」。按：岳、葛、十行、閩、監俱作「犧」，毛本却作「羲」。山井鼎誤。續通解、纂傳亦俱作「羲」。古本葢作「犧」。「羲」下古、岳、宋板、續通解、纂傳俱有「氏」字。○阮元《校記乙》：伏犧王天下。岳本、葛本、閩本、明監本同。毛本「犧」作「羲」。續通解、纂傳亦作「羲」。古本葢作「犧」。「犧」下古本、岳本、宋板、續通解、纂傳俱有「氏」字。

二十八葉六行注　以畫八卦。「卦」，要作「封」。

二十八葉六行注　及典謨皆歷代傳寶之。「歷」，平作「曆」。

二十八葉七行釋文　夷玉。馬云。東夷之美玉。説文夷玉。即珣玗琪。纂「東」上有「越池」二字，「夷玉」至「珣玗琪」作孔傳。「玗」，平、庫作「玕」。「琪」，十、永、閩作「珙」。○山井鼎《考文》：説文夷玉，即珣玗琪。謹按「琪」，或作「珙」，爲非。按：説文：珣，醫無閭珣玗琪，周書所謂夷玉也。按：「玗」，當作「玕」。○浦鏜《正字》：説文夷玉，即珣玗琪。「玗」，監本誤從「干」。○阮元《校記甲》：夷玉。説文夷玉，即珣玗琪。山井鼎曰：琪，或作「珙」，爲非。按：説文：珣，醫無閭。珣玗琪，周書所謂夷玉也。按：「玗」當作「玕」。按：玉篇：玗，有俱切，引爾雅云云。此云當作「玕」，非是。

二十八葉七行釋文　球。音求。馬云。玉磬。「球」上平有「天」字。○阮元《校記甲》：天球，馬云：玉磬。「馬」，葉本作「禹」，誤。

二十八葉八行注　胤國所爲舞者之衣。皆中法。○《定本校記》：皆中法。内野本、觀智院本無「皆」字，清原宣賢手鈔本引家本亦無。

二十八葉十行釋文　中竹仲反。「中」下平有「法上」二字。「竹」，王、纂、平、岳、十、永、閩、殿、庫、阮作「丁」。

二十八葉十行釋文　車尺遮反。　「車」下纂、平有「渠上」二字。

二十八葉十行釋文　車渠。車輌也。　「輌」，纂作「軌」，平作「軔」。○物觀《補遺》：車渠，車輌也。〔經典釋文〕「輌」作「軔」。○阮元《校記甲》：車渠，車軔也。「軔」，十行本、毛本俱誤作「輌」。段玉裁云：「軔」，當作「輞」。

二十八葉十二行注　東廂夾室。　○山井鼎《考文》：東廂夾室。〔古本〕下有「矣」字。○阮元《校記甲》：東房，東廂夾室。古本下有「矣」字。

二十八葉十二行釋文　兑。徒外反。　「徒」，平作「扶」。

二十八葉十三行注　綴輅。金。　○山井鼎《考文》：綴輅，金。〔古本〕下有「也」字。「次輅木」下、「木則無飾」下並同。

二十八葉十三行注　面。前。皆南向。　○物觀《補遺》：面，前。皆南向。〔古本〕下有「也」字。

二十八葉十四行釋文　向。許亮反。　「向」上平有「南」字。

二十八葉十四行經　先輅。　「先」，平作「光」。

二十八葉十五行注　次輅。「輅」，岳作「路」。

二十八葉十六行注　凡所陳列。「凡」下八、要無「所」字。「陳」，庫作「成」。○山井鼎《考文》：凡所陳列。宋板無「所」字。○阮元《校記甲》：凡所陳列。宋板、續通解俱無「所」字。○《定本校記》：凡所陳列。〔足利〕八行本脱「所」字。

二十八葉十七行釋文　重。直用反。「重」上平有「以」字。「直」，阮作「有」。○張鈞衡《校記》：重，直用反。阮本「直」作「有」，誤。

二十八葉十七行疏　「牖間至漆仍几○正義曰」至「故席几質飾也」。「牖間至漆仍几○正義曰」至「故席几質飾也」，定本移至上注「故席几質飾」下。○《定本校記》：越玉五重。此經傳〔足利〕八行本在疏「牖間至漆仍几」上，今移。

二十八葉十七行疏　牖間至漆仍几。「間」，單作「閒」。「漆仍几」，平作「之前」。

二十八葉十八行疏　間者。窻東户西。「間」，單作「閒」。「户西」，庫作「西户」。

二十八葉十八行疏　户牖之間也。「間」，單作「閒」。

二十八葉十八行疏　凡大朝覲。「凡」，八、平、十、永、閩作「几」。「大」，十、永作「天」。

二十九葉一行疏　又云户牖之間謂之扆。「間」，單作「閒」，毛作「問」。

二十九葉二行疏　此言牖間。　「此」，十、永作「北」。「間」，單作「閒」。

二十九葉二行疏　此言簉席黼純。　「此」下八有一字空白。「簉」，平、十作「簉」。○物觀《補遺》：此言簉席。〔宋板〕「此」、「言」間空一字。○阮元《校記甲》：此言簉席黼純。宋板「此」、「言」間空一字。○阮元《校記乙》：此言簉席黼純。宋板「此」下空一字。

二十九葉三行疏　則此四坐所言敷重席者。　「所」下平無「言」字。

二十九葉三行疏　此牖間之坐。　「間」，單作「閒」。

二十九葉四行疏　簉席之下二重。　「簉」，十、阮作「簉」。「二重」，要作「重二」。

二十九葉五行疏　禮無其事。　「事」上永無「其」字。

二十九葉五行疏　敷三重之席。　「重」，單、八、平、要作「種」。○山井鼎《考文》：敷三重之席。〔宋板〕「重」作「種」。○盧文弨《拾補》：以扆前一坐，敷三種之席。「種」，毛本作「重」。「重」當作「種」。○阮元《校記甲》：敷三重之席。「重」，宋板作「種」，是也。下一「重」同。阮元《校記乙》同。

二十九葉五行疏　知下三坐必非一重之席。敷三坐。　「重」，單、八、平、要作「種」。下「坐」，單、八、平、殿、庫作「重」，要作「種」。○山井鼎《考文》：必非一重之席，敷三坐。〔宋板〕「重」作「種」，「坐」作「重」。○盧文弨《拾補》：知下三坐必非一種之席，敷三重。毛本

「種」作「重」,「重」當作「種」。毛本「重」作「坐」,「坐」當作「重」。○阮元《校記甲》: 必非一重之席,敷三坐。「坐」,宋板作「重」。按:「坐」字非也。○阮元《校記乙》: 必非一重之席,敷三坐。宋板「坐」作「重」。按:「坐」字非也。

二十九葉五行疏　**但不知其下二重是何席耳。**「但」,單、八作「伹」。

二十九葉六行疏　**天子左右几。**「几」,十、永、閩作「凡」。

二十九葉六行疏　**優至尊也。**「優」,永作「憂」。

二十九葉六行疏　**篾桃至之坐。**「篾」,十、永作「篾」。

二十九葉七行疏　**此篾席。**「篾」,十、永作「篾」。

二十九葉八行疏　**亦言是桃枝席。**「枝」,平作「技」,要作「枝」。

二十九葉八行疏　**鄭注此下則云。**「注」下要有「云」字。

二十九葉八行疏　**篾。析竹之次青者。**「篾」,十、永作「篾」。

二十九葉八行疏　**篾席。纖蒻苹席。**「篾」,十作「篾」。○浦鏜《正字》: 篾席,纖蒻苹。「苹」,監本誤「卒」。○阮元《校記甲》: 纖蒻苹席。「苹」,監本誤作「卒」。阮元《校記乙》同。

二十九葉九行疏　**是白黑雜繒緣之。**庫「白黑」作「黑白」,「繒」作「繪」。

二十九葉十行疏　鄭玄注周禮云。　「注」，毛作「汪」。

二十九葉十行疏　其繡白黑采也。　「采」，單、八作「彩」。

二十九葉十行疏　以絳帛爲質。　「絳」，毛作「絳」。○盧文弨《拾補》：以絳帛爲質。毛本「絳」從夅作「絳」，譌。

二十九葉十行疏　縫刺爲黼文以緣席。　「刺」，單、八作「刾」，平作「剌」，十、永、毛、庫、阮作「剌」。「文」，阮作「又」。

二十九葉十一行疏　華玉。五色玉也。　下「玉」，八作「王」。○《定本校記》：華玉，五色玉也。下「玉」字（足字）八行本誤作「王」。

二十九葉十二行疏　凡吉事變几。　「凡」，平、阮作「几」。「事」，平作「士」。

二十九葉十二行疏　凶事仍几。　「事」，平作「士」。

二十九葉十三行疏　設斧扆於户牖之間。　「間」，單、八作「閒」。

二十九葉十三行疏　天子衮冕。　「冕」，單作「冕」。

二十九葉十三行疏　負斧扆。　「負」，平作「貟」。

二十九葉十四行疏　彼在朝。此在寢爲異。　「朝」，單、八、平作「廟」。○山井鼎《考文》：彼在朝，此在寢爲異。〔宋板〕「朝」作「廟」。○盧文弨《拾補》：彼在廟，此在寢爲異。毛本

「廟」作「朝」。「朝」當作「廟」。○阮元《校記甲》：彼在朝。「朝」，宋板作「廟」。阮元《校記乙》同。

二十九葉十四行疏　**其牖間之坐則同。**　「間」，單、八作「閒」，庫作「問」。

二十九葉十四行疏　**正義曰東西廂。謂之序。釋宮文。**　○浦鏜《正字》：東西廂，謂之序，釋宮文。「廂」，爾雅作「墻」。案：金氏履祥云：爾雅「東西墻謂之序」，葢古者宮室之内以墻墉爲隔，猶今以壁隔也。東西墻猶言東西壁。壁之外即夾室，故又曰「東西廂謂之序」。自堂言之，則東西壁爲序。自夾室言之，則墻乃夾室之墻也。夾之前謂之廂。故夾室亦通，可謂之廂矣。○盧文弨《拾補》：東西廂，謂之序，釋宮文。浦云爾雅「廂」作「墻」。義皆得通。

二十九葉十四行疏　**堂東西墻。**　「西墻」，平作「曰牆」。

二十九葉十五行疏　**孔以底席爲蒻苹。**　「底」，平、十、永、殿、庫作「厎」。

二十九葉十五行疏　**當謂蒲爲蒲蒻之席也。**　○《定本校記》：當謂蒲爲蒲蒻之席也。「蒲爲」二字疑衍。

二十九葉十六行疏　**底席。青蒲席也。**　「底」，單、平、十、永、殿、庫作「厎」。

二十九葉十六行疏　鄭玄云底。「底」，單、平、十、永、殿作「厎」，庫作「厎」。

二十九葉十六行疏　致也。「致」下平無「也」字。

二十九葉十六行疏　篾。纖致席也。「篾」，十作「篾」。

二十九葉十六行疏　鄭謂此底席。「底」，單、平、十、永、殿、庫作「厎」。

二十九葉十六行疏　凡此重席。「凡」，平作「几」。

二十九葉十七行疏　水虫。「虫」，八、平、要作「蟲」。

二十九葉十八行疏　餘蚳黃白文。「蚳」，平、庫作「蚔」。○浦鏜《正字》：餘蚔黃白文。「蚔」，本作「貾」，通作「蚳」。○盧文弨《拾補》：餘蚳黃白文。浦云：「蚳」，本作「貾」，通。

二十九葉十八行疏　貝甲以黃爲質。「甲」，平作「田」。

二十九葉十八行疏　名爲餘蚳。「蚳」，平、殿、庫作「蚔」。

二十九葉十八行疏　貝甲以白爲質。「貝」，平作「具」。

三十葉一行疏　有文之貝飾几。「貝」，平作「具」。

三十葉一行疏　謂用此餘蚳餘泉之貝飾几也。「蚳」，殿、庫作「蚔」。「貝」，平作「具」。

三十葉二行疏　牖間。「間」，單作「閒」。

三十葉二行疏　見於周禮。　「於」，薈作「于」。

三十葉三行疏　與燕禮同。　「禮」上平無「燕」字。

三十葉四行疏　又夾室是隱映之處。　「映」，單作「暎」。

三十葉四行疏　案朝士職掌治朝之位。　「職」，永作「戠」。○《定本校記》：案朝士職掌治朝之位。「朝士」當「司士」誤。

三十葉五行疏　避牖間南嚮。　「間」，單作「閒」。

三十葉六行疏　正義曰。釋草云。莞。苻蘺。　「苻」，平、要作「符」。「籬」，單、八作「蘺」。○山井鼎《考文》：釋草云：莞，苻蘺。〔宋板〕「籬」作「蘺」。○浦鏜《正字》：釋草云：莞，苻蘺。「蘺」，誤從竹。○盧文弨《拾補》：釋草云：莞，苻蘺。毛本「蘺」從竹作「籬」，譌。○阮元《校記甲》：莞，苻蘺。「蘺」，宋板、纂傳俱作「蘺」，與爾雅釋艸合。阮元《校記乙》同。

三十葉六行疏　郭璞曰。　「曰」，十作「云」。

三十葉六行疏　今之西方人。　「今」下單、八、要無「之」字。

三十葉九行疏　○傳西廂至質飾○正義曰。下傳云。　「下傳云」上「○傳西廂至質飾○正義曰」，殿、庫作「西廂夾室之前者」。

三十葉十行疏　**東房。**　「房」上要無「東」字。

三十葉十行疏　**實同而異名。**　「實」，要作「室」。

三十葉十一行疏　**以其夾中央之大室。**　「大」，單、八、平、永作「太」。○盧文弨《拾補》：以其夾中央之大室。元本「大」作「太」。

三十葉十二行疏　**是筍爲蒻竹。**　「爲」上要無「是筍」二字。

三十葉十二行疏　**紛如綬。有文而狹者也。**　○浦鏜《正字》：紛如綬，有文而狹者也。「綬」字監本誤。

三十葉十三行疏　**然則紛綬一物。**　「紛」，平作「分」。

三十葉十三行疏　**故傳以玄紛爲黑綬。**　「黑」，要作「里」。

三十葉十三行疏　**以玄組爲之緣。**　「之」下要無「緣」字。

三十葉十三行疏　**周禮大宗伯云。**　「大」，平作「太」。

三十葉十四行疏　**所以親之也。**　「之」下平無「也」字。

三十葉十五行疏　**○傳於東至器物○正義曰。此經爲下摠目。**　「此經爲下摠目」上「○傳於東至器物○正義曰」，殿、庫作「於東西序，坐北云者」。

三十葉十五行疏　此經爲下摠目。　「摠」，毛、殿、庫作「總」。

三十一葉二行疏　故名赤刀削也。　「刀」，單、八、平、殿、庫作「刃」。○山井鼎《考文》：故名赤刀削也。〔宋板〕「刀」作「刃」。下「爲赤刀削」同。○盧文弨《拾補》：刀，一名削，故名赤刃削也。毛本「刃」作「刀」。「刀」當作「刃」。下及「白刀」、「曲刀」竝同。○阮元《校記甲》：故名赤刀削也。「刀」，宋板作「刃」。下「爲赤刀削」同。按：監本初似亦作「刃」，後刊去一點。下「赤刀」、「白刀」同。阮元《校記乙》同。

三十一葉四行疏　故傳以赤刀爲赤刀削。　「刀削」，單、八、平、十、殿作「刃削」。

三十一葉四行疏　遣弟興。詣孫策。　「詣」，單、八、平、十、永、閩、阮作「治」。「策」，十作「柬」。○物觀《補遺》：遣弟興，詣孫策。〔宋板〕「詣」作「治」。○盧文弨《拾補》：遣弟興，詣孫策。吴録「興」作「與」。○阮元《校記甲》：遣弟興，詣孫策。「詣」，宋板、十行、閩本俱誤「治」。○阮元《校記乙》：遣弟興，治孫策。宋板、閩本同。毛本「治」作「詣」。「治」字誤。○《定本校記》：遣弟興，治孫策。「治」，監本作「詣」。

三十一葉四行疏　策引白削斫席。　「策」，十、永作「柬」。「席」，單、八、平、十、永、閩、阮作「虎」。○物觀《補遺》：策引白削斫席。〔宋板〕「席」作「虎」。○盧文弨《拾補》：策引白削斫席。吴録「削」作「刃」。○阮元《校記甲》：策引白削斫席。「席」，宋板、十行、閩本俱作「虎」，是也。○阮元《校記乙》：策引白削斫虎。宋板、閩本同。毛本「虎」誤作「席」。「席」字形近之譌也。○汪文臺《識語》：策引白削斫虎。宋板、閩本同。毛本「虎」誤作「席」。「虎」字形近之譌也。案：嚴虎遺弟詣孫策，身不親往，策无由得斫之。毛本「虎」作「席」，是也。三國志注引同。○《定本校記》：策引白削斫虎。「虎」，監本作「席」。

三十一葉四行疏　我見刃爲然。　「刃」，毛、殿、庫作「刀」。○物觀《補遺》：我見刀爲然。〔宋板〕「刀」作「刃」。○盧文弨《拾補》：我見刃爲然。毛本「刃」作「刀」。「刀」當作「刃」。吴録「爲」作「乃」。又下「然」字下宋本有「則」字。○阮元《校記甲》：我見刀爲然。「刀」，宋板、十行、閩本俱作「刃」。○阮元《校記乙》：我見刃爲然。宋板、閩本同。毛本「刃」作「刀」。

三十一葉四行疏　然赤刀爲赤削。　「然」下單、八有「則」字。「刀」，單、八、平、十、永、閩、阮作「刃」。○物觀《補遺》：然赤刀。〔宋板〕「然」下有「則」字，「刀」作「刃」。下「白刀」同。○阮元《校記甲》：然赤刀爲赤削。「然」下宋板有「則」字。「刀」，宋板、十行、閩本俱作「刃」。下「白刀」同。

三十一葉五行疏　白刃爲白削。「刃」，閩、毛、殿、庫作「刀」。

三十一葉五行疏　鄭注云。曲刃刀也。「刃刀」，毛作「刀刀」。○山井鼎《考文》：鄭註云曲刀刀也。〔宋板〕「曲刀」作「白刃」。○浦鏜《正字》：鄭注云曲刃刀也。「刃」誤「刀」。案：考工記注作「今之書刀」。○盧文弨《拾補》：鄭注云曲刃刀也。浦云：考工記注作「今之書刀」。○阮元《校記甲》：曲刀刀也。「曲刀」，宋板作「白刃」。十行、閩本俱作「曲刃」。盧文弨云：鄭注考工記但云「今之書刀」。疏云：馬氏諸家亦爲偃曲却刃也。疑「曲」字是。○阮元《校記乙》：曲刃刀也。閩本同。宋板「曲刃」作「白刃」。毛本作「曲刀」。盧文弨云：鄭注考工記但云「今之書刀」。疏云：馬氏諸家亦爲偃曲却刃也。疑「曲」字是。○《定本校記》：曲刃刀也。「曲」，〔足利〕八行本誤作「白」。

三十一葉七行疏　周禮典瑞云。「典」，十、永作「與」。

三十一葉七行疏　琬圭以治德。「琬」，平作「琰」。

三十一葉九行疏　鄭玄云。大璧大琰。「璧」下單、八、平、殿、庫有「大琬」二字。○山井鼎《考文》：鄭玄云：大璧大琰。〔宋板〕「大璧」下有「大琬」二字。○盧文弨《拾補》：大璧大琬大琰。毛本脱「大琬」二字。○阮元《校記甲》：大璧大玉。「璧」下宋板有「大琬」二字。○孫詒讓改「大」爲「琬」。其《校記》云：依周官天府疏引正。

三十一葉十行疏　夷。常。釋詁文。○浦鏜《正字》：夷，常。釋詁文。「夷」，爾雅作「彝」。○盧文弨《拾補》：夷，常。釋詁文。浦云：爾雅「夷」作「彝」。

三十一葉十行疏　雍州所貢球琳琅玗。「玗」，平作「玕」，閩作「开」。○浦鏜《正字》：禹貢雍州所貢球琳琅玕。「玕」，毛本誤從于。

三十一葉十一行疏　夷玉。「玉」，平作「王」。

三十一葉十一行疏　玉磬也。「磬」，平作「罄」。

三十一葉十二行疏　夷玉。東北之珣玗琪也。「珣」，平作「琅」。「玗」，單、平、十、永、殿、庫、阮作「玕」，閩作「开」。○浦鏜《正字》：夷玉，東北之珣玗琪也。「東北」，案爾雅當「東方」誤。○盧文弨《拾補》：夷玉，東北之珣玗琪也。爾雅「東北」作「東方」，此誤。○阮元《校記甲》：東北之珣玗琪也。「北」，纂傳作「方」，是也。「玗」，十行、閩本、纂傳俱誤作「玕」。下同。○阮元《校記乙》：東北之珣玕琪也。纂傳「北」作「方」，是也。「玕」，毛本作「玗」。案：所改亦是。閩本、纂傳誤。下同。

三十一葉十二行疏　雍州所貢之玉色如天者。皆璞未見琢治。「琢」，十、永、閩、毛、庫作「瑑」。○孫詒讓「者」上補「三」字，其校記云：依天府疏增。

三十一葉十二行疏　釋地云。「地」，永作「也」。

三十一葉十三行疏　有醫無閭之珣玗琪焉。「醫」，平作「毉」。「玗」，十、永、閩、殿、庫、阮作「玕」。

三十一葉十三行疏　東方實有此玉。「實」，十作「寶」。

三十一葉十三行疏　是伏羲氏王天下。「羲」，單、八、平、要作「犧」。

三十一葉十四行疏　劉歆以爲伏犧氏繼天而王。「犧」，永作「羲」，毛、殿、庫作「羲」。

三十一葉十五行疏　則而畫之。「而」上要無「則」字。

三十一葉十五行疏　古者伏犧氏之王天下也。「伏」，單、八、平、要、十、永、閩、殿、庫、阮作「包」。「犧」，毛、殿、庫作「羲」。○浦鏜《正字》：古者伏羲氏之王天下也。「伏羲」，經作「包羲」。○阮元《校記甲》：古者伏羲氏之王天下也。「伏羲」，十行、閩本俱作「包犧」。監本「羲」作「犧」。○阮元《校記乙》：古者包犧氏之王天下也。閩本同。毛本「包犧」作「伏羲」。

三十一葉十七行疏　所法巳自多矣。「多」，要作「足」。

三十一葉十八行疏　璧玉人之所貴。「玉」，八作「王」。○《定本校記》：璧玉人之所貴。「玉」，〔足利〕八行本誤作「王」。

三十二葉一行疏　嫌其非寶。「其」下八、要無「非」字。

三十二葉一行疏　皆歷代傳寶之。「代」，八作「伐」。

三十二葉二行疏　下二房各有二物。「二物」，要作「三物」。○《定本校記》：下二房各有二物。下「二」字疑當作「三」。

三十二葉二行疏　○傳胤國至坐東○正義曰。以夏有胤侯。「以夏有胤侯」上「○傳胤國至坐東○正義曰」，殿、庫作「胤國所爲舞者之衣者」。

三十二葉二行疏　○傳胤國至坐東○正義曰。「胤」，永作「⿰纟胤」。

三十二葉四行疏　大貝必大於餘貝。「大」，永作「太」。

三十二葉四行疏　考工記。「工」，殿作「二」。

三十二葉五行疏　謂車罔爲渠。「罔」，要作「棢」。○浦鏜《正字》：考工記，謂車輞爲渠。「輞」誤「罔」。下同。

三十二葉五行疏　大小如車罔。「罔」，要作「棢」。

三十二葉五行疏　其貝形曲如車罔。「罔」，要作「棢」。

三十二葉五行疏　釋樂云。「釋」，要作「舞」。

三十二葉七行疏　西序亦陳之。寶近在此坐之西。　○阮元《校記甲》：西序亦陳之，寶近在此坐之西。按：「亦」字疑「所」字之譌，當讀至「寶」字絶句。阮元《校記乙》同。○《定本校記》：西序亦陳之寶。阮氏云：「亦」，疑當作「所」。

三十二葉七行疏　在西夾坐東也。　「坐」，阮作「室」。

三十二葉八行疏　知兑和。亦古人之巧人也。　「古」下單、八、要無「人」字。○山井鼎《考文》：知兑和，亦古人之巧人也。〔宋板〕無上「人」字。○盧文弨《拾補》：知兑和，亦古之巧人也。毛本「古」下衍「人」字。○阮元《校記甲》：亦古人之巧人也。宋板無上「人」字。阮元《校記乙》同。

三十二葉八行疏　即不足可寶。　「足」，平作「是」。

三十二葉九行疏　則不知寶來幾何世也。　○浦鏜《正字》：則不知寶來幾何世也。「寶」，監本誤「責」。○阮元《校記甲》：則不知寶來幾何世也。「寶」，監本誤作「責」。「幾何世」，纂傳作「何時」。阮元《校記乙》同。

三十二葉十行疏　故皆言傳寶之耳。　「之」下要無「耳」字。

三十二葉十行疏　明堂則五室。　「則」上平無「明堂」二字。

三十二葉十一行疏　鄭志張逸以此問鄭。答云。　「答」上單、八、平重「鄭」字。「答」，單、八、平、永、毛、阮作「荅」。○山井鼎《考文》：張逸以此問。〔宋板〕「問」下有「鄭」字。○盧文弨《拾補》：張逸以此問鄭，鄭荅云。宋本重「鄭」字，當補。○阮元《校記甲》：鄭志張逸以此問鄭，荅云。宋板重「鄭」字，衍文。

三十二葉十二行疏　有左右房也。　「房」，十、永、閩、阮作「旁」。○阮元《校記甲》：有左右房也。「房」，十行、閩本誤作「旁」。○阮元《校記乙》：有左右旁也。閩本同。毛本「旁」作「房」，是也。

三十二葉十三行疏　此經所陳四輅。　「四」，平作「匹」。

三十二葉十四行疏　繫綴於下。　「綴」，要作「纓」。

三十二葉十四行疏　面向南方。　「南」，十作「東」。

三十二葉十五行疏　故玉輅在西。　「玉」，閩作「王」。

三十二葉十六行疏　上言大輅綴輅。　「綴」下八有一字空白。○物觀《補遺》：大輅綴輅。〔宋板〕「綴」、「輅」間空一字。○阮元《校記甲》：上言大輅綴輅。宋板「綴」、「輅」間空一字。

三十二葉十六行疏　王輅。金即次象。　「王」，單、八、平、殿、庫作「五」，毛作「玉」。○山井鼎《考文》：玉路，金即次象。〔宋板〕「玉」作「五」。○盧文弨《拾補》：五輅，金即次象。毛本「五」作「玉」。「玉」當作「五」。○阮元《校記甲》：玉輅，金即次象。「玉」，宋板、纂傳俱作「五」，是也。十行、閩、監俱作「王」。○阮元《校記乙》：王輅，金即次象。閩本、明監本同。宋板、纂傳「王」作「五」，是也。毛本作「玉」，亦誤。

三十二葉十八行疏　革輅。輓之以革而漆之。　「輓」，單、八作「鞔」。「漆」，閩作「𣾰」。○山井鼎《考文》：革輅，輓之以革而漆之。〔宋板〕「輓」作「鞔」，下「不輓」同。○浦鏜《正字》：革輅，輓之以革而漆之。「鞔」，誤從車旁，作〔輓〕。下「不鞔」同。○盧文弨《拾補》：革路，輓之以革而漆之。毛本「鞔」作「輓」。宋本從「革」。「輓」當作「鞔」。下同。○阮元《校記甲》：革輅，輓之以革而漆之。「輓」，宋板作「鞔」，是也。下「不輓」同。十行、閩本此作「輓」，下作「鞔」。○阮元《校記乙》：革輅，輓之以革而漆之。宋板「輓」作「鞔」，是也。

三十二葉十八行疏　木輅不輓以革。漆之而已。　「輓」，單、八、十、閩作「鞔」。「漆」，閩作「𣾰」。

三十二葉十八行疏　以直漆其木。　「漆」，閩作「𣾰」。

三十三葉二行疏　兵事非常。　「事」，平作「士」。

三十三葉三行疏　先輅。是金輅也。綴輅是玉輅之貳。次輅是金輅之貳。不陳象輅革輅木輅者。王於朝祀而已。　「玉」，閩作「王」。阮「革」作「木」，「木」作「革」。「王」，單、八、要、十、永、阮作「主」。○阮元《校記甲》：先輅，是金輅也。此句上纂傳有「大輅是玉輅」五字。按：「大輅爲玉輅」，孔、鄭所同，故賈氏不言，王氏蓋以意增之也。阮元《校記乙》同。○孫詒讓校改爲「先輅是象輅也，綴輅是玉輅之貳，次輅是象輅之貳。不陳金輅、木輅、革輅者，主於朝祀而已」。孫詒讓《校記》：據周禮典路疏及孫淵如校正，「主於朝祀」正謂止玉路、象路也。

三十三葉四行疏　未知孔鄭誰得經旨。　「誰」，十作「雖」。

三十三葉四行疏　立于畢門之內。　「于」，毛作「於」。

三十三葉六行疏　故以北面言之。　「北」，阮作「此」。○阮元《校記甲》：故以北面言之。「北」，十行本誤作「此」。○阮元《校記乙》：故以此面言之。毛本「此」作「北」。案：「此」字誤。

三十三葉八行疏　先輅在左塾之前。　「塾」，十作「熟」。

三十三葉八行疏　次輅在右塾之前。　「塾」，十作「熟」。

三十三葉八行疏　在寢門内之東。　「門」下要無「内」字。

三十三葉九行疏　自狄設黼扆巳下。　「巳」，要作「以」。

三十三葉九行疏　皆象成王生時。　「生」，殿、庫作「坐」。

三十三葉十一行經　立于畢門之内。　「于」，要作「於」。

三十三葉十一行注　士衛殯。與在廟同。　「殯」，纂作「濵」。「與」，王作「与」。

三十三葉十一行注　故雀韋弁。　「韋」，要作「惠」。

三十三葉十二行注　惠三隅矛。　○山井鼎《考文》：「惠三隅矛」下、「亦仕」下、「戟屬」下，〔古本〕共有「也」字。下註「亦廟中之禮」下同。

三十三葉十三行注　綦。文鹿子皮弁。亦士。　「士」，毛作「仕」。○物觀《補遺》：亦仕。古本、宋板「仕」作「士」。○浦鏜《正字》：皮弁，亦士。「士」，毛本誤「仕」。○盧文弨《拾補》：綦，文鹿子皮弁，亦士。毛本「士」作「仕」。「仕」當作「士」。古本「士」下有「也」字。○阮元《校記甲》：亦仕。「仕」，古、岳、葛本、宋板、十行、閩、監、續通解、纂傳俱作「士」，是也。○阮元《校記乙》：亦士。古本、岳本、葛本、宋板、閩本、明監本、續通解、纂傳同。毛本「士」作「仕」，非也。

三十三葉十三行注　士所立處。　「士」，八、要作「上」。○《定本校記》：士所立處。内野本、觀智院本無「處」字，清原宣賢手鈔本引家本亦無。

三十三葉十四行釋文　綦。音其。馬本作騏。　「馬」，毛作「馮」。○山井鼎《考文》：馮本作騏。正誤「馮」當作「馬」。物觀《補遺》：經典釋文「馮」作「馬」。○浦鏜《正字》：綦，馬本作騏。「馬」，毛本誤「馮」。○阮元《校記甲》：綦，馬本作騏。「馬」，毛本誤作「馮」。

三十三葉十四行釋文　戺。音俟。徐音士。　「俟」，纂作「侯」。○物觀《補遺》：戺，音俟。徐音士。〔經典釋文〕無「徐音士」三字。○浦鏜《正字》：戺，音俟，徐音士。案：通志堂本無下三字。○阮元《校記甲》：戺，音俟。此下十行本、毛本俱有「徐音士」三字，乃衍文。

三十三葉十六行注　立於東西廂之前堂。　「堂」下王、纂、平、殿、庫有釋文「鉞。音越。説文云。大斧也」九字。「鉞」，王作「鉞」，纂作「鉞」，平作「鉞」。○山井鼎《考文》：補脱鉞音越。説文云：大斧也〔據經典釋文〕。謹按註：劉，鉞屬。

三十三葉十七行經　一人冕。執瞿。　○阮元《校記甲》：一人冕，執瞿。葛本脱「執」字。阮元《校記乙》同。

三十三葉十七行經　立于西垂。　「于」，要作「於」。

三十三葉十七行注　立于東西下之階上。　「立」，纂作「正」。「階」，要作「皆」。

三十三葉十八行經　一人冕。執鋭。　「鋭」，八作「鈗」，要作「鉞」。○物觀《補遺》：一人冕，執鋭。〔古本〕「鋭」上有「鉞」字。○阮元《校記甲》：一人冕，執鋭。岳珂沿革例曰：「鋭」，實「鈗」字也，説文以爲兵器。今注中釋爲「矛屬」，而陸德明又音「以税反」，且諸本皆作「鋭」，獨越中注疏於正文作「鈗」。爾疏中亦皆作「鋭」。案：玉篇無「鈗」字，廣韻十七準亦無「鋭」字，則説文古本「鋭」字有無，未可定也。阮元《校記乙》同。

三十四葉一行注　鋭。矛屬也。　「鋭」，八作「鈗」。○《定本校記》：鋭，矛屬也。内野本、觀智院本無「屬」字，清原宣賢手鈔本引家本亦無。

三十四葉一行釋文　鋭。以税反。　○浦鏜《正字》：鋭，以税切。案：毛氏居正云：注「鋭，矛屬」。説文音「兑」。廣韻「徒外切」。今音「以税切」，是鋭利之鋭，非兵器也。當從説文、廣韻音。○阮元《校記甲》：鋭，以税反。按：尚書撰異云：治尚書者自蔡仲默以來，皆謂「鋭」當依説文作「鈗」矣，而未得其詳。考之玉篇，但有「鋭」字，與「鈒」、「鋋」等字以類相從，注云「徒會切，矛也。又弋税切」。是野王所據尚書作「執鋭」也。

三十四葉二行疏　禮大夫服冕。　「冕」，單作「冕」。

三十四葉二行疏　立於畢門之內。「於」，阮作「于」。

三十四葉二行疏　及夾兩階。「夾」，平作「北」。

三十四葉二行疏　服爵弁綦弁者。「爵」，單、八、要作「雀」。

三十四葉三行疏　其在堂上服冕者。「冕」，單作「冕」。

三十四葉四行疏　在門者兩。守門。○盧文弨《拾補》：在門者守門。毛本「者」下「兩」字疑衍。

三十四葉四行疏　兩廂。各一人。「廂」，平作「相」。

三十四葉四行疏　故二人。在階者。○物觀《補遺》：故二人，在階者。〔宋板〕「二」作「三」。○阮元《校記甲》：故二人。「二」，宋板作「三」，誤。○阮元《校記乙》：故二人。宋板「二」作「三」。○《定本校記》：故二人。「二」，〔足利〕八行本誤作「三」。

三十四葉五行疏　鄭玄云。南面二。「二」，單、八、平、要、十、永、毛、殿、庫、阮作「三」。○物觀《補遺》：鄭玄云，南面三。〔宋板〕「三」作「二」。○阮元《校記甲》：南面三。「三」，宋板、閩、監俱作「二」。按：攷工記注作「三」，宋板非也。○阮元《校記乙》：南面三。宋板、閩本、明監本「三」作「二」。按：攷工記注作「三」，宋板非也。○《定本校記》：南面三。「三」，〔足利〕八行本誤作「二」。

三十四葉六行疏　鄭玄又云。　「鄭」，要作「階」。

三十四葉六行疏　不守中階者。　「者」，要作「則」。

三十四葉七行疏　路寢三階不書。亦未有明文。　○浦鏜《正字》：路寢三階不書，亦未有明文。「不」，疑衍字。○盧文弨《拾補》：路寢三階書，亦未有明文。毛本「階」下有「不」字，衍。○阮元《校記甲》：路寢三階不。「不」，纂傳作「否」。○《定本校記》：路寢三階不書，亦未有明文。「不」，王氏鳴盛改作「于」。

三十四葉八行疏　於此服雀弁者。　「於」，庫作「于」。

三十四葉八行疏　士衛主殯與在廟同。　「主」，單、八、平、要作「王」。○山井鼎《考文》：士衛主殯。〔宋板〕「主」作「王」。○浦鏜《正字》：士衛王殯與在廟同。「王」誤「主」。○盧文弨《拾補》：士衛王殯與在廟同。毛本「王」作「主」。「主」當作「王」。○阮元《校記甲》：士衛主殯。「主」，宋板、續通解俱作「王」。按：「主」字非也。○阮元《校記乙》：士衛主殯。宋板、續通解「主」作「王」。按：「主」字非也。

三十四葉八行疏　故爵韋弁也。　「爵」，單、八、要作「雀」。「韋」，要作「爲」。

三十四葉八行疏　赤黑白雀。　「白」，單、八、平、阮作「曰」，要作「爲」。○山井鼎《考文》：赤黑白雀。〔宋板〕「白」作「曰」。○浦鏜《正字》：赤黑曰雀。「曰」誤「白」。○盧文弨《拾補》：赤黑曰雀。毛本「曰」作「白」。「白」當作「曰」。○阮元《校記甲》：赤黑白雀。「白」，宋板、續通解、纂傳俱作「曰」，是也。○阮元《校記乙》：赤黑白雀。宋板、續通解、纂傳「白」作「曰」，是也。

三十四葉九行疏　雀弁同如冕黑色。　「同」，單、八、平、要作「制」。「冕」，單作「冕」。○山井鼎《考文》：雀弁同如冕黑色。〔宋板〕「同」作「制」。○盧文弨《拾補》：雀弁制如冕黑色。毛本「制」作「同」。「同」當作「制」。○阮元《校記甲》：雀弁同如冕。「同」，宋板、續通解俱作「制」。按：「制」字不誤。○阮元《校記乙》：雀弁同如冕。宋板、續通解「同」作「制」。按：「制」字不誤。

三十四葉九行疏　當與冕同。　「冕」，單作「冕」。

三十四葉九行疏　阮諶二禮圖云。　「二」，單、八、平、庫作「三」。○山井鼎《考文》：阮諶二禮圖云。〔宋板〕「二」作「三」。○浦鏜《正字》：阮諶三禮圖云云。「三」誤「二」。○盧文弨《拾補》：阮諶三禮圖云。毛本「三」作「二」。「二」當作「三」。○阮元《校記甲》：阮諶二禮圖云。「二」，宋板、纂傳俱作「三」，是。○阮元《校記乙》：阮諶二禮圖云。宋板、纂傳「二」作「三」，是。

三十四葉十行疏　此傳言雀韋弁者。「韋」，永作「堂」。

三十四葉十行疏　異於祭服。「於」，庫作「于」。

三十四葉十一行疏　下云綦弁。「綦」，平作「綦」。

三十四葉十一行疏　然則下言冕執兵者。不可以韋爲冕。二「冕」，單皆作「冕」。

三十四葉十四行疏　故言屬。「故」下要無「言」字。

三十四葉十五行疏　惠狀蓋斜刃。「刃」，八、要作「刀」。

三十四葉十五行疏　戈。即今之句子戟。「子」，八作「孑」，要作「矛」。「戟」，要作「鉞」。○山井鼎《考文》：戈，即今之句子戟。〔宋板〕「子」作「孑」。○盧文弨《拾補》：戈，即今之句孑戟。毛本「孑」作「子」。「子」當作「孑」。○阮元《校記甲》：戈，即今之句子戟。「子」，宋板作「孑」。按：諸本作「子」，形相近而誤。他正義中「孑」字訛作「子」者，十之八九。阮元《校記乙》同。

三十四葉十五行疏　劉。蓋今鑱斧。「鑱」，八作「纔」。○山井鼎《考文》：劉，蓋今鑱斧。〔宋板〕「鑱」作「纔」。○阮元《校記甲》：劉，蓋今鑱斧。「鑱」，宋板作「纔」，非是。○阮元《校記乙》：劉，蓋今鑱斧。宋板「鑱」作「纔」，非是。○《定本校記》：劉，蓋今鑱斧。「鑱」，〔足利〕八行本誤作「纔」。

三十四葉十六行疏　銳。矛屬。　「銳」，要作「鈚」。

三十四葉十六行疏　或施矜。　「矜」，要作「衿」。

三十四葉十六行疏　其餘未聞長短之數。　「短」下要無「之數」二字。

三十四葉十八行疏　大夫則服冕。　「冕」，單作「冕」。

三十四葉十八行疏　相傳爲然。　「相」，平作「禮」。

三十四葉十八行疏　廉者。棱也。所立在堂下。　「所」上要無「廉者，稜也」四字。

三十四葉十八行疏　近於堂棱。　「近」，閩、庫作「迎」。「於」，庫作「于」。

三十四葉十八行疏　冕皆至前堂。　「冕」，單作「冕」。

三十五葉一行疏　自玄冕而下。知服冕者。　二「冕」，單皆作「冕」。

三十五葉二行疏　謂序内簷下。　「簷」，平作「簷」。

三十五葉二行疏　自室壁至於堂廉。　「壁」，十、永作「璧」。「於」，庫作「于」。

三十五葉二行疏　揔名爲堂。　「揔」，要、毛、殿、庫作「總」。

三十五葉二行疏　此立於東堂西堂者。　「於」，庫作「于」。

三十五葉三行疏　正義曰。釋詁云。疆界邊衛。　「詁」，毛作「話」。「疆」，平作「彊」。○浦鏜《正字》：釋詁云，疆界也。「詁」，毛本誤「話」。○盧文弨《拾補》：釋詁云，疆界。毛本

「詁」作「話」。「話」當作「詁」。○阮元《校記甲》：釋話云。「話」，十行、閩、監俱作「詁」，是也。

三十五葉三行疏　則垂是遠外之名。「外」，要作「近」。

三十五葉三行疏　此經所言冕則在堂上。「冕」，單作「冕」。

三十五葉四行疏　此二人服冕。「冕」，單作「冕」。

三十五葉四行疏　知在堂上之遠地。「在」，要作「是」。「地」，平作「也」。「地」下單、八、平、要、殿、庫有「堂之遠地」四字。○山井鼎《考文》：知在堂上之遠地。〔宋板〕此下有「堂之遠地」四字。○盧文弨《拾補》：知在堂上之遠地，堂之遠地。毛本脱「堂之遠地」四字，宋本有。○阮元《校記甲》：知在堂上之遠地。「知」，纂傳作「蓋」。此句下宋板、續通解俱有「堂之遠地」四字。阮元《校記乙》同。

三十五葉四行疏　當於序外東廂西廂。「於」，庫作「于」。

三十五葉五行疏　知此立於東西堂之階上也。「於」，庫、阮作「于」。「上」，八作「一」。○《定本校記》：知此立於東西堂之階上也。「上」，〔足利〕八行本誤作「一」。

三十五葉五行疏　○傳銳矛至階上○正義曰。鄭王皆以側階爲東下階也。「鄭王」上「○

㊁鋭矛至階上〇正義曰」，殿、庫作「側階北下立階上者」。

三十五葉六行疏　謂堂北階。「謂」，毛作「爲」。〇阮元《校記甲》：爲堂北階。「爲」，續通解作「謂」。

三十五葉七行經　王麻冕黼裳。「黼」，李作「黼」。〇盧文弨《拾補》：王麻冕黼裳。石經「裳」作「衣」。

三十五葉八行注　不敢當主。「主」下王、纂、平、殿、庫有釋文「隮，子西反，徐子詣反」八字。〇山井鼎《考文》：補脱隮，子西反，徐子詣反〔據經典釋文〕。〇浦鏜《正字》：隮，子西切，徐子詣切。八字脱。

三十五葉九行注　蟻。裳名。「裳」，王作「棠」。

三十五葉九行注　色玄。「玄」，要作「言」。

三十五葉十行經　皆麻冕彤裳。〇《定本校記》：皆麻冕彤裳。内野本、觀智院本無「麻」字，清原宣賢手鈔本引家本亦無。

三十五葉十一行注　即宗伯也。〇《定本校記》：即宗伯。「伯」下各本有「也」字，與疏標題不合，今删。

三十五葉十一行經　上宗奉同瑁。　「瑁」，平、要、永、閩作「琩」。

三十五葉十二行注　大圭尺二寸。　「大」，要作「太」。

三十五葉十二行注　天子守之。　「天」，平作「太」。

三十五葉十二行注　故奉以奠康王所位。　「位」，纂作「以」。○山井鼎《考文》：故奉以奠康王所位。〔古本〕「奉」作「承」。○阮元《校記甲》：故奉以奠康王所位。「奉」，古本作「承」。

三十五葉十三行注　同。爵名。　○物觀《補遺》：同，爵名。〔古本〕下有「也」字。

三十五葉十三行注　瑁。所以冒諸侯圭。　「瑁」，平、要、永、閩作「琩」。「冒」，十作「冐」。

三十五葉十四行注　由便不嫌。　「由」下八有一字空格。「嫌」，王作「謙」。

三十五葉十四行釋文　冒。莫報反。　「冒」，王、平、岳、殿、庫作「瑁」，纂作「琩」。○阮元《校記甲》：瑁。十行本、毛本作「冒」，非。

三十五葉十六行疏　凡諸行禮。皆賤者先置。　○浦鏜《正字》：凡諸行禮，皆賤者先置。「置」疑「至」字誤。○盧文弨《拾補》：凡諸行禮，皆賤者先置。浦疑「置」作「至」。○阮元《校記甲》：皆賤者先置。「置」，纂傳作「至」，是也。阮元《校記乙》同。

三十五葉十六行疏　此必卿下士邦君。即位既定。然後王始升階。　○浦鏜《正字》：此必卿下士邦君，即位既定。「卿下」字疑誤倒，或「下」字衍文。○盧文弨《拾補》：此必卿下士邦君，即位既定。然後王始升階。浦疑「卿下」二字倒，或「下」字衍。○阮元《校記甲》：此必卿下士邦君，即位既定。纂傳無「下」字。○《定本校記》：此必卿下士邦君，即位既定。浦氏云：「卿下」字疑誤倒，或「下」字衍文。

三十五葉十八行疏　各有所職。　「有」，阮作「自」。○張鈞衡《校記》：各有所職。阮本「有」作「自」，誤。

三十六葉一行疏　故先於邦君。　「於」，庫作「于」。

三十六葉一行疏　太史乃是太宗之屬。　「太」，十、阮作「大」。

三十六葉一行疏　而先於太宗者。　「於」，庫作「于」。

三十六葉二行疏　太史所掌事重。　「所」，平作「乃」。

三十六葉二行疏　禮績麻三十升以爲冕。　「冕」，單作「㒵」。

三十六葉二行疏　故稱麻冕。　「故」，平作「傳」。「冕」，單作「㒵」。

三十六葉二行疏　傳嫌麻非吉服。　「嫌」，要作「言」。

三十六葉三行疏　故言王及羣臣。　「及」下十、永、阮重「羣」字。○孫詒讓《校記》：「羣」

字不當重。閩本無，今據刪。

三十六葉三行疏　皆吉△服也。　「吉」，要作「及」。

三十六葉三行疏　王麻冕△者。蓋衮冕△也。　二「冕」，單皆作「冕」。

三十六葉三行疏　享先王則衮冕△。　「冕」，單作「冕」。

三十六葉三行疏　此禮授王册命。進酒祭王△。　○孫詒讓《校記》：祭王。「王」疑誤。

三十六葉四行疏　於△此正王之尊。　「於」，庫作「于」。

三十六葉四行疏　明其服必衮冕△也。　「冕」，單作「冕」。

三十六葉四行疏　服即助△祭之冕△矣。　「助」，要、永、庫作「助」。「冕」，單作「冕」。

三十六葉五行疏　黼黻△有文。　「黻」，要作「黼」。

三十六葉六行疏　鄭玄於△此注云。　「於」，庫作「于」。

三十六葉六行疏　冕△服有文者也。　「冕」，單作「冕」。

三十六葉九行疏　各服其冕△服也。　「冕」，單作「冕」。

三十六葉十行疏　於△此無事。　「於」，庫作「于」。

三十六葉十一行疏　以示變於△常△也。　「於」，庫作「于」。「常」，平作「裳」。

三十六葉十二行疏　鄭玄惟據經卿士邦君言之。　「邦」，永作「拜」。

三十六葉十二行疏　孤東面也。　「孤」，八作「抓」。

三十六葉十二行疏　○傳執事至宗伯○正義曰。此三官者。　「此三官者」上「○傳執事至宗伯○正義曰」，殿、庫作「太保太史太宗」。

三十六葉十三行疏　俱彤裳而言各異裳者。　「彤」上要無「俱」字。

三十六葉十三行疏　各自異於卿士邦君也。　「於」，庫作「于」。

三十六葉十三行疏　祭服纁裳。　「祭」，平作「於」。「服」下要無「纁裳」二字。

三十六葉十三行疏　纁是赤色之淺者。　「淺」，十作「淺」。

三十六葉十四行疏　太宗與下文上宗一人。　「上」，平作「也」。

三十六葉十四行疏　正義曰。考工記玉人云鎮圭。　「玉」，閩、庫作「王」。

三十六葉十五行疏　訓大也。　「也」，平作「者」。

三十六葉十六行疏　王搢大圭。　○浦鏜《正字》：王搢大圭。「搢」，典瑞作「晉」。鄭司農云：「晉」，讀爲搢紳之搢。

三十六葉十七行疏　彼搢於紳帶。　「於」，庫作「于」。

三十六葉十八行疏　上宗奉同瑁。則下文云。天子受同瑁。　二「瑁」，要、十、閩皆作「玥」。

三十六葉十八行疏　太保必奠於位。　「太」，阮作「大」。「於」，庫作「于」。

三十六葉十八行疏　以同瑁并在手中。　「瑁」，要、十、永、閩作「玥」。

三十六葉十八行疏　故不得執之。　「得」，要作「能」。

三十七葉一行疏　太保必奠於其位。　「於」，庫作「于」。

三十七葉一行疏　禮於奠爵無名同者。　「於」，庫作「于」。

三十七葉二行疏　天子執冒四寸以朝諸侯。　「冒」，十作「冐」，毛、殿、庫作「瑁」。○浦鏜《正字》：天子執瑁四寸以朝諸侯。「瑁」，考工記作「冒」。○阮元《校記甲》：天子執瑁四寸以朝諸侯。「瑁」，十行、閩、監、續通解、纂傳俱作「冒」，與攷工記合。○阮元《校記乙》：天子執冒四寸以朝諸侯。閩本、明監本、續通解、纂傳同。毛本「冒」作「瑁」。案：「冒」與攷工記合。

三十七葉二行疏　名王曰冒者。　「王」，單、八、平、十、永、閩、毛、殿、阮作「玉」。

三十七葉三行疏　禮天子所以執瑁者。　「瑁」，八、要作「玥」。

三十七葉三行疏　其瑁當下邪刻之。　「瑁」，閩作「玥」。

三十七葉四行疏　執圭以授天子。天子以冒之刻處。「圭」，庫作「玉」。「冒」，薈作「瑁」。

三十七葉四行疏　冒彼圭頭。「冒」，單、永作「瑁」，十、閩作「琄」。○《定本校記》：冒彼圭頭。「冒」，單疏本作「瑁」，今從〔足利〕八行本。

三十七葉四行疏　其或不同。「同」，平作「司」。○阮元《校記甲》：其或不同。「其」，纂傳作「若」。

三十七葉五行疏　故天子執瑁。「瑁」，要、十、閩作「琄」。

三十七葉六行疏　瑁方四寸容彼圭頭。「瑁」，要、十、閩作「琄」。

三十七葉六行疏　天子以一瑁。「瑁」，要、十、永、閩作「琄」。

三十七葉六行疏　此瑁惟冒圭耳。「瑁」，單、要、閩作「琄」，十作「謂」。

三十七葉七行疏　不得冒璧。「璧」，永作「壁」。

三十七葉七行疏　璧。亦稱瑞。「亦」上平無「璧」字。

三十七葉七行疏　未得而聞之也。「聞」下要無「之也」二字。

三十七葉七行疏　謂之阼者。「者」上平有「階」字。「阼」，要作「階」。

三十七葉七行疏　鄭玄云。冠禮注云。上「云」字，單、八、平、要作「士」。○山井鼎《考文》：鄭玄云，冠禮注云。〔宋板〕上「云」作「士」。○盧文弨《拾補》：鄭玄士冠禮注云。毛本

「士」作「云」。「云」當作「士」。○阮元《校記甲》：鄭元云，冠禮注云。上「云」字宋板作「士」，是也。○阮元《校記乙》：鄭元云，冠禮注云。宋板上「云」字作「士」，是也。

三十七葉八行疏　東階所以荅酢賓客。「荅」，單、八、平、十、永、毛、阮作「荅」。

三十七葉八行疏　凶事設洗於西階西南。「設」下要無「洗」字。「於」，庫作「于」。

三十七葉八行疏　吉事設洗於東階東南。「於」，庫作「于」。

三十七葉八行疏　此太保上宗。「太」，平作「大」。

三十七葉九行疏　上宗猶太宗。「太」，要作「大」。

三十七葉十行疏　大宗伯一人。「大」，單、八、平、永作「太」。

三十七葉十行疏　一人奉瑁。「瑁」，要、閩作「瑁」。

三十七葉十行疏　當同於鄭也。「於」，庫作「于」。

三十七葉十一行疏　太史持策書顧命欲以進王。「太」，平、阮作「大」。

三十七葉十一行疏　猶嚮也。「嚮」，要作「嚮」。

三十七葉十二行疏　王此時正立賓階上少東。「正」，單、八、平、要、十、永作「王」。○《定本校記》：王此時王立賓階上少東。二「王」字疑衍其一。

三十七葉十二行疏　太史東面於殯。西南而讀策書。　「於」，庫作「于」。
三十七葉十三行疏　篇以顧命爲名。　「顧」下要無「命」字。
三十七葉十四行注　册命之辭。　「册」，李作「冊」。○山井鼎《考文》：册命之辭。〔古本〕下有「也」，「册」作「策」。○盧文弨《拾補》：册命之辭。古本「册」作「策」，「辭」下有「也」字。○阮元《校記甲》：册命之辭。「册」，古本作「策」。○《定本校記》：册命之辭。內野本、觀智院本無「之」字。
三十七葉十五行注　所以感動康王。　○山井鼎《考文》：感動康王。〔古本〕下有「也」字。
三十七葉十六行釋文　憑皮冰反。　殿、庫無釋文「憑，皮冰反」四字。○阮元《校記甲》：憑。段玉裁校本作「凴」。
三十七葉十六行經　率循大卞。　○山井鼎《考文》：率循大卞。〔古本〕作「帥修大辨」。○盧文弨《拾補》：率循大卞。古本作「帥脩大辨」。傳「循」字同。○阮元《校記甲》：率循大卞。古本作「帥修大辨」。阮元《校記乙》同。
三十七葉十七行注　率羣臣。循大法。　○山井鼎《考文》：循大法。〔古本〕「循」作「修」。○阮元《校記甲》：率羣臣，循大法。「循」，古本作「修」。

三十七葉十七行釋文　卞。皮彥反。○阮元《校記甲》：卞。段玉裁校本作「弁」。

三十七葉十八行經　用答揚文武之光訓。　「答」，石、八、李、王、纂、平、岳、十、永、閩、阮作「荅」。

三十八葉一行注　敘成王意。○《定本校記》：敘成王意。「王」下燉煌本有「之」字。

三十八葉二行經　答曰。眇眇予末小子。　「答」，石、八、李、王、纂、平、岳、十、永、閩、阮作「荅」。「眇眇」，閩作「𦕈𦕈」。

三十八葉二行經　以敬忌天威。○《定本校記》：以敬忌天威。燉煌本、内野本、觀智院本無「敬」字，清原宣賢手鈔本引家本亦無。

三十八葉四行釋文　眇。彌小反。　「眇」，閩作「𦕈」。「眇」下平重「眇」字。「彌」，王、平作「弥」。

三十八葉四行疏　「曰皇至光訓」至「命汝如此也」。　疏文「曰皇至光訓」至「命汝如此也」，定本移至上文注「敘成王意」下。○《定本校記》：曰皇后憑玉几道。此節疏〔足利〕八行本在後文「以敬忌天威」下，今移。

三十八葉四行疏　曰皇至光訓。　「至」，八作「王」。

三十八葉五行疏　代爲民主。「代」，永作「伐」。

三十八葉六行疏　言成王命汝如此也。「王」，永作「玉」。

三十八葉七行疏　言憑玉几所道。○《定本校記》：言憑玉几所道。「玉」，〔足利〕八行本誤作「王」。

三十八葉十行經　乃受同瑁。「瑁」，要作「瑂」。

三十八葉十行注　王受瑁爲主。「瑁」，八、平、岳、十、毛、殿、庫、阮作「瑂」。「主」，纂、平作「王」。

三十八葉十一行注　受同以祭。○山井鼎《考文》：受同以祭。〔古本〕下有「也」。

三十八葉十一行注　禮成於三。故酌者實三爵於王。二「於」字，庫俱作「于」。「實」，庫作「寔」。

三十八葉十二行注　告巳受羣臣所傳顧命。「巳」，永作「子」。「臣」下要無「所傳」二字。○山井鼎《考文》：告巳受羣臣所傳顧命。〔古本〕「告」下有「以」字，「命」下有「也」字。「反於篚」下同。○盧文弨《拾補》：告巳受羣臣所傳顧命。古本「告」下有「以」字。○阮元《校記甲》：告巳受羣臣所傳顧命。「告」下古本有「以」字。盧文弨云：「巳受」當作「己受」。按疏云：告神言巳已受羣臣所傳顧命。下「巳」字宜作「己」，上「巳」字古通作

「以」。今本孔傳既以「以」爲「巳」，遂脱「己」字。疏内又疊出兩「巳」，並誤。○阮元《校記乙》：告已受羣臣所傳顧命。「告」下古本有「以」字。盧文弨云：「巳受」當作「己受」。按疏云：告神言巳巳受羣臣所傳顧命。下「巳」字宜作「己」，上「巳」字古通作「以」。今本孔傳既以「以」爲「巳」，遂脱「己」字。疏内又疊出兩「巳」，並誤。○《定本校記》：告巳受羣臣所傳顧命。「告」下内野本、足利本、觀智院本有「以」字。「顧」字，觀智院本無，清原宣賢手鈔本引家本亦無。燉煌本「顧」作「之」。

三十八葉十二行釋文　又音姤。「姤」，毛作「姡」。

三十八葉十三行釋文　又豬夜反。「豬」，永作「諸」。

三十八葉十三行釋文　説文作詫。「詫」，纂作「詫」。○浦鏜《正字》：説文作「詫」。「詫」誤作「詫」。○阮元《校記甲》：咤，説文作詫。「詫」，葉本作「詫」。按：作「詫」與説文合，且下云馬本作「詫」，與説文音義同，謂「詫」與「詫」字雖異而音義同也。

三十八葉十三行釋文　丁故反。奠爵也。「丁」，殿、庫作「下」。○物觀《補遺》：説文作詫，丁故反，奠爵也。〔經典釋文〕「丁」作「下」。○阮元《校記甲》：下故反。「下」，葉本、十行本、毛本俱作「丁」，是也。

三十八葉十三行釋文　馬作詫。「馬」下纂、平、殿、薈有「本」字，庫有「木」字。○物觀《補遺》：馬作詑。〔經典釋文〕「馬」下有「本」字。○阮元《校記甲》：馬本作詑。十行本、毛本俱脱「本」字。

三十八葉十四行經　太保受同。「保」下要無「受同」二字。

三十八葉十五行注　下堂反於篚。「於」，庫作「于」。

三十八葉十五行注　太保以盥手洗異同。「洗」，十、永、閩、阮作「先」。○山井鼎《考文》：太保以盥手。〔古本〕「以」作「已」。○盧文弨《拾補》：太保以盥手。古本「以」作「已」。○阮元《校記甲》：太保以盥手洗異同。「以」，古本作「已」，似誤。「洗」，十行、閩、葛俱誤作「先」。○阮元《校記乙》：太保以盥手先異同。閩本、葛本同。毛本「先」作「洗」。案：「先」字誤。

三十八葉十六行注　臣所奉。○物觀《補遺》：臣所奉。〔古本〕下有「也」字。

三十八葉十六行注　王已祭。「王」，纂作「玉」。

三十八葉十七行注　報祭曰酢。○山井鼎《考文》：報祭曰酢。〔古本〕下有「也」字。「佐太宗者」下同。

三十八葉十七行釋文　酢。才各反。○阮元《校記甲》：酢，才各反。「各」，葉本作「洛」。

三十八葉十七行經　王答拜。　「答」，八、李、王、纂、平、岳、十、永、阮作「荅」。

三十八葉十八行注　宗人。小宗伯。佐太宗者。太宗供主。　二「太」字，王、纂、要、阮俱作「大」。「者」，阮作「伯」。「供主」，八、李、王、纂、要、岳、毛、殿、庫作「供王」，平作「俟王」。○浦鏜《正字》：宗人，小宗伯，佐太宗者。太宗供王，宗人供太保。「太宗」疑「大宗伯」或「上宗」之誤。「王」，監本誤「主」。○阮元《校記甲》：太宗供王。「王」，葛本、十行、閩、監俱誤作「主」。○阮元《校記乙》：太宗供主。閩本、明監本同。毛本「主」作「王」。案：「主」字誤。

三十八葉十八行注　宗人供太保。　「太」，王作「大」。

三十八葉十八行注　拜曰。已傳顧命。　「曰」，八、王、纂、平、要作「白」。○山井鼎《考文》：拜曰，已傳顧命。〔古本〕「曰」作「白」。宋板同。○盧文弨《拾補》：拜白，已傳顧命。毛本「白」作「曰」。「曰」當作「白」。○阮元《校記甲》：拜曰已傳顧命。「曰」，古、岳、宋板、續通解、纂傳俱作「白」。按：「白」字是也。○阮元《校記乙》：拜曰已傳顧命。古本、岳本、宋板、續通解、、纂傳「曰」作「白」。按：「白」字是也。

三十九葉一行注　故授宗人同。拜。　「同」，永作「司」。○《定本校記》：故授宗人同，拜。內野本、觀智院本無「拜」字，清原宣賢手鈔本引家本亦無。

三十九葉一行注　王答拜。尊所受命。　「答」，八、李、王、纂、平、岳、十、永、阮作「荅」。「受」，永作「授」。「命」下王、纂、殿、庫有釋文「供，音恭」三字，平有釋文「供王，音恭」四字。○山井鼎《考文》：補脱供王，音恭〔據經典釋文〕。謹按註「太宗供王」。

三十九葉一行經　太保受同。　「太」，閩作「大」。

三十九葉二行注　太宗既拜而祭。　「宗」，八、王、纂、平、要、岳作「保」。○山井鼎《考文》：太宗既拜而祭。〔古本〕「宗」作「保」。宋板同。○浦鏜《正字》：太保既拜而祭。「太保」誤「太宗」。○岳本《考證》：太保既拜而祭。「太保」，殿本、閣本並作「太宗」。據正義則原本「太保」爲是。○盧文弨《拾補》：太保既拜而祭。「保」，毛本作「宗」。「宗」當作「保」。○阮元《校記甲》：太宗既拜而祭。「宗」，古、岳、宋板、續通解、纂傳俱作「保」，與疏合。○阮元《校記乙》：太宗既拜而祭。古本、岳本、宋板、續通解、纂傳「宗」作「保」，與疏合。

三十九葉二行注　則王亦至齒。　「王」，平作「主」。○山井鼎《考文》：則王亦至齒。〔古本〕下有「也」字。

三十九葉三行注　互相備。　「互」，永作「玄」。

三十九葉三行釋文　互。音户。　「户」，纂、殿、庫作「護」。○物觀《補遺》：互，音户。〔經典釋文》「户」作「護」。○浦鏜《正字》：互，音護。「護」誤「户」。○阮元《校記甲》：互，音護。「護」，十行本、毛本俱作「户」。毛居正曰：「户」乃上聲，「互」字無上聲，傳寫誤爾。建本音「護」，是。

三十九葉四行經　王答拜。「答」，八、李、王、纂、平、岳、十、永、阮作「荅」。

三十九葉四行注　拜。白成王以事畢。「成」，八、要作「戒」。○《定本校記》：拜，白成王以事畢。「成」，〔足利〕八行本誤作「戒」。

三十九葉五行注　王答拜。「答」，八、李、王、纂、平、岳、十、永、阮作「荅」。

三十九葉五行注　則王亦可知。「則」，八、要作「立」。「亦」，八、王、平、要、岳作「下」。○山井鼎《考文》：太保下堂，則王亦可知。〔古本〕「亦」作「下」，宋板同。○岳本《考證》：則王下可知。諸本並作「王亦可知」，亦通。○盧文弨《拾補》：太保下堂，則王下可知。毛本（下）「下」作「亦」。「亦」當作「下」。○阮元《校記甲》：則王亦可知。「亦」，古、岳、宋板、續通解俱作「下」，是也。○阮元《校記乙》：則王亦可知。古、岳、宋板、續通解「亦」作「下」，是也。纂傳作「亦」。纂傳、毛本並誤。

三十九葉六行釋文　徹。丑列反。又徐直列反。「丑」，王、十、永、閩、阮作「尹」。「徐」上王、纂、殿、庫無「又」字。「又徐」，平作「徐又」。○物觀《補遺》：又徐直列反。〔經典釋文」無「又」字。○阮元《校記甲》：徹，徐直列反。「徐」上十行本、毛本俱有「又」字。

三十九葉七行疏　王受册命之時。「受」，要作「授」。

三十九葉八行疏　奉同瑁以授王。「瑁」，要、永作「琄」。

三十九葉八行疏　一手受瑁。「瑁」，要、永作「琄」。

三十九葉八行疏　王又以瑁受宗人。「瑁」，要、永、閩作「琄」。「受」，單、八、平、要、十、永、閩、殿、庫、阮作「授」。○盧文弨《拾補》：王又以瑁授宗人。毛本「授」作「受」。「受」當作「授」。

三十九葉九行疏　祭神如前祭几前。「几」，單、阮作「凡」。○《定本校記》：如前祭几前。「几」，單疏本誤作「凡」。

三十九葉九行疏　王又於樽所。「樽」，平作「撙」。

三十九葉十行疏　饗福酒。「福」下要無「酒」字。

三十九葉十行疏　王再拜受酒。「酒」，平作「洒」。

三十九葉十一行疏　至殯東西報祭之。「西」下單、八、平、要、殿、庫有「面」字。○山井鼎《考文》：至殯東西報祭之。〔宋板〕「西」下有「面」字。○盧文弨《拾補》：至殯東西面報祭之。毛本脱「面」字。○阮元《校記甲》：至殯東西報祭之。「西」下宋板有「面」字。○阮元《校記乙》：至殯東西報祭之。宋板「西」下有「面」字。

三十九葉十二行疏　王則答拜。　「答」，單、八、平、十、永、阮作「荅」。

三十九葉十二行疏　拜柩。尊所受命。　要「柩」上無「拜」字，「命」作「受」。

三十九葉十二行疏　太保乃於宗人處受同。　「太」，閩作「大」。「受」，要作「同」。

三十九葉十三行疏　但一祭而已。　「一」，要作「祭」。

三十九葉十四行疏　興。再拜訖。　「興」，阮作「與」。

三十九葉十四行疏　於所居位。　「所居」，要作「居所」。

三十九葉十四行疏　王又答拜。　「答」，單、八、平、十、永、阮作「荅」。

三十九葉十四行疏　敬所白。　「所」下要無「白」字。

三十九葉十四行疏　王與太保。　「與」，要作「興」。

三十九葉十五行疏　有司於是收徹器物。　「司」，平作「同」。

三十九葉十五行疏　天子執瑁。　「瑁」，要、永作「瑁」。

三十九葉十五行疏　故受瑁爲主。　「瑁」，要作「瑁」。「主」，平作「王」。

三十九葉十六行疏　一手受瑁。　「瑁」，平、要作「瑁」。

三十九葉十六行疏　則瑁以授人。　「瑁」，要作「琄」。

三十九葉十七行疏　當是實三爵而續送三。　「續」，要作「讀」。

三十九葉十八行疏　三酹酒於神坐也。　「坐」，要作「所」。

四十葉一行疏　傳記無文。　○阮元《校記甲》：傳記無文。「文」，纂傳作「聞」。○阮元《校記乙》：傳記無文。纂傳「文」作「聞」。

四十葉二行疏　正以既祭必當奠爵。　「爵」，要作「祭」。

四十葉三行疏　正義曰。禮於祭末必飲神之酒。　「末」，十、永、閩、殿、庫作「未」。

四十葉四行疏　其人祭則有受嘏之福。　「人」，單、八、平作「大」。○山井鼎《考文》：其人祭則有受嘏之福。〔宋板〕「人」作「大」。○浦鏜《正字》：其大祭則有受嘏之禮。「大」誤「人」。○盧文弨《拾補》：其大祭則有受嘏之福。毛本「大」作「人」。「人」當作「大」。疑「福」當作「禮」。○阮元《校記甲》：其人祭則有受嘏之福禮。「人」，宋板作「大」，是也。許宗彦曰：「之福」字蓋誤倒。○阮元《校記乙》：其人祭則有受嘏之福禮。宋板「人」作「大」，是也。許宗彦曰：「之福」字蓋誤倒。○《定本校記》：其大祭則有受嘏之福禮。許氏宗彦云：「之福」字蓋誤倒。

四十葉五行疏　上宗以△同酌酒進王。　「以」，八作「次」。

四十葉五行疏　王取同嚌△之。　「嚌」，永作「濟」。

四十葉六行疏　明是受王所饗同△也。　「同」，要作「酒」。

四十葉六行疏　祭祀飲酒△之禮。　「酒」，平作「神」。

四十葉七行疏　正義曰。祭祀△以變爲敬。　○阮元《校記甲》：祭祀以變爲敬。「祀」，纂傳作「禮」。○阮元《校記乙》：祭祀以變爲敬。纂傳「祀」作「禮」。

四十葉八行疏　乃秉璋以酢祭於上△。祭後更復報祭<。　「上」，單、八、平、要、殿、庫作「王」。「報祭」下殿、庫有「酒」字。○山井鼎《考文》：於上祭後。〔宋板〕「上」作「王」。○盧文弨《拾補》：於王祭後更復報祭。毛本「王」作「上」。「上」當作「王」。○阮元《校記甲》：於上祭後。「上」，宋板作「王」。○阮元《校記乙》：於上祭後。宋板「上」作「王」。

四十葉八行疏　猶△如正祭大禮之亞獻也。　「猶」，平、要作「酒」。

四十葉十行疏　太△宗執璋瓚。　「太」，阮作「大」。

四十葉十行疏　此非正△祭。　「正」，平作「王」。

四十葉十二行疏　正義曰。上宗爲大△宗伯。　「大」，平、阮作「太」。

四十葉十三行疏　**白成王。**　「白」，永作「曰」。

四十葉十四行疏　**王答拜者。**　「答」，單、八、平、十、永、阮作「荅」。

四十葉十四行疏　**故答拜也。**　「答」，單、八、平、十、永、阮作「荅」。

四十葉十七行疏　**受前所受之同。而進以祭神。**　下「受」字，單、八、要、殿、庫作「授」。○山井鼎《考文》：受前所受之同。〔宋板〕下「受」作「授」。○浦鏜《正字》：受前所授之同，而進以祭神。「所授」誤「所受」。○盧文弨《拾補》：受前所授之同，而進以祭神。毛本「授」作「受」。「受」當作「授」。○阮元《校記甲》：受前所受之同。下「受」字，宋板、纂傳俱作「授」，是也。○阮元《校記乙》：受前所受之同。宋板、纂傳下「受」字作「授」，是也。

四十一葉一行疏　**於王言上宗曰饗。**　「於」，庫作「于」。

四十一葉二行疏　**太保居其所。**　「太」，八作「大」。

四十一葉二行疏　**於受福酒之處。**　「於」，庫作「于」。

四十一葉二行疏　**故授宗人同。**　「授」，庫作「受」。

四十一葉三行疏　**王答拜。**　「答」，單、八、平、十、永、阮作「荅」。

四十一葉四行注　**則卿士已下亦可知。**　「已」，要作「以」。○山井鼎《考文》：則卿士已下亦可知。〔古本〕下有「也」。

四十一葉五行注　殯之所處故曰廟，待王後命。　「待」上八、李、王、纂、平、要、岳有「皆」字。「王」，纂作「主」。○山井鼎《考文》：殯之所處故曰廟，待王後命。〔古本〕「廟」下有「門皆」二字。宋板有「皆」字，無「門」字。○盧文弨《拾補》：殯之所處故曰廟門皆待王後命。毛本脱「門」字，古本有。毛本脱「皆」字，古本有，宋本同。○阮元《校記甲》：故曰廟，待王後命。「廟」下古本有「門皆」二字。岳本、宋板、續通解、纂傳俱祇有「皆」字，無「門」字。○阮元《校記乙》：故曰廟，待王後命。古本「廟」下有「門皆」二字。岳本、宋板、續通解、纂傳有「皆」字，無「門」字。○《定本校記》：故曰廟。「廟」下内野本、足利本、觀智院本有「門」字，清原宣賢手鈔本引家本亦有。

四十一葉五行疏　諸侯出廟門俟。　「俟」，單作「侯」。

四十一葉六行疏　二伯率諸侯入應門。　○阮元《校記甲》：二伯率諸侯入應門。「伯」，纂傳作「公」。○阮元《校記乙》：二伯率諸侯入應門。纂傳「伯」作「公」。

四十一葉六行疏　非出廟門而已。　「廟」下要無「門」字。

四十一葉七行疏　事畢出於廟門。　「於」，庫作「于」。